2021NIAN WENLÜ CHANYE
YINGYONG DUICE YANJIU KETI
YOUXIU CHENGGUOJI

2021年文旅产业应用对策研究课题优秀成果集

杜兰晓　　孙善学　　主编

中国职业技术教育学会智慧旅游职业教育专业委员会　　编
浙江旅游职业学院

中国财经出版传媒集团

经济科学出版社
Economic Science Press

北京

图书在版编目（CIP）数据

2021 年文旅产业应用对策研究课题优秀成果集／杜兰晓，孙善学主编；中国职业技术教育学会智慧旅游职业教育专业委员会，浙江旅游职业学院编. ——北京：经济科学出版社，2023.9
ISBN 978 - 7 - 5218 - 4685 - 0

Ⅰ.①2… Ⅱ.①杜… ②孙… ③中… ④浙… Ⅲ.①文化产业 - 产业发展 - 中国 - 文集 ②旅游业 - 产业发展 - 中国 - 文集 Ⅳ.①G124 - 53②F592.3 - 53

中国国家版本馆 CIP 数据核字（2023）第 064908 号

责任编辑：李　雪　凌　健
责任校对：靳玉环
责任印制：邱　天

2021 年文旅产业应用对策研究课题优秀成果集

2021NIAN WENLÜ CHANYE YINGYONG DUICE YANJIU KETI YOUXIU CHENGGUOJI

杜兰晓　孙善学　主编

中国职业技术教育学会智慧旅游职业教育专业委员会　　编
浙江旅游职业学院

经济科学出版社出版、发行　新华书店经销
社址：北京市海淀区阜成路甲 28 号　邮编：100142
总编部电话：010 - 88191217　发行部电话：010 - 88191522
网址：www. esp. com. cn
电子邮箱：esp@ esp. com. cn
天猫网店：经济科学出版社旗舰店
网址：http：//jjkxcbs. tmall. com
固安华明印业有限公司印装
710×1000　16 开　13.5 印张　220000 字
2023 年 9 月第 1 版　2023 年 9 月第 1 次印刷
ISBN 978 - 7 - 5218 - 4685 - 0　定价：78.00 元
（图书出现印装问题，本社负责调换。电话：010 - 88191545）
（版权所有　侵权必究　打击盗版　举报热线：010 - 88191661
QQ：2242791300　营销中心电话：010 - 88191537
电子邮箱：dbts@ esp. com. cn）

前　言

　　2021 年 7 月,中国职业技术教育学会智慧旅游职业教育专业委员会在浙江旅游职业学院成立。根据中国职业技术教育学会的要求和新成立的中国职业技术教育学会智慧旅游职业教育专业委员会的工作计划,为深入宣传习近平总书记关于文化和旅游工作的重要论述精神,贯彻落实党中央、国务院决策部署,聚焦区域发展、乡村振兴、生态文明、国家文化公园等重大国家战略,2021 年 11 月,由中国职业技术教育学会智慧旅游职业教育专业委员会牵头,组织全国热心从事文化和旅游职业教育事业的工作者开展学术活动、课题研究和项目实践,开展文化和旅游产业的深度研究,面向全国征集 10 个文旅产业应用对策研究课题。

　　课题申报通知发出后,引起了全国从事旅游职业教育的研究工作者的高度关注,在指定的时间和选题指南内提交了项目研究的申报材料。经中国职业技术教育学会智慧旅游职业教育专业委员会组织专家审核评议,择优确定 10 个课题,由中国职业技术教育学会将其立项为 2021 年中国职业技术教育学会智慧旅游职业教育专业委员会文旅产业应用对策研究课题。经过课题组一段时间的研究,最终以调研报告形式提交结项成果,于 2022 年 6 月由中国职业技术教育学会《关于公布 2021 年中国职业技术教育学会智慧旅游职业教育专业委员会文旅产业应用对策研究课题结项的通知》正式结项。结项的文旅产业应用对策研究项目的信息如下。

序号	姓名	工作单位	课题名称
1	董婷婷	芜湖职业技术学院	乡村振兴视阈下数字创意产业赋能安徽文旅发展的策略研究
2	郝杰	浙江旅游职业学院	长三角生态绿色一体化发展示范区历史文化名镇保护与发展研究
3	邢剑飞	杭州职业技术学院	浙江省文旅融合高质量发展成效评估与推进策略研究
4	翁栋	浙江旅游职业学院	文化符号与地域特色在浙江红色旅游纪念品开发中的应用
5	伍乐平	云南旅游职业学院	乡村振兴背景下农业文化遗产与旅游融合研究——以云南双江勐库古茶园与茶文化系统为例
6	刘迎华	青岛酒店管理职业技术学院	文旅新时代背景下山东省文化产业和旅游产业融合发展路径研究
7	潘宁	郑州旅游职业学院	文化和旅游产业的数字化应用研究——以河南文化旅游产业数字化应用研究为例
8	施蓓琦	上海旅游高等专科学校	文化和旅游产业的数字化应用研究——以文旅融合时代优秀历史建筑数字化保护利用为例
9	曾咪	漳州职业技术学院	乡村振兴背景下推进乡村文化和旅游的运营路径和机制研究
10	范洪军	四川工程职业技术学院	"十四五"时期文旅融合高质量发展研究——以四川省成都、德阳地区为例

本次项目研究成果丰硕，最终选取其中 8 个项目成果汇编结集为《2021 年文旅产业应用对策研究课题优秀成果集》，交由经济科学出版社正式出版。本次文旅产业应用对策研究项目，由中国职业技术教育学会智慧旅游职业教育专业委员会组织管理，由秘书处所在单位浙江旅游职业学院浙江省文化和旅游发展研究院具体执行指导。

感谢在此项目组织申报、实施、指导、汇编过程中的相关部门和专家学者。

编者

2022 年 10 月

目　　录

乡村振兴视阈下数字创意产业赋能安徽文旅发展的策略研究

芜湖职业技术学院　董婷婷

2017年10月18日，党的十九大报告提出乡村振兴战略，实施乡村振兴战略的序幕随之拉开。乡村振兴战略振的是产业，兴的是经济，是新时代"三农"工作的总抓手，但乡村振兴面临城乡二元结构调整、基础设施建设不完善、新兴产业形态不丰富、"三农"人才队伍待加强等现实问题。悄然兴起的数字创意产业与乡村振兴战略的实施不期而遇，数字创意产业以其更丰富性、高融合度、高创意性、高附加值等特征，在促进产业结构调整、加快城乡一体化进程、改善农村生态环境、满足多样化消费需求等方面发挥巨大的赋能作用。

乡村文化振兴是乡村振兴战略的重要组成部分，也是促进农业农村全面发展的根源性力量（丁和根和陈袁博，2021）。数字经济与旅游产业的结合在繁荣我国数字经济发展和助推乡村旅游产业升级中具有显著优势，将数字化作为旅游资源的开发手段，可以助推乡村旅游业提速增效。课题组以芜湖市南陵县墩镇霭里村为调研对象，同时对标安徽省三瓜公社，关注芜湖中青旅等旅游企业数据，分析霭里村在旅游数字化进程中的发展特点及突出问题，明确数字化赋能乡村旅游需要政策、人才、资金、体制机制保障等，进而提出安徽建设模式和发展对策。

一、研究背景

（一）乡村文旅数字化是乡村振兴战略的重要环节

党的十九大报告在实施乡村振兴战略中明确指出，农业农村农民（"三农"）问题是关系国计民生的根本性问题，必须始终把解决好"三农"问题作为全党工作重中之重（杨育智和李艳莉）。只有建立健全"乡村振兴"体制机制，依法保障"乡村振兴"有序推进，创新乡村振兴投入机制，推动农村文明进步、农民增收致富，才能建设产业兴旺、生态宜居、乡风文明、生活富裕的社会主义新农村，绘制好民族复兴的"三农"篇章。探索乡村振兴道路是社会主义新农村建设的必然选择，也是安徽省经济社会高质量发展的重要机遇（董婷婷，2022）。

乡村旅游业作为我国国民经济的战略性支柱产业，以其强劲的市场优势，崭新的产业动能，为乡村产业振兴发挥引擎作用。《乡村振兴战略规划（2018—2022 年）》中明确提出，"实施休闲农业和乡村旅游精品工程，发展乡村共享经济等新业态，推动科技、人文等元素融入农业。"2020 年，习近平总书记调研湖南长沙马栏山视频文创产业园时说，文化产业是一个朝阳产业，现在文化和技术深入结合，文化产业快速发展。他还指出文化产业有市场属性，但意识形态属性是本质属性①。随着乡村旅游与数字化的深度融合发展，数字经济成为实现农业与第二、第三产业深度融合、促进农业现代化发展，以及引领乡村旅游转型的内生动力（魏鹏举，2021）。

（二）安徽省深入实施乡村振兴战略取得崭新突破

乡村振兴战略目标中提到，到 2050 年，乡村全面振兴，农业强、农村美、

---

① 国际在线网.习近平在湖南考察时强调 在推动高质量发展上闯出新路子 谱写新时代中国特色社会主义湖南新篇章［EB/OL］.2020 – 09 – 18，https：//news.cri.cn/20200918/8aa0626b-cf76-46b2-134c-a67542d47e7c.html.

农民富的目标全面实现，农业农村现代化强省目标全面建成（孟宪科，2019）。该目标应如何建设？全国各地争先恐后，示范典型不断涌现。安徽作为农业大省，自实施乡村振兴战略的开局就发力，因地制宜、因势利导，以实干促振兴，凸显出安徽特色。安徽省委、省政府公开发布《安徽省人民政府关于全面推进乡村振兴加快农业农村现代化的实施意见》，出台农村人居环境整治 30 条等举措，奋力推动安徽乡村振兴走在全国前列。作为安徽省域副中心城市，安徽省芜湖市则因为品牌聚集效应突出、产业园区数量众多等特色，起步就冲刺，率先成为安徽省 2020 年实施乡村振兴战略实绩考核优秀单位，芜湖市湾沚区、繁昌区、镜湖区、弋江区、鸠江区也成功入选安徽省实施乡村振兴战略规划先行示范区。先行示范区的主要任务是，对标长三角先进地区，探索经验、率先突破、走在前列，高起点、高标准推进乡村振兴，打造乡村全面振兴的安徽样板（方佳伟，2021）。截至 2022 年底，芜湖市有 4 条线路获全国"体验脱贫成就·助力乡村振兴"乡村旅游推荐，其中一条便是起于芜湖市南陵县霭里村的"山水田园风情之旅"线路。该线路途径原始森林、水岸一线，充满田园乐趣、诗情画意，独具皖南山水精华。这条乡村旅游体验线路，激活绿色生态资源，使游客体验脱贫成就。

二、调查研究目的和意义

乡村振兴战略是党中央对"三农"工作作出的重大决策部署，是一项全局性"大"工程，长期、艰巨而复杂，需要政策支撑、实践探索，更需要理论指导。正视中国乡村振兴的复杂性，意味着制定规划、政策的系统性，也意味着各地实施路径和模式的差异性。有学者提出"城市大脑"作为数字化改革的典型应用，对社会经济发展有着全领域、全方位、全流程的深远影响（吴坚平等，2021）。作为大脑的"神经末梢"，数字乡村建设全面推进，各地积极探索乡村数字创意产业新模式。实施数字创意产业与文旅产业结合，与实施乡村振兴战略虽有不同，但基于数字化在产业集聚、创新创业平台等方面的先天优势，可赋能旅游生命力延续的新理论和新实践，实现产业链和技术链的契合。通过分析霭里村在数字产业打造和乡村振兴平台搭建过程中积累的人才汇集优势、产业集成优势、体制机制优势，提炼总结经验，并对数字化赋能乡村文旅保障体系和投资运营等提出意见和建议，总结出可推广的经验，也为其他同类型项目服务地方经济高质量发展提供参考，如图 1 所示。

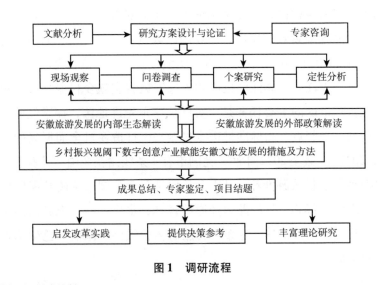

图 1　调研流程

资料来源：笔者绘制。

位于安徽省芜湖市南陵县烟墩镇南部的霭里村，依托生态优势，借助建设美丽乡村的契机，改善村居基础设施和公共服务，构建霭里村"山水原乡·爱你霭里"乡村旅游特色品牌。霭里村先后荣获国家 3A 级景区、中国乡村旅游模范村、全国休闲农业"一村一品"示范村等荣誉称号。在 2018年 8 月荣登安徽省旅游发展委员会评选出的 20 条最美安徽乡村旅游路线图后，又入选 2020 年"全国生态文化村"。成立村集体合作社协同发展，创建成为芜湖市创业孵化基地，聚焦乡村旅游产业链延伸，盘活村内闲置房屋和土地，鼓励农户发展精品民宿、特色休闲农庄，将种植、加工、电商销售和休闲旅游融为一体，提升乡村旅游的产品附加值。作为乡村振兴的特色村镇，霭里村以旅游产业为核心，以乡村活化为目标，注重新兴业态培育、新型农民培养。

三、调研目标的概况与优势

本次研究中，课题组综合运用问卷调查法、对比法、访谈法等方法，根据研究需要，结合数字赋能乡村旅游实践等情况，精心设计问卷，邀请专家学者对问卷提出宝贵意见，选取典型目标进行实验性调研。调研时间为 2021 年 11 ~ 12 月，此时正值初冬，是新冠疫情零星散发之时，因此采用线上问卷调研形式。调研对象分为两部分：一部分集中在对芜湖主要乡村景点线路的游客调研，另一部分集中在热推乡村旅游线路的旅行社。调查问卷主要由个人基本信息、消费行为、影响因素、需求意愿等部分构成。实际发放问卷 1000 份，回收 928 份，有效问卷 862 份，有效率为 86.2%，符合样本量需要。

（一）对标考察：合肥三瓜公社

2014 年特色小镇从浙江兴起，至 2018 年国家发展和改革委员会（以下简称"发改委"）出台文件，推动建立特色小镇高质量发展机制，特色小镇从盲目建设到规范有序发展。2020 年，安徽省人民政府办公厅印发《促进特色小镇规范健康发展若干措施》，提出准确把握发展定位、聚力发展特色产业、加快市场化运作、促进创业带动就业等 9 项举措，并从新型城镇化建设新空间、城乡融合发展新支点等 5 个方面明确特色小镇发展定位，推动安徽特色小镇高质量发展。

在特色小镇的发展机遇下，安徽合肥三瓜公社小镇成为第一批全国特色小镇典型经验推广案例，入选 2021 年中国特色小镇 50 强，成为特色小镇建设发展的风向标。改造 3 个特色各异的村庄：南瓜电商村、冬瓜民俗村和西瓜美食村。引进安徽京东、甲骨文、微创联盟等知名电商品牌，建设电商基地，建立统一的电商分装库和物流中心。南瓜电商村作为安徽电商第一村，开辟冷泉鱼、温泉鸡、山泉花生等产业基地；围绕本地特色产品，开发 1000 余种旅游纪念品；结合物联网、云计算和移动互联网等新兴业务，带动地方就业和经济增长，建成美丽乡村示范（姚成二，2017）。加强与高校合作，成立半汤乡学院，侧重于县域电商、乡建和农旅培训。三瓜公社的成功，表明数字创意产业与文旅产业无缝对接，对农业农村整合发展具有现实可行性。

（二）调研目标：南陵县霭里村

霭里村正在积极进行数字乡村建设，这是探索数字创意与现代农业融合的契机，也是文化旅游特色赋能乡村振兴的重要平台。以数字方式介入乡村实践，将技术引入乡村建设，激活数字引擎，培育文旅经济，打造乡村生产、生活新场景，有效促进了城乡发展要素流动和资源合理配置，为安徽探索"区域化突破、全域化提升"的乡村振兴路径奠定了基础。

1. 概况

烟墩镇霭里村位于芜湖市南陵县南部，面积约 29.6 平方千米，是闻名遐迩的省级生态村，先后被评为安徽省避暑旅游目的地、全国乡村旅游重点村、中国美丽休闲乡村等。霭里村依托实体资源禀赋，积极探索，用科技改变乡村面貌、用文化再现乡风文明、用艺术提升乡村品质的新路径，建设一个以自然禀赋为基础、人文资源为发展方向，融合数字技术、互联网、人才、资本等要素为一体的特色乡村。培育家庭农场等新型经营主体 12 个，发展野生葛、野生茶等农业新品 350 亩[①]，重点扶持土鸡等特色养殖大户 7 个，促进就业创业 700 余人，带动周边就业 2000 余人。

霭里村在发展规划中，建立了县、镇、村三级联动的政府协调机制，成立的霭里村党委，驻点办公、一站式服务。南陵县文旅局做好规划编制、基础设施建设、资源协调、政策保障、监督管理等工作。依托运营主体的龙头作用和人才基础，实现政企分工合作，发挥各自优势，保证霭里村建设发展机制灵活、高效运行。霭里村以乡村田园综合体和数字文旅建设相互依托，走出一条"绿水青山，金山银山"发展之路。

---

① 因数据单位不便转化为"公顷"，故本书统一为"亩"。

2. 特色

数字创意产业，紧跟时代发展和当下人们生活需求，抓住了文化旅游的发展新动向。在建设中，采用"村民参与、产业联动、智慧治理、生态发展"的在地性介入方式，打造"看得见山、望得见水、记得住乡愁"的乡村，是人们在得到视觉艺术美感的同时，唤醒文化自信的重要手段和复兴乡村的必由路径。

霭里村通过引进培育的产业规划、IP 策划、农产品包装设计、研学体验等文化旅游，打通数字创意全产业链，拓宽了企业发展空间，形成产业集聚和市场规模，多措并举，促进乡村文旅产业高质量融合。具有人才汇聚和产业链延伸双重功效，有利蓄积乡村振兴新动能。依托"原乡体验"资源禀赋，立足宜游化，打造文学、艺术、影视 IP，在数字内容、传播形式、创意产品、技术支撑上下功夫，逐步探索出乡村旅游新路径：春天看油菜花，夏天赏向日葵和多彩稻田，秋天来逛"丰收节"，冬天"村长邀您过小年"。白天的书香在山野间飘荡，夜晚灯光秀令人流连忘返，以"霭里人家"为品牌的乡村旅游产业群正在初步形成，如图 2 和图 3 所示。

图 2　霭里村风貌

资料来源：笔者拍摄。

图 3 霭里村丰收节场景、乡村书社

资料来源：笔者拍摄。

3. 优势

霭里村素有"皖南香格里拉"之称，从 2012 年底开始打造"美丽乡村大木山"，村党委积极引导村民参与美丽乡村建设，对仓里中心村的雨污分流、道路亮化、公共场所绿化、村庄的美化等进行施工。村里的网格长、党小组长、党员干部带头对沟渠、门前屋后、塘口进行清理，对危房、危墙、乱搭建进行拆除。村民自筹资金硬化路面，自发进行环境整治。从 2015 年开始，霭里村举办"腊月二十三——村长邀您过小年"活动，全面建设乡村休闲旅游。当地村民建民宿，利用烹饪手艺做农家乐，做工艺品的生产和销售。2018 年霭里村成功举办"中国农民丰收节"。在"生态宜居"的加持之下，大木山彩跑、霭里村骑行、向日葵花海、"八大碗"招牌菜等，让霭里成为芜湖声名远扬的网红打卡地。芜湖首个乡村书房自闲书社也落地霭里村，采用智慧化管理，24 小时无人值守，丰富了村民的文化空间和精神生活。基础设施改善了，村容村貌变化了，带来了旅游业的变化，村民收入增加了，文明素质也得到提升。2021 年暑假至 2021 年 12 月，共接待游客 23 万人次，销售农特产品达 130 万元，餐饮及超市消费达 282 万元，体验消费达 251 万元，总消费额达 663 万元。解决当地农民就业 147 人，户均增收 2 万余元，带动集体经济增收 63 万元①。

---

① 新华网. 安徽南陵：山清水秀产业新 [EB/OL]. 2021 - 09 - 28，http：//www. news. cn/mrdx/2022 - 07/01/c_1310636409. htm.

（三）调研企业：芜湖中青旅

1. 概况

安徽中国青年旅行社有限责任公司成立于 1999 年，是由中国青年旅行总社、共青团安徽省委员会、古井集团共同投资的安徽省内第一家股份制国际旅行社，经营范围围绕旅游生活全产业链，涉及旅游"＋文化""＋生活""＋教育"多生态链，是批发和零售、线上和线下综合性龙头运营商。获得诸多荣誉：21 年来连续 9 年蝉联全国百强社，被国家标准委批准为全国旅行社业首家"国家级旅游服务标准化"示范单位，被共青团中央等 18 部委评定为"全国青年文明号"。这支有活力的专业团队，自主开发"荞面旅游"网络端和"青旅商城"小程序，通过多种方式开发助力乡村旅游发展，推广自主权的省内短线项目，为游客提供良好的服务保障①。

2. 特色

"荞面旅游网"自 2020 年 9 月 29 日上线以来，累计访问近 5000 人次，其中安徽的老年用户占比 66.8%，南京、杭州地区用户分列第二、第三位②。网站模式从实际出发，经过分析调研数据，筛选出最实用的功能提供服务并进行专项改造，切实解决了新冠疫情期间游客在旅行前、旅行中、旅行后的痛点，让游客群体感受到科技的便利，帮助游客弥合"数字鸿沟"，感受科技旅游的温度。

3. 优势

企业拥有自主产权的省内短途项目：芜湖绿荣生态园、庐江阳家墩景区、白崖寨景区等，致力于乡村旅游产品的开发和升级。

（1）生态旅游示范样板——芜湖绿荣生态园。芜湖绿荣生态园坐落于芜湖

---

① 中国青年网．霭里"蝶变"美如画［EB/OL］．2020 - 10 - 21，https：//www. sohu. com/a/426135372_119038.

② 笔者根据《安徽文旅数字化发展现状（2021）调研报告》整理而成。

市湾沚区新丰村境内，距芜湖市 35 千米，交通便捷，占地面积 2000 亩，总投资为 3.06 亿元，拥有舒缓起伏的丘陵地貌和山塘湖面。园区具有休闲观光、旅游度假、会务餐饮、农耕体验、亲子活动、生态垂钓、露宿野营、旅游商品等多功能休闲农业与乡村旅游著名风景区。先后荣获"国家 AAA 级旅游景区""四星级旅游示范点""省级五星级农家乐""安徽省省级休闲农业与乡村旅游示范点""安徽省林业产业化龙头企业""芜湖市优秀农业产业化龙头企业""教育科普基地"等荣誉称号。

（2）绿色旅游定位精准——庐江阳家墩景区。庐江阳家墩景区位于合肥市庐江县罗河镇境内，面积约 3.5 平方千米。该景区以历史文化为底蕴，以全域生态旅游为灵魂，以自然景观及周边明珠式村落为载体，通过秀丽山景、美丽乡村和主题体验的聚集，打造"旅游 + 农业 + 差异化"的生态旅游综合体。其中，黄山寨地势险峻、石笋林立、竹木成荫、山花烂漫，有"江北小黄山"之称。这里自然地质景观奇异独特，蕴含丰富矿产资源与动植物资源。文化内涵深邃，书画、戏剧（庐剧、花鼓）、灯艺、健武传承至今。该景区现已形成集旅游观光、科研探险、田园度假、农事体验、研学旅行、科普教育于一体的旅游胜地。截至 2020 年，景区累计投入资金 12000 万元，2020 年游客接待量31.2 万人，全年营业额约 156 万元，利润总额约 47 万元，上缴税费约 5万元①。

（3）红色旅游迭代升级——白崖寨景区。白崖寨在大别山南麓，宿松县趾凤乡境内。白崖寨以古石城为主要标志，壮观的城墙就像巨龙蜿蜒盘旋于五座山峰之上，被誉为"南国小长城"。1932 年 10 月，中国工农红军第 27 军在此成立。2019 年落成的红 27 军纪念馆，通过大量实物和影像资料详细展示了红27 军诞生、英勇战斗、踏上新征程的历史过程。白崖寨被列为全省重点文物保护单位、省级风景名胜区，国家 4A 级旅游景区，获"中国历史文化遗产"称号。2020 年还被授予"红色革命传统教育现场教学基地"，是宿松县重要的爱国主义教育场所。

---

① 凤凰网 - 安徽综合. 安徽庐江县：阳家墩十一迎客 3 万余，文化休闲体验备受青睐 [EB/OL]. https：//ah. ifeng. com/c/80SY2lRTSfw.

四、调研目标的现状与问题

（一）现状分析

1. 新冠疫情影响不可抗

根据马斯洛需求层次理论，游客对安全的需求是最基本的。联合国世界旅游组织数据表明，2020 年全球旅游业因新冠疫情损失 2 万亿美元（王伟和许红晴，2021）。在新冠疫情的冲击下，旅游行业遭遇了寒冬，多数文化旅游项目被迫搁浅，客源呈断崖式下跌，旅游业以及与之相关的住宿业、餐饮业、交通运输业都遭受重创。尽管中国率先控制住了新冠肺炎疫情，并在常态化防控的基础上，着手复工复产，社会经济开始稳步复苏，但人口流动和防控要求，复苏步伐相对缓慢。2020 年 1～12 月，根据安徽省旅游事业发展数据，安徽省接待游客 47046 万人次，相比于 2019 年 81955 万人次下降约 42%；其中安徽省内旅游收入 4221.5 亿元，相比于 2019 年 8291.5 亿元下降约 49%。霭里村游客从 3 万人降至 3000 人，团散游客数和旅游消费同比下降约 90%，游客在获取途径、出游组织方式的选择、出行时间的选择、出游的具体动机较之前有很大改变①。

2. 消费需求多元化

调研景区和旅行社数据均显示，在新冠疫情影响下，传统旅游认知被动转型，游客为了避免乘用公共交通，自驾游逐渐成为大量游客的首选，短途旅行也越来越受欢迎。以亲朋为单位的"家庭团""亲友团"，亲子采摘、野外烧烤、康养旅游、冰雪旅游、体育旅游、农事体验、研学线路等模式的省内游、周边游、微旅游，成为吸引游客的新增长点。随着居民出游意愿提高、防护意识增强和审美水平的提升，游客越发关注低密度、安全性品质出行，渴望更深

---

① 安徽省统计局官网，http：//tjj.ah.gov.cn/oldfiles/tjj/tjjweb/tjnj/2021/cn.html，《安徽统计年鉴—2021》。

层次参与体验感知。高品质、私享化深度旅游正在逐步取代传统的观光打卡游，深受越来越多游客的喜爱。打造"田"园、"智"园，让乡村得到活化，生态得到保护，旅游业态得到更新，乡村形成有效创业圈、宜游生态圈，成为旅游业界思考的风向标。

3. 虚拟云游趋势化

数字化应用对于旅游赋能具有现实意义，尤其是随着元宇宙技术的探索深入，虚拟旅游前景更加广阔。从科技层面和应用工具双管齐下，运用"大数据"进行监测，绘制用户画像，发现潜在客户，及时发现游客个性化、特殊性的需求。数字化平台使得线上线下游客分流，利用数字化技术实现产品线上"云游"，通过线上游客互动完成线下引导，能让游客获得深度体验。全景式的视、触、听、尝、嗅交互体验，为游客打造沉浸式的消费场景。文化大数据在乡村旅游中的应用主要体现在营利性旅游景区、爱国主义教育基地、历史遗址、博物馆、艺术展及传统文化作品中（郭晨等，2021）。游客渴望更深层次了解本地文化，通过人工智能、5G 技术、区块链、北斗系统、数字孪生、VR 虚拟现实、AR 增强现实技术等，多样化目的地解说系统，获取等同于专业人员现场指导的体验感，适应新时期旅游个性化发展的新需求。

（二）存在问题

1. 先天基础差，配套设施建设有待完善

目前霭里村和大多乡村地区一样，基础设施尚未完善，乡村环境有待提升，配套服务设施落后，专业人才匮乏，需要政府加大政策、资金、人才等方面扶持力度。作为景、村结合的产物，霭里村和其他乡村规划没有本质区别，同质化严重，缺乏在地文化的深度挖掘和形式创新。乡村企业应进一步加强与政府合作，保障乡村建设和运营可持续发展。旅游产品形式单一，不够注重内涵建设，缺乏运动健身、康体疗养、夜游演艺、常态化节庆等活动。不能满足不同时段、不同受众、不同品质的旅游需求。在文旅产品的转化方面，模式单一，民宿建筑、古刹庙宇、古树名木等系列自然资源仅能参观，参与性较弱。缺乏深层次的人文景观，虽曾尝试开发文、旅、产、学、研为一体的研学旅游，但由于缺乏高校合作，主题形式单一，陷入缺乏深度和新意的局面。在融资方面，投资方与开发方缺少沟通桥梁，使得项目融资渠道十分单一。采用线上宣传推广；而在营销手段方面，内容与推广方式缺少精准度，不了解不同平台之间的差异化，进而导致线下价格体系无序。

2. 专业程度高，人才技术团队有待加强

借力数字产业发展乡村旅游，必须有专业技术团队和相关领域人员作支持。目前霭里村正在建设数字乡村体系应用服务平台，平台的搭建体现在数字技术、网络技术和移动通信技术三方面，从支撑层、应用层和用户层体系进行架构，在数据监测、媒体管控、信息算法及进入门槛等方面均有明显表现。数字产业将 AI、5G、大数据、云计算等技术手段和产业跨界联合起来，将农村直播电商逐步转向电子商务，将线下旅游转为线上"云"游。乡村旅游数字化平台，推行无接触智能服务，打造全链条、全程化、一站式服务（李晓，2021）。深耕智慧化旅游体验，旨在为安徽打造智慧、健康、便利的省级全域旅游生态。然而，调研目标的常住人口以原住村民、艺术家、外来投资者为主，他们对数字产业的关注有限，能够操作和应用新媒体平台的人才更加缺乏。政府须高度重视数字媒体人才的培养和引进，给予政策和经济上支持。通过增强专业人员媒体操作和应用能力，开发特色数字产品吸引游客，线上线下同步宣传，让更多的人了解当地的特色文化和独特价值，为乡村数字化旅游做充分准备。

3. 产品单一化，数字化普及率有待提升

调研目标的数字化平台是面向游客端的旅游综合服务平台，而当前安徽省公共服务类网站普及率低，无障碍化有待提升，多数界面存在适龄化程度低、交互应用复杂、操作不友好、缺乏文本描述、验证码获取困难、功能与设备不兼容等问题，这使得部分游客（特别是中老年游客）在使用互联网平台过程中不敢用、不会用、用不好，面临"数字鸿沟"。数字化平台应提供语音导览、

旅游咨询热线、投诉、退货服务，提升特殊群体的旅游体验，切实保障游客的旅游权益，帮助他们更好地享受数字化旅游的便利，有效解决他们面临的数字难题，让这些游客在数字化旅游中有更多认同感和安全感。乡村数字旅游快速转型，线上业务还要进一步增加，对音乐、游戏、动漫、创意设计等进行产业细分，引导数字创意产业对乡村文旅的有利影响。丰富的线上产品既有助于满足游客随时随地游览的需求，也可以作为线下旅游展示的特色窗口，使旅游目的地更快速度传播，并扩大影响面。

4. 还原乡土味，在地特色文化有待激活

从霭里乡村旅游的开发来看，尚有 60% 以上的开发空间，潜力很大。但统筹中还应以"徽州味道""原乡体验"为宜，在传承的同时加入现代化思考，形成"过去""现在""将来"的探索。不能简单怀旧、复古，更不能过分现代化，有过重的机器打磨痕迹。农民生活方式和乡村风土人情本身就是旅游文化的一部分。乡村应是"活的"，应该是"人、事、物、景、情"的互动，如河边洗衣、田间耕作、古井打水、石碾推磨等，这才是真正的"乡土味道"，是重要的乡村生态组成部分。活化是有效保护、积极保护，好的活化一定是本地文化（吴必虎，2016）。调研目标尚存在标准不高、留不住人、模式化等问题。霭里村在开发建设中，布局缺乏统筹，存在盲目性和随意性，或是简单效仿和复制，或是产品单一缺乏特色化。应避免"千村一面"模式，改善乡村以"农文旅"为主的单一化产业结构，高效率宣传本地特色文化，精准定位潜在游客，辐射带动乡村地区经济、社会、生态、文明的全面提升。

五、数字产业赋能安徽文旅发展的路径与模式

数字产业赋能安徽文旅是实现乡村振兴、推动城乡融合发展的关键纽带，是乡村振兴事业的重要抓手。尽管霭里村已取得一些成效，但仍存在公共服务配套不健全、基础设施建设落后、产业集聚能力弱、人才引进困难等发问题。

为创造更大赋能效应，补足城乡融合发展短板，霭里村需要在政府、经济、社会和环境等多个方面进行考量，给予企业转型、人才培育、项目支持等政策优待，以及法律法规、体制机制等保障，带来城乡双向消费交流互动，为乡村振兴、农村经济发展注入新动力，打通乡村旅游通路"最后一公里"。同时提升乡村文化自信和生态文明，延展乡村文化价值链。

（一）构建政企联动协作机制

乡村数字旅游已成为实施乡村振兴战略的重要领域，是促进农业结构调整、乡村产业振兴的重要渠道，是消除城乡二元结构、促进城乡融合发展的有效途径，也是促进乡村文化繁荣发展、生态环境保护修复的中坚力量（何琴等，2021）。安徽乡村旅游的资源实体完整，应保持原有结构与形态。坚持"政府引导、企业主体、市场运作"运营模式，建立健全文旅产业和数字创意产业融合发展新机制。政府在统筹发展中，赋予旅游企业和投资主体完整主权，着力推进"山""水""田""园""村"协调建设，鼓励虚拟旅游、智慧旅游等新型旅游业态融合。企业不断提升管理水平，充分发挥其在技术、市场的主动性，增强数字文旅产业的凝聚力。只有当政府引导力量被彰显，企业主体作用被体现，市场运营活力被激发，良好的运营机制才能发挥集聚产业、服务企业、支撑发展的连锁效应，焕发乡村机制体制创新的活力。

（二）筑牢乡村信息建设基础

《关于推进乡村振兴战略的实施意见》和《安徽省乡村振兴战略规划（2018—2022）》中明确指出，实施数字乡村振兴战略，推进农村基层政务信息化应用，加快物联网、智能设备等现代信息技术与农村生产生活的全面深度融合。政府、企业等多方参与农村数字化基础设施建设，补齐公共服务基础短板，通过技术输出、品牌赋能、渠道拓展，优化传统旅游产品及模式。政府解决道路、光纤、污水处理、环境整治工作，实现农村千兆光网、移动物联网等建设，为游客提供高质量公共服务体系。根据《关于发挥国家农村产业融合发展示范园带动作用》《社会资本投资农业农村指引》文件精神，继续加大对安徽省文旅产业融合发展支持力度，提供政策性融资平台，构建智慧信息管理、数据分析、旅游协作和旅游运营系统建设内容，发挥项目叠加和政策引导优势，多措并举吸纳村民就业创业，帮助企业落实落细政策措施。

（三）加快旅游企业数字转型

5G 技术的兴起，让我国的数字产业发展迈上了新台阶，数字技术赋能文旅服务是以数字化为基础，面向智能移动终端的信息服务平台，可满足游客移动咨询、数据统计、安全检测的需求。乡村数字文旅产业的发展标志着安徽乡村智能化向现代化迈进，有助于能提升安徽省旅游企业管理、服务、营销的数字化和智能化运作水平，推动数字旅游企业的创新与转型，加速推动旅游产品体系的升级与优化。通过培育旅游骨干企业，扶持旅游龙头集团，跨界融合、产业共育等方式，创新和丰富旅游产品体系，打造多元融合的旅游发展格局。通过保护生态环境和活化非物质文化，构建"云"特色空间，促进数字文旅产业集群化发展。鼓励云展览、云直播、云体验等数字旅游活动，提高旅游资源的利用效率，推进旅游活动朝智慧化方向升级，减少旅游活动对于环境的依赖性和自身的脆弱性，从旅游类型的多样化、功能的全面化、空间的网络化和产品融合度等方面进行乡村旅游发展转型。

（四）畅通信息沟通有效渠道

发展数字乡村旅游，需要构建稳定的"云旅游"信息沟通保障体系。数字平台不仅聚集了旅游生产者，还集中了游客消费者的需求，形成规模经济。乡村旅游经营者或者相关行业组织可通过建立行业网站或微媒体平台定期组织乡村旅游从业者参与报告会、交流会以及分享会等行业交流活动（陈萍，2021）。政府部门持续推出数字旅游新产品，打造具有乡村特色的虚拟 IP 形象，推动虚拟旅游产品的生产；建议旅游主管机构鼓励爱玩、爱拍的游客转变为内容生产者，创作提供优质内容，同时各类互联网企业和平台可以为这些内容生产者投放更多线上流量，出台差别化激励政策，加快推动文化旅游产业转型升级。旅游从业者也可以是内容生产者，输出更聚焦的旅游信息，使目的地更具吸引力和竞争力。在线旅游产业迎来新机遇，直播和短视频作为内容表达的新形态发展迅猛，乡村旅游线路和产品也因为数字化被赋予新的价值，其内涵是新业态，动力是新业态。以技术促体验提升，以文化促魅力提升，以内容促品质提升，通过深度参与，了解乡村旅游景点的文化魅力。

（五）丰富乡村智慧文旅形态

传统的旅游场景无法在短时间内激发游客的内驱力，数字化将成为乡村文化形象化和可触达的新载体，必将成为乡村文旅产业未来发展的蓝海。应精准乡村定位，借助微信、微博、抖音、快手等数字化平台，打破物理空间限制，以图文、音频、视频等信息流形式，将夜间演艺、广告会展、创意设计、新媒体服务等场景化、具象化地呈现在游客眼前。数字企业可以将本地旅游资源，通过数字化的形式表现出来。打造沉浸式旅游场景，在乡村田园、山谷等安装声、光、电装置，配合旅游演艺、剧本杀等活动，给予游客直观的娱乐体验。在创作旅游演艺作品时，游客既是参与者，也可以是乡村场景内容的再创作者，为游客带来新颖的感受。例如，河南省的"只有河南·戏剧幻城"，就是典型的"挖掘、保护、传承"文旅形式创新，其借助数字化技术，将乡村空间里"人、事、物、景、情"等要素可视化，再造乡村旅游潜力，触发游客"身未动，心已远"。新的智慧化文旅形态以演出为核心，以内容和创意取胜，注重产品研发，完善产业链条，建立长效机制。开辟乡村数字创意创作新赛道，在全社会营造乡村数字创作氛围，充分激发乡村创意潜力，积极探索乡村数字产品新形式（刘键和白素霞，2021）。围绕乡村地区特有的非物质文化，开发数字创意特色产品与 IP，可以大大提高乡村文化的附加值。配套特色数字馆、乡村记忆馆、自然体验馆，打造游客体验的理想场所，见表 1。

表 1 数字乡村建设的具体形式

领域	成效	形式
历史传承	文旅资源激活	视：手绘、口袋书、宣传栏、视频；听：当地优秀故事
民生领域	农民生活提质	挖掘人文风俗，改善家风、民风、乡风
全域管理	乡村风貌改善	特色文化元素、乡村精神风貌、实现一村一品
产业发展	数字旅游赋能	推进游客多元化、沉浸式体验

资料来源：笔者整理。

（六）健全专业人才培养机制

人才短缺是当前安徽数字化文旅发展面临的主要困难和问题，旅游企业、各类平台和管理机构要坚持人才兴旅策略（李凤亮和杨辉，2021）。培养更专业的复合型人才，通过媒体展示自己和介绍旅游目的地，如将当地农民、导游讲解员培育为直播能手、网红讲解员等。政府大力扶持本地乡村青年创业，从农业经营大户、企业带头人、专业农技人才、乡村工匠等入手，培养乡村旅游发展急需人才，建立健全乡村振兴人才培训、引进等保障政策，加强与高等院所合作，设立乡村振兴人才培训机构，共同打造青年才俊创新创业孵化平台，为更多农村人口提供共建、共享、共赢的机会。

数字赋能文旅是实现乡村振兴、推动城乡融合发展的关键纽带，需要旅游企业的认知重新定位，旅游企业与数字企业价值共创，平台与内容共建，产品与运营价值共赢。旅游企业根据旅游者消费需求，向游客提供包价旅游与私人定制，开发"云"旅游产品。参照数字创意产业先行模式，培育本村新型农民，构建"互联网 + 新农业"模式，即进行乡村品牌营销、供应链整合、产业融合等新尝试，如图 4 所示。

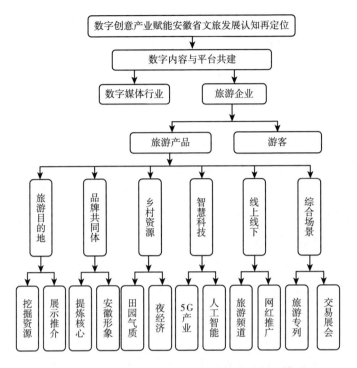

图 4　探索数字产业赋能安徽文旅发展路径和模型

资料来源：笔者绘制。

六、调研结论

尽管安徽省乡村文旅产业与数字创意产业融合取得一些成效，但发展上仍存在一些制约，与乡村振兴要求还有很大差距。只有在政策扶持、基础设施完善，资金、土地、人才、项目、法律法规、体制机制等保障下，补足城乡融合发展短板之后，盘活乡村传统文化资源来赋能乡村三产融合，夯实农民的物质基础和精神基础，才能创造更大乡村振兴效能。

首先，政府应重视乡村景区开发，着力推进"一村""一景""一田""一品""一味"协调建设和发展。围绕数字乡村建设，打造"看得见发展、记得住乡愁、品得到特色"的"智慧乡村"。通过数字化建设，破解乡村统筹规划困局，盘活了闲置资源，同时丰富了村民业余生活，可以促进消费增加收益，使群众获得看得见摸得着、实实在在的幸福感。在建设乡村原生态旅游区，政府应重视资源及环境的保护，规划时遵循生态设计，保持生态景观完整性。尽力将人工改造得不留痕迹，将艺术创作有机融入自然界中，有效保护乡村景区的优美环境。

其次，数字产业的兴起，为乡村文化传播在渠道拓展和效能提升方面开辟了广阔的空间，需要弥合信息鸿沟，推动数字乡村均衡发展（邵瑞，2021）。对传统文化产品进行数字化改造，不仅可以增加全新的传播渠道，还可以通过多媒介融合传播、多产业融合发展、多主体融合交流，有力地推动乡村文化传播效能的提升。配合游客接待中心，数字体系进行统一智慧化改造，由旅游大数据中心、旅游技术管理支持、旅游运营服务平台数个部分组成。创新乡村数字化载体具体落实到数字技术层面，创意要基于运营思维，打造有差异的 IP。在设计上做文章，对非物质文化进行设计以及研学产品设计等。对各流量平台、短视频制作技术深度解析，在媒体营销上下功夫，探索融媒体技术、数字营销在乡村旅游中的作用。在投资融资上，坚持把发展乡村旅游作为践行乡村振兴理念，作为对乡村旅游项目价值、商业模式与创新价值的判断。

安徽省坚持乡村旅游和特色产业融合发展路径，通过构建集聚资源要素，丰富乡村业态新平台，形成企业带动农民、共创财富的新模式。借助形成产业强力支撑、科技文化引领的新动能，形成乡村文旅与广播影视、数字出版、动漫游戏、创意设计价值共创的文旅融合格局。安徽省数字创意产业势头强劲，文旅产业实力雄厚，跨界融合产业加速集聚，正在创造"生态 + 旅游 + 数字产业"的发展模式，探索一条生产发展、生活改善、生态优良的安徽省乡村旅游发展新路，实现"生态美"与"科技美"的有机统一。

参考文献

［1］陈萍. 乡村旅游与数字经济对接的推进路径研究［J］. 农业经济，2021（11）：67 - 69.

［2］丁和根，陈袁博．数字新媒介助推乡村文化振兴：传播渠道拓展与效能提升［J］．中国编辑，2021（11）：4－10.

［3］董婷婷．乡村振兴背景下安徽省乡村旅游数字化发展探析——以芜湖霭里村为例［J］．滁州学院学报，2022，24（3）：30－33，38.

［4］方佳伟．新建中国脑计划合肥中心等一批平台［N］．合肥晚报，2021－04－23（A02）.

［5］郭晨，王汉熙，陈志鹏．基于虚拟现实的乡村旅游发展模式创新研究［J］．武汉理工大学学报（信息与管理工程版），2021，43（4）：367－371.

［6］何琴，蒋灿，钱永贵．疫情常态化背景下新媒体助力乡村旅游发展研究——以成都明月村为例［A］//劳动保障研究会议论文集（十一）［C］．2021：128－129，123.

［7］李凤亮，杨辉．文化科技融合背景下新型旅游业态的新发展［J］．同济大学学报（社会科学版），2021，32（1）：16－23.

［8］李晓．数字化视域下乡村旅游转型发展研究［J］．经济论坛，2021（9）：38－43.

［9］刘键，白素霞．中国数字创意产业竞争力分析及发展对策研究［J］．宏观经济研究，2021（11）：70－78，138.

［10］孟宪科．新时代背景下中国共产党三农发展思想探析［J］．学理论，2019（9）：11－13.

［11］邵瑞．网络传播与乡村文旅产业融合发展研究［J］．传媒，2021（13）：79－81.

［12］王伟，许红晴．后疫情时代广西旅游业高质量发展的调查研究［J］．桂林理工大学学报，2021，41（2）：434－443.

［13］魏鹏举．文化产业高质量发展的守正创新之道［J］．人民论坛，2021（11）：104－106.

［14］吴必虎．基于乡村旅游的传统村落保护与活化［J］．社会科学家，2016（2）：7－9.

［15］吴坚平，李鹏飞，吴春明，等．城市大脑驱动下数智赋能乡村旅游的探索与实践［J］．中国旅游评论，2021（3）：56－62.

［16］杨育智，李艳莉．乡村振兴战略下农村社区教育的普惠性价值及其实现［J］．中国成人教育，2019（11）：91－96.

［17］姚成二．三瓜公社探路［J］．决策，2017（7）：24－26.

长三角生态绿色一体化发展示范区
历史文化名镇保护与发展研究

浙江旅游职业学院　　郝　杰

一、研究背景

　　江南水乡古镇作为重要的中华文化遗产既是长三角区域社会发展历程中留存下来的见证，也是市民的集体记忆和不可再生的文化资源。历史上的江南古镇，深入河网、密如星斗，形成了联系城乡甚至全国市场的经济网络。古镇反映了不同历史时期各地的社会活动、意识形态、人与自然的关系以及当时生态环境的状况。2019 年 5 月印发的《长三角区域一体化发展规划纲要》中，明确了上海市青浦区、江苏省吴江区和浙江省嘉善县为长三角生态绿色一体化发展示范区。为了更好地打响江南文化品牌，中共青浦区五届七次全会提出了打造江南文化示范区的发展目标。长三角示范区内保存至今的江南水乡古镇留存了宝贵的文化记忆，不仅是明清文化的渊薮，还是沪、苏、宁、杭都市人的精神与心灵故乡。长三角生态绿色一体化发展示范区内分布有七个国家级历史文化名镇，历史风貌与环境特色最为显著。本文的目的在于将历史文化名镇保护与自身布局规划结合起来，探讨采取综合措施，有效保护示范区的人文历史环境和整体生态、空间的秩序；同时，在示范区发展政策的制定过程中，将历史文化古镇作为重要因素和重要价值取向。

一体化示范区从总体风貌来看是典型的江南水乡，区域内古镇密集、人文荟萃、发展基础好，具有在文化和旅游领域率先形成一体化发展新格局的独特优势。本文深入贯彻落实《长三角生态绿色一体化发展示范区总体方案》和《关于支持长三角生态绿色一体化发展示范区高质量发展的若干政策措施》，以保护传统文化遗产，传承江南水乡风情，促进示范区内古镇群落文化休闲和旅游资源的联动开发，推动示范区文化和旅游一体化更高质量发展，以率先形成以国内大循环为主体、国内国际双循环相互促进的新发展格局为研究目标。

二、古镇概述

本文的研究对象为一体化示范区范围内的国家历史文化名镇。根据《长三角生态绿色一体化发展示范区总体方案》，一体化示范区范围包括上海市青浦区、江苏省苏州市吴江区、浙江省嘉兴市嘉善县，面积约 2300 平方千米（含水域面积约 350 平方千米）。截至 2022 年，国家文物局公布的国家历史文化名镇名单中"两省一市"国家历史文化名镇统计情况见表 1。

表 1　　　　　　　　　示范区内国家历史文化名镇统计

序号	保护级别	名称	所在区域	保护批次
1	国家历史文化名镇	上海市青浦区朱家角镇	上海市青浦区	第三批
2	国家历史文化名镇	上海市青浦区练塘镇	上海市青浦区	第五批
3	国家历史文化名镇	上海市青浦区金泽镇	上海市青浦区	第六批
4	国家历史文化名镇	江苏省苏州市吴江区同里镇	江苏省苏州市吴江区	第一批
5	国家历史文化名镇	江苏省苏州市吴江区黎里镇	江苏省苏州市吴江区	第六批
6	国家历史文化名镇	江苏省苏州市吴江区震泽镇	江苏省苏州市吴江区	第六批
7	国家历史文化名镇	浙江省嘉善县西塘镇	浙江省嘉善县	第一批

资料来源：国家文物局网站，http://www.ncha.gov.cn/col/col2266/index.html。

（一）朱家角镇

朱家角镇位于淀山湖畔，东与盈浦街道、夏阳街道接壤；西依淀山湖，与金泽镇相连；南与练塘镇和松江小昆山镇、佘山镇交界；北与江苏省昆山市淀山湖镇毗邻，全境总面积 136.85 平方千米（含水域），其中耕地面积 3766 公顷①。朱家角交通便利，是上海通往江苏、浙江的重要通道。水路交通有拦路港、淀浦河、华田泾、朱泖河、西大盈港，其中拦路港为 3 级航道，可通行重达 1000 吨的船只，直通黄浦江，并与太湖水系相通②。

朱家角镇历史悠久，早在三国时期就已有村落，明朝万历年间就已经成为商贾云集的繁华集镇。清嘉庆年间编纂的《珠里小志》中把珠里定为镇名，俗称角里。朱家角镇旅游资源丰富，休闲设施闻名中外。淀山湖、东方绿舟、课植园、城隍庙、园津禅院、放生桥、北大街、大清邮局、朱家角人文艺术馆是朱家角具有特色的名胜古迹和人文景观。老街依水傍河，民宅临河而建，构成了一幅"小桥、流水、人家"的江南水墨画卷。

2007 年，朱家角被评为国家历史文化名镇。2008 年，获得国家园林城镇、国际花园城市等荣誉称号。2016 年，朱家角镇被评为第一批中国特色小镇。

（二）练塘镇

练塘镇位于青浦区西南部，东与松江区石湖荡镇毗邻，南与金山区枫泾镇毗邻，西与浙江嘉善县丁栅镇交界，北接朱家角镇。总面积约为 94 平方千米③。

练塘镇历史悠久，民风淳朴，"绿色、红色、古色"成为练塘镇一道独特的风景，也是练塘对外宣传的名片。"红色"体现革命传统文化的主旋律，练

---

①② 数据来源：上海市青浦区人民政府网站，https://www.shqp.gov.cn/zhujj/zjjgk/20181123/378455.html。

③ 数据来源：上海市青浦区人民政府网站，https://www.shqp.gov.cn/liant/ltjj2/20181123/400023.html。

塘镇是陈云的家乡，建有"陈云纪念馆"。陈云纪念馆是国家一级博物馆、全国爱国主义教育示范基地、国家 4A 级旅游景区和全国重点红色旅游景区。"绿色"表现为田多、林多、水多，空气清新，是盛产稻米茭白的江南水乡，其中"练塘牌"茭白成功获得"国家地理标志保护产品"认证，18000 亩涵养生态林，是上海市郊最大的人造森林。"古色"表现为古镇历史遗存和文化底蕴丰富，练塘历史文化风貌区规划范围总面积约为 57.5 公顷，其中核心保护范围的面积约为 16.5 公顷，四大历史建筑集聚区（陈云故居、上塘街、下塘街、李华港）总面积超过 10 万平方米，集中反映上海郊区商业街市、河市结合的传统江南城镇风貌特点。练塘镇先后被评为国家历史文化名镇、全国环境优美乡镇、国家生态镇、国家 4A 级旅游景区[①]。

（三）金泽镇

金泽镇地处上海市的最西端，紧邻淀山湖，是浙江省、江苏省与上海市的交界处，全镇总面积 108.49 平方千米[②]，318 国道和沪青平高速公路贯穿全镇。金泽镇水道纵横，水路交通网一直沿用，具有典型的江南水乡风貌，有"水乡泽国，桥庙之乡"美誉。

金泽镇拥有源远流长的"庙桥文化"，承载着"桥桥有庙，庙庙通桥"的独特文化景观。金泽镇古桥数量众多，历史久远，保留了上海地区年代最早的单孔石拱桥普济桥。金泽庙会一直延续至今（农历三月廿八和九月初九），衍生出民俗、饮食、演艺等丰富多彩的地方文化，除了拥有上海市级非物质文化遗产"宣卷"和"商榻阿婆茶"之外，还有"田山歌""打莲湘"等民间文化活动。

金泽镇自然资源丰富，其间湖泊星罗棋布，河港纵横交错，是典型的江南水乡古镇，享有"江南第一桥乡"的美誉；金泽镇内有上海最大的淡水湖——淀山湖。金泽镇风景秀丽，空气清新，水质清澈，土壤肥沃，盛产香糯、杂交

---

①② 数据来源：上海市青浦区人民政府网站，https：//www.shqp.gov.cn/liant/ltjj2/20181123/400023.html。

水稻等优质大米。金泽镇内有国家 5A 级旅游景点——大观园。

（四）同里镇

同里镇位于苏州市吴江区东北部，地处太湖沿岸大运河畔，四面临水，八湖环抱，是太湖流域典型的水乡古镇。2003 年同里镇被评为首批国家历史文化名镇。唐初在九里湖南形成村市，因自然条件优越而得名"富土"，后因"富土"名太侈，改名铜里。北宋初建镇，设巡检司，拆字为同里，沿用至今。清朝和民国期间，同里"居民日增，市镇日广"。

同里作为吴文化地区，一方面继承了吴文化以水为核心，呈现稻作、蚕桑、渔、船、桥等多种形式的文化表现；另一方面，结合富足、闲适、安静的居住环境，形成了以退思园、丽则女学为代表的重文、重教、重民的江南士绅文化，以陈去病为代表的革命文化，以走三桥为代表的民俗文化等。

同里镇完好地保存了大量的民居街坊、深宅大院等明清古建筑，街河并行、水多桥多，环水设市的水乡古镇风貌，并拥有众多的历史名人和深厚的历史文化积淀。现存完整的明清时期城镇面貌，是一个活态的、明清江南水乡古镇的典型代表。

（五）黎里镇

黎里镇地处苏州市吴江区东部，位于苏、浙、沪交界处。由原黎里、芦墟、北库、莘塔、金家坝五镇合并而成，总面积约 258 平方千米。根据吴江城镇体系规划，松陵、盛泽为吴江主城区，震泽、黎里为两个城市副中心。黎里镇总体规划定位为繁荣、生态、宜居的现代化江南水乡特色名镇，苏州临沪现代化城镇。2008 年公布其为江苏省历史文化名镇，2014 年公布其为中国历史文化名镇。

黎里镇是随着吴江区域空间发展战略调整，经历了三次较大的行政区划调整。最早，黎里、芦墟、北库、莘塔、金家坝五乡镇合并为黎里、芦墟两镇；2006 年，黎里、芦墟两镇合并成为汾湖镇；2013 年，原汾湖镇更名为黎里镇。

黎里镇的历史文化价值与特色体现为区域内明清时期江南水乡城镇格局与风貌，沿线建筑风貌突出、历史环境要素密布的绿色主河道，区域内自然河湖生态景观及以柳亚子为代表的南社革命文化和以芦墟山歌为代表的苏南吴文化。总体来看，黎里镇是一座文化底蕴深厚、古迹保存完好的江南水乡古镇。

（六）震泽镇

震泽镇是一个拥有 2000 多年历史的江南名镇，2001 年公布其为江苏省历史文化名镇，2014 年公布其为中国历史文化名镇。

自明代开始，作为蚕桑中心的震泽，四乡遍地栽桑，农民户户养蚕。家庭缫丝是震泽农民重要的经济来源。震泽所产的辑里丝享誉海内外，清代中叶，震泽丝市成为我国著名丝市之一，是中国丝经的主要产地。桑蚕文化和手工丝业工艺极具传承和科学研究价值。古镇内"一河一路""一河两路"的江南水乡规划格局保存完整，传统民居淡雅朴素，街巷错落有致，构成了古朴宁静的居住环境。

历史上震泽古镇的政治、经济地位变迁以及古镇传统格局的演变，是研究江南古镇发展的典型代表。震泽人文荟萃，人才辈出，最有代表性的是王锡阐，其《晓庵新法》《五星行度解》等科学论著在近代中国科学史上独树一帜。传统手工艺有手工缫丝（缫丝业）、手工织造（丝织业）、丝绵业（茧丝加工业）、农村摇经（纺经业）、丝线业，地方特色小吃有菜肴、酒酱、南货茶食、黑豆腐干、熏豆与熏豆茶等，说唱艺术有评弹，地方传统活动有桑蚕习俗、双杨庙会。

（七）西塘镇

西塘镇隶属浙江省嘉兴市嘉善县，位于江、浙、沪三地交界处，古名斜塘，平川，东临姚庄镇，西靠天凝镇、陶庄镇，南接干窑镇，北与芦墟镇毗邻，西塘的聚落选址，临河而居、顺势发展。在唐、宋时期就已形成村镇，到了元、明朝时，西塘凭借鱼米之乡，丝绸之府的经济基础和水道之便，发展成一座繁华、富庶的大集镇，窑业、米市、食品、制陶业等行业日益兴旺。

西塘古镇是古代吴越文化的发祥地之一，代表了独具特色的明清时期及民国初年的江南水乡集镇的风貌，包括原生态的自然景观、错综的河网水系交通布局。西塘作为江南水乡的代表之一，在物质形态如水网格局、建筑、构筑物等方面具有区域特色，具有完整的街巷与廊棚公共空间、成片的木构乡土建筑。西塘古镇的建筑形态以苏式风格为主，局部细节略有浙西风格，是太湖流域乡土建筑的典型代表。西塘古镇延续了古代农耕技术条件下的水乡集镇生活模式及传统的民俗文化和活动。在非物质文化遗产中，如民俗活动、民间艺术、地方小吃等方面具有延续性，迄今不断。

西塘古镇总体特色可归结为：吴根越角，水乡风光；古木古寺，明清厅堂；前街后河，石桥相望；廊棚千米，巷弄修长；名点佳肴，黄酒飘香；杜鹃烂漫，民艺流芳。

（八）现状分析

课题组在研究过程中，针对一体化示范区江南水乡古镇的管理机制、文化传承、生态保护、社区发展、文旅品牌进行了梳理，针对各古镇现状具体发展进行了梳理，见表2。

表2　一体化示范区江南水乡古镇发展状况分析

序号	古镇名称	管理机制	文化传承	生态保护	社区发展	文旅品牌
1	朱家角镇	1. 预约制度。朱家角古镇实施封闭式管理，游客通过预约才能进入古镇区域。 2. 项目托管。具体景点的管理和运营由旅游公司负责，整体景区管理由朱家角镇政府下属的景区管理办公室负责。旅游公司挂靠在朱家角镇政府之下，与景区管理办公室同一等级	1. 筑巢引凤，突出文化特色。充分发挥名人效应，提升古镇文化品位。 2. 以节造势，打造古镇品牌。结合古镇各种各样的特色节庆活动，以节造势，进一步提升朱家角古镇的知名度，打造朱家角古镇旅游品牌。 3. 深挖民俗，打造文化精品。在旅游开发的过程中，对水乡特有的农耕文化、古镇历史语言习俗等传统的手工艺及水乡风情进行整合，打造了一个文化精品。 4. 加强资源整合，实现联动发展，逐步形成商、旅、文相结合的产业链	划定三类生态空间和四类生态区域，作为生态保护为重点区域，以生态维护为重点。一般开发建设，禁止一般线性建设、控制线性工程，市政基础设施和建设项目用地立型特殊建设项目用地	部分本地居民在经济和经济上获益。一种是参与旅游经济，通过开饭店、纪念品商店等营利性行为方面的获利；另一种是房地产方面的获利，即通过出售或出租房产获利	1. 成熟的音乐嘉年华品牌——朱家角水乡音乐节。 2. 文化演出项目："水乐堂·天顶上的一滴水"和"实景园林昆曲表演《杜丹亭》"。 3. 打造开放型的高端养老社区"逸浦荟"
2	练塘镇	以"美丽乡村"创建为载体，围绕"清理整治、发展生态"的总体思路，以改革创新为主线，以加快转变经济发展方式为重点，以保障和改善民生为根本，以统筹城乡发展为抓手，以增强社会治理能力为关键	1. 划定历史文化风貌保护区。练塘镇文化保护控制线范围面积约万亩，其中历史文化风貌区保护范围面积约0.59平方千米。保护范围内一切建设活动必须符合规划要求，保护范围内边建筑的性质、高度、体量和色彩必须严格控制。 2. 拆除各种古镇风貌保护，尽快修复被拆除的古镇建筑，提升练塘古镇的旅游品质	1. 综合整治，以土地整治为核心内容，结合万亩粮田小农项目，通过开展田、水、路、林、村等农村土地要素在功能和形态上的综合整治，推进农业生产规模经营等多重目标，实现生态景观走廊全线贯通。 2. 全面建立"河长制"，提升河道管理能级	百姓积极参与创建国家卫生城市，环境整治工作	炎白节是练塘古镇举办的红色古镇旅游文化节，汇聚了本地江、浙、沪三地及练塘当地的美食和农户的农副产品及名食、特、优产。通过农村利用现代科技将育出的优质农副产品，另外，还特别设立"浙江省""羊毛衫馆""美食馆""青莆馆"，让生活在繁闹都市的人们能够购买到农家最生态、最新鲜、最时令的农副产品

续表

序号	古镇名称	管理机制	文化传承	生态保护	社区发展	文旅品牌
3	金泽镇	1. 发展便捷绿色的交通体系,优质的公共服务,更先进的信息基础设施,更好地实现社会环境共治。2. 深入落实与复旦大学全面战略合作,加快推进复旦大学第五校区建设。3. 加快推进金泽镇西岑社区及淀山湖周边同腾退,结合"城中村"改造,农民集中居住等政策,深化细化方案,积极推进乡村振兴空间同长三角一体化发展	划定历史文化风貌保护区。金泽镇文化保护范围面积为1.93平方千米,其中历史文化风貌保护区面积0.518平方千米。保护范围内一切建设活动必须符合规划要求,保护范围周边建筑的性质、高度、体量和色彩必须严格控制	1. 生态治理,走绿色发展之路。金泽镇正紧紧围绕长三角一体化发展的契机,着力优化自然生态环境,加快补齐短板,凝聚振兴发展强大合力,树立起生态绿色发展的新标杆。2. 金泽镇重点聚焦三大整治,扎实推进人居安全。生态环境和公共安全综合治理,实现整治向纵向到底,实现生态优质服务三角化的生态国家战略,使得全镇呈现出"更有序、更安全,更干净"的面貌。3. 推进生态治理工作,全面统筹,加强现状排查和精准化整治推进,建设用地清拆等工作,建设污水原发展及二级水原保护区清拆两条底线,为一体化示范区建设发展打下扎实基础	乡村振兴,百姓切切实实得到实惠:1. 莲湖村成功创建了市级乡村振兴示范村,老百姓收获了幸福感和满意度。目前,金泽村乡村振兴正持续深化建设,特别依托莲湖村身处郊野公园,毗邻红柚园的区位优势,培育特色农业,发展"一粒米、一条鱼、一颗果"工程,大力发展"互联网+"农业,与自在售、叮咚买菜等产品合作,拓宽农产品销售渠道,实现乡村振兴。以宅基地委托流转为契机,持续开展产业对接,引进一批优秀文创与旅游产业,以产业振兴促进农民增收。2. 金泽镇以美丽乡村为核心,通过做好东岑等周边农业规划,引进龙头农业企业,发展农科技,以点带面,打造特色农业品牌,品牌和"互联网+"模式,努力将金泽镇全域建设成为美丽宜居的新农村	1. 华为研发中心落户金泽,将彻底改变金泽地区的产业创新生态,并有望联动周边的核心承载上海西部科创中心的整个一体化示范区,成为辐射带动整个"神经中枢"的产业创新。2. 结合"蓝色珠链"产业布局,金泽将在该区域布局休闲康养、文化体育、创新经济、绿色经济等高端产业,形成"湖+古镇、湖+湿地、湖+人居、湖+科创"的错位发展布局,构建创新经济、绿色经济创新集聚地

续表

序号	古镇名称	管理机制	文化传承	生态保护	社区发展	文旅品牌
4	同里镇	政企合作型，开放部分经营权。同里古镇由政府成立同里旅游公司，由其再注册成立八家子公司，面向全社会招标，有资本的投资方来承包经营，独立运作，总公司负责制定方针，宏观把握。八家子公司分别为市场营销经营公司、车船经营公司、同里红旅游商品开发公司、"票导"服务公司、景区经营管理公司、旅行社、大型活动经营公司、民居客栈经营有限责任公司	1. 政企联合，修复古镇，从摸清家底入手，邀请同济大学和省有关专家人才、文化部门的历史街区建设，对全镇古迹开展全面和文物的保护状况调查，摸清文物古迹较全面的保护状况调查，确立镇域、历史镇区、历史文化街区、各类物质与非物质文化遗产四个层面的保护体系，按照"修旧如旧，整旧如古"的原则，有步骤地修复古镇。2. 同内融入科技元素，游客可以在没有导游的情况下自行了解古镇的历史和故事，这是对古建筑文化的一种传承	1. 同里古镇保护委员会开展生态水服务生态水环境改善，引进超磁生化水体净化系统。2. 2006 年获"中国人居环境范例奖"，2012 年荣获全国人居奖署"迪拜国际改善居住环境最佳范例奖"	1. "古镇保护与发展就是为了造福当地百姓"的理念，不希望通过大面积动迁，改善市场和经营的状态，改善生活性更好地享受生活。2. 景区融合合理模式。以"景区社共诸环境共创、幸福家园共享"为目标，引导古镇居民发护古镇，维护其真正支持旅游，使其真正支持旅游、参与旅游、服务旅游，让"景社合一"的效应，让商家，居民从旅游中获得更大的收益	1. 智慧同里。同里景区从传统的"人工化管理"大步迈进的"智慧化管理"，经过前期的调研与论证，分三个阶段陆续推进智慧化景区建设。2. 同里之春"国际旅游节自1997 年开幕，至今已成功举办二十三届，成为向全世界展示千年古镇风采的一个窗口。3. 同里自然有故事——一千年古镇品牌转型，立足古镇，休闲娱乐感，提炼园林古建、美食购物、民俗风情五大核心吸引物，用全旅游产品体系，乡野生态，品牌化包装旅游产品表述，让游客在同里体验园林有雅事，良辰有美事，乡野有趣事，古尖有妙事，水乡有新事
5	黎里镇	精细化管理，保留古镇原有风貌的同时，全力提升游客的舒适度、满意度，满足居民对美好生活的向往	研学旅游延续古前人文。黎里古镇秉承文化发展思路，融合当地历史、民俗文化等资源，结合学生暑期游、寒假游、周末游等需求设计一系列研学产品，打造民俗体验等特色文化旅游非遗传承，通过研学旅行推广"文化旅游课程，正逐步形成自身传承的特色	开展古镇水生态系统修复工作，在搅拆河道生态公园固定部分水域，恢复华东地区原生湿地生物多样性的试点。向试点水域逐步引回浮游动物、底栖动物、鱼类等原生动物，通过恢复一个完整的湿地食物网，修复古镇绿地水体的自身净功能	古镇开发时，以宜居、宜旅为先后顺序，首要目标就是惠民，90%以上要商铺都由当地人经营	1. 着力打造研学旅游，叫响"心里·梦里·黎里"微旅行品牌。2. 打造民宿+研学小院两个功能性同的项目，实现黎里旅的空间概念，以匹配黎里气质专家学者、摄影团体、写生团体、中小学、亲子家庭

续表

序号	古镇名称	管理机制	文化传承	生态保护	社区发展	文旅品牌
6	震泽镇	政企融合、共建共享，推动产业发展，如太湖雪和震泽镇共建蚕桑园	1. 保护性开发，这里的民居建筑仍保留着明清时期的宅院风格。2. 引进非物质文化遗产传承项目。3. 开放桑蚕和丝绸文化博物馆文化场所，丝纺、耕种文化机具博物馆文化场所，供游客学习桑蚕、丝纺、耕种文化	1.《吴江震泽镇总体规划（2013—2030年）》指出，城镇空间形成"一带三片"的布局结构。"一带"为"东北部生态保育带"，三片分别为"北部生态农业片区""西南部生态农业片区"和"城镇片区"。2. 通过"掌上治水"智慧平台，使河长责任明晰化，工作起到了民间河长的作用，进行民间监督	1. 通过启用公益"青阅空间"，开展震泽读书节活动，切实提高广大群众的文明素养。2. 在古镇保护开发过程中，震泽遵循"百姓的古镇""发展旅游不能影响居民生活"的原则，广泛征求意见，充分吸纳金点子，不仅让古镇居民享受到了旅游发展带来的红利，更让他们展现出文化和传承精神上的富足	1. 丝绸品：震泽凭借其丝绸优势，成功入选中国特色小镇。经过多年发展，震泽已聚集太湖雪、慈云、山水、丝立方、辑里等为代表的上百家丝绸企业，形成"金花领衔，小花紧跟，百花齐放"的良好发展格局，拥有种桑养蚕、煮茧缫丝织绸这一份完整的产业链。2. 震泽旅游文化节，是震泽人对传统的一份执着，对老百姓来说，更是一份浓浓的震泽乡愁
7	西塘镇	西塘镇在1996年成立了古镇保护管理委员会。同年又成立了西塘旅游文化发展有限公司。在企业性质上，该旅游公司是一家属于西塘镇政府的改企合体企业，是典型的改企合作一体体制。在资金上，创作和发展金完全由政府投入，而且其运作和发展一直依赖政府的行政政策和资金上的照顾。因此，该旅游公司在资金上是独立核算，实际上完全是西塘镇政府在运作	1. 以开发式的保护为策略，加大古镇保护建设力度。2. 在继承传统古典文化时，通过西塘古镇，使西塘古镇既保持怀旧情怀，又富有创新和进取发展的激情。在新城开发中，创新设计融合古典和现代风格的新建筑，创造传统与现代美的现代城镇。3. 在保护古镇建筑文化的同时，注重对古镇民俗风情等非物质文化的保护，在非物质文化走出一条走的是抢救性挖掘整理之路	西塘将生态保护和生活复作为工作重心，聚焦"生态+旅游+科创"，坚决守住生态底线	1. 西塘古镇是一座社区型的居民，原住民管理区运行相关。西塘拒绝走"迁民出城"的老路，而是原汁原味地保留了古镇留下的原生气息，使古镇成为独一无二的旅游资源。2. 通过政治融合的"三融合"、定位政治融合、功能融合工作法，实现新居民与生产的同步管理，实现优秀新居民系列常制，政治融合了双向进入，政治融合	1. 西塘汉服文化周：以中华传统服饰文化、礼仪文化的弘扬及传承为根本目的，是中华传统服饰和传统礼仪文化大规模的呈现。2. 西塘末城演艺项目自充分融入西塘"吴越文化、江南建筑文化、水乡商贸文化、水文化习俗文化"等以及历史文化特色，打造大型历史歌舞《吴越千古情》，推动古镇旅游与文化演艺的互融互补

资料来源：本课题组整理。

三、存在问题

（一）城镇职能转变，功能逐渐单一化

江南地区的水乡古镇有很大一部分是为了适应商品经济发展的需要而兴起并趋向繁荣的。纵观大部分古镇的发展，在职能上，均渐渐由一个历史上的商业集市兼具居住功能的综合性区域向单一的旅游职能乡镇转变，并衍生出一系列旅游商贸型商业业态，即城镇功能逐渐单一化。

（二）古镇社区老龄化现象严重

古镇的保护性限制使其发展受限，导致古镇中的一些年轻人渐渐搬离古镇而进入新的城镇中心，老年人成为古镇的主要人口，古镇人口老龄化加重。

（三）过度商业化严重影响古镇可持续发展

过度商业化的运营，破坏了古镇原有的自然和人文环境，让很多古镇逐渐失去特有的文化底蕴和特色，取而代之的是千篇一律的、符号化的商业建筑和雷同化的旅游产品。不少古镇的旅游模式仍然比较粗放，旅游六要素的内容大同小异，旅游产品同质化严重。

（四）城镇化水平较低，公共设施不足

古镇产业用地规模小、积聚度相对较低，由于缺乏工业化推动，城镇化水平也较低，农业人口较分散。目前，住宅开发凌乱，环湖公共资源被私人占用，用地整合较困难；公共设施规模小且分布不均，不能满足游客和居民的生活需求。

（五）古镇文化挖掘不够深入

长三角江南水乡古镇水路相通，文脉相连，地域文化趋于一致，古镇规划和运营有雷同化的趋势，导致游览者产生审美疲劳。造成这一现象的原因是对古镇文化挖掘深度不够，没有把江南水乡古镇的特色文化融入旅游产品开发之中，致使旅游产品文化含量低，景点解说系统品位不高，具有江南水乡风貌和特色的生产、生活文化旅游产品不多。

四、江南水乡古镇的价值

江南水乡古镇植根于相同的自然"水"环境条件和同一深厚的吴越文化底蕴和背景，体现了人与自然和谐共生的思想。朱家角、练塘、金泽、同里、黎里、震泽、西塘自古以来就是典型的江南水乡古镇代表，体现出江南水乡古镇的突出特色，包含一体化示范区水乡古镇在内的多个江南古镇正在联合申报"江南水乡古镇"世界文化遗产，其突出普遍的价值体现在交流价值、典范价值和人地互动价值。

（一）交流价值

交流价值突出体现为，植根于"水"环境中的江南水乡具有独特的自然景观和生活特征，影响了江、浙、沪范围内的建筑设计，聚落设计等。江南地区是指江苏省南部和浙江省北部，一直延伸到长江下游南部。这些地区自然资源丰富、农业生产多样化，并且经济发达。数千年以来，这里形成了很多村庄和市镇，它们中的大部分充分利用它们独特的区位条件去规划它们的街巷、道路以及沿河道路和水路，由此创造出一个独特的建筑形式。示范区内的国家历史文化名镇在视觉和景观上展示了"小桥、流水、人家的充满魅力、和谐的生活场景"。另外，与那些受飞速发展的经济和席卷而来的工业化浪潮严重影响而丧失了其原有的建筑和文化景观的水乡古镇相比，示范区内的国家历史文化名镇保护及时并依旧呈现着它们原有的魅力，展现着它们在古镇布局、建筑风格、环境景观和传统生活方式方面的独特性。

（二）见证价值

江南水乡古镇是中国古代经济中心"完成南移"的重要见证。经济重心南移是中国古代历史上的重大事件，大致分为三个阶段：东晋南朝的南北经济差距缩小，"趋向平衡，打下基础"的萌芽阶段；隋唐五代时期南方经济蓬勃发展，北方战乱频繁，"逐渐南移"的初级阶段；两宋时期，政治中心南移，南方经济进一步发展，"完成南移"的最后阶段。宋朝的南迁（1127 年），使江南成为全国的中心，江南水乡古镇凭借其发达的水网体系所带来的交通优势成为该地区经济与文化的活跃点。江南水乡古镇发达的农业耕种和经济作物栽培，以及发达的市场贸易反映出宋朝南迁后这一地区发达的经济水平，也见证了中国古代"经济中心"南移的最终实现。

（三）典范价值

水是江南水乡环境的母体，江南水乡因水而生、因水而发展，在平面布局形态上与水和河道有着十分密切的关系，也因为水形的不同而呈现出不同的形态特征。例如，由单道河流形成带形城镇、由"十"字形河流形成星形城镇、由网状河流形成的团形城镇等，其中团形城镇是最具代表性的江南城镇平面形态类型。江南水乡古镇多是由贯穿镇区的市河沟通太湖、运河、长江和大海。因此，在以舟楫为重要交通工具的年代里，水路运输可以方便物资到水乡古镇集散，促使古镇商业发展，形成繁荣的街市。古镇内传统建筑鳞次栉比，街巷逶迤，家家临水，户户通舟，形成典型的"小桥、流水、人家"的自然景观和生活特征。

朱家角和同里的经济是长江南部滨水地区典型的水乡经济。自从 900 多年前它们诞生起，就已经成为手工艺品制造中心以及区域及周边物流集散中心并带动了周围乡村地区的经济发展。据历史记载，这些区域土壤肥沃，雨水充足，盛产大米；很多家庭从事棉花种植、纺织和织布，他们盛产的纺织品和布匹通过船运运送到江苏和浙江的很多地区；一些居民和家庭生产竹制或木制的务农和捕鱼工具；当地渔业发达，一年四季都有稳定的产量。因此，以大宗食物、棉花纺织、竹制或木质商品和水产品为基础的经济结构逐渐成形，为后期的城镇化进程提供了城乡联系。

（四）关联价值

因"水乡泽国"而知名，一体化示范区江南水乡古镇在历史上就吸引了很多著名人物。以朱家角镇为例，这里文儒荟萃、人才辈出，其中知名度较高的有清代学者王昶，御医陈莲舫，小说家陆士谔、报业巨头席子佩、画僧语石等。时至今日，镇上还保存了许多名人宅园，如有三泖渔庄、王昶故居、福履绥祉、席氏厅堂、陆氏世家、陈莲舫故居、仲家厅堂等。

五、综合评价模型

课题组通过研究，构建示范区江南水乡古镇遗产价值和旅游发展综合评价指标体系，该指标体系由三大分类、二十一个评价指标构成。其中：遗产价值是第一大类，遗产价值越大，旅游发展的潜力就越大。现行的国家历史文化名镇（村）申报和评选体系主要包括古迹建筑、传统街巷、空间环境、历史影响、文化民俗、生活延续、保护规划、修复措施、保障机制九个亚类。本文关于遗产价值评价则主要从建筑景观、水域景观、乡土景观、文化再现四个宏观整体评价指标来衡量。旅游发展是第二大类，侧重评估"合理的旅游发展"，具体有十个评价指标。旅游创新是第三大类，相比于第二大类，旅游创新是加分指标，在引领"遗产保护＋旅游发展"的创新模式上具有推广意义，主要包括资源创新、技术创新、模式创新、产业创新、环保创新、企业创新、管理创新七个评价指标，见表3。

表3　　　一体化示范区江南水乡古镇遗产价值和旅游发展综合评价指标体系

分类	指标	指标说明	分数赋值			
			7	5	3	1
遗产价值0.55	建筑景观0.248	时代和地域特征明显，典型建筑保存完好，聚落形态完整				
	水城景观0.071	水质好，游憩价值突出，与建筑景观相互辉映				
	乡土景观0.116	乡土气息浓厚，具有迥异于现代城市的乡村风味				
	文化再现0.115	传统文化得到传承，地域文化浓厚				
旅游发展0.31	规划评价0.029	科学的旅游规划作为指导，并坚定地实施				
	交通格局0.026	内外部交通有效衔接				
	差异发展0.028	具有鲜明、独特的旅游吸引物和核心旅游产品				
	市场腹地0.040	距长三角优质客源市场（上海、南京、杭州）3小时车程之内				
	产品重组0.019	有效衔接和创市场需求				
	旅游规模0.024	接待游客量适宜、旅游收入高				
	接待质量0.034	接待设施质量高，服务优质				
	游客满意度0.032	游客满意度高，旅游体验深刻				
	社区满意度0.028	当地居民有效参与，旅游发展惠民致富				
	经营管理0.033	市场化运作，管理团队稳定				
旅游创新0.14	资源创新0.024	对旅游资源的创意挖掘、新建创意的设备、设施				
	技术创新0.016	现代技术如能源、环境、设施、信息等运用更为高效				
	模式创新0.031	旅游生产要素有效集聚，产业运行充满活力				
	产业创新0.015	旅游与第一、第二、第三产业融合发展，新型业态不断涌现				
	环保创新0.019	发展被严格控制在环境容量之内，环境得到有效保护				
	企业创新0.019	旅游企业的产品、技术、文化和经营不断创新				
	管理创新0.037	管理政策和措施现代化、市场化、利益相关者和谐				

资料来源：笔者整理。

研究过程中，采用层次分析法（AHP），通过专家打分和群决策确定分类和指标的各自权重，遗产价值权重占0.55，旅游发展权重为0.31，旅游创新的权重 0.14。总体分析，一体化示范区江南水乡古镇遗产突出普遍价值，是遗产保护和旅游发展的基础。

分数赋值方面，该评价指标体系既包括通过实地考察进行 "7、5、3、1" 的分级赋值定性数据，同样包括基于问卷调查、政府数据等定量数据。分数赋值采用德尔菲法，专家根据指标说明，针对各个古镇在相应指标选项进行打分。

基于一体化示范区江南水乡古镇遗产价值和旅游发展综合评价指标体系，各古镇综合得分计算公式为：

$$T = \sum_{i=1}^{n} W_i \times P_i$$

式中，T 为古镇遗产价值和旅游发展综合得分，最低分为 0，最高分为 7；W_i 为第 i 个评价指标的权重；P_i 为第 i 个评价指标的分值；n 为评价指标的数目，$n = 21$。

六、保护重点

（1）一体化示范区江南水乡古镇区域内的山水格局、遗产网络结构与整体性基底关系。

（2）一体化示范区江南水乡古镇的乡土文化多样类型与不同时期的演变特征。

（3）一体化示范区江南水乡古镇的历史镇区规划格局与结构特色。

（4）一体化示范区江南水乡古镇的历史文化街区和历史地段。

（5）一体化示范区江南水乡古镇内的重点文物保护单位及历史建筑，传统风貌基质。

（6）一体化示范区江南水乡古镇内具有的地方特色非物质文化遗产。

（7）一体化示范区江南水乡古镇的生产生活方式对塑造遗产价值互动的结构关系。

七、发展思路

(一) 生态建设优先

一体化示范区江南水乡古镇要坚持生态优先、绿色发展,推进生态文明建设以高品质生态空间建设理念,统一保护、统一修复,强化对河道水网、湖泊湿地等生态空间保护,提高蓝绿空间占比。坚持把生态绿色作为水乡古镇发展的基本理念,加强对自然生态、传统村落、田园风光等资源的保护,统筹绿色廊道和景观建设,构建蓝绿交织、清新明亮的生态环境,促进区域生态保护与旅游经济协调发展,实现经济效益、社会效益、生态效益同步提升。

(二) 文化遗产保护及管理

将江南水乡古镇文化作为一个完整的生态系统来保护。古镇发展依托于自然、技术、经济、历史等方面的条件。古镇保护要着眼于整体水乡风貌的保护,既重视历史文化遗产的保护,也重视自然生态的保护;既重视物质文化遗产保护,也重视非物质文化遗产的挖掘;既重视水乡传统风貌,也重视城市现代文明的辐射和网络联系。

重构"水乡生活美学"体系,营造诗情画意的生活方式。在尊重和保护遗产价值的基础上,整合各类历史文化资源,建立起"水乡生活美学"的文化与空间体验体系。江南水乡不仅是一种形式,更是一种精神,是在江南水乡特定文化中,从自然与人类融合的结构中产生出的一种气韵生动的审美精神,这是一种真正属于江南水乡文化的诗性精神。古镇保护与现代化城市建设和谐发展。在保护古镇特色和传统文化的同时构建新型产业环境,形成古镇保护与现代化城市建设和谐共进的格局。

古镇保护与现代化城市建设和谐发展。古镇保护与现代化城市建设应和谐发展，在保护古镇特色和传统文化的同时构建新型产业环境，形成古镇保护与现代化城市建设和谐共进的格局。

（三）高品质创新融合发展

示范区江南水乡古镇形态与生态文明品质融合。河流纵横，湖泊棋布，水、船、桥、码头，是江南水乡文化地理景观主要的特色、结构和景象，是无数市镇聚落成长、兴起的前提，也是市镇街衢、建筑等空间模式和形态的重要构成要素。江南的城市景观风貌是对水乡生态和形态的延承，应建立与现代城市融合的河流、水巷、桥梁、水埠、驳岸、舟船景观，坚持"多规合一"融合。

历史文化遗存与创新经济形态融合。结合区域内互联网、大数据、人工智能、高端医疗、运动康复等新一代技术产业优势，走文化旅游产业与创意产业融合的路径。立足新需求，扩大优化旅游供给，提升旅游文化内涵、科技水平、绿色含量，打造文化创意活跃、低碳环保智能、环境优美宜居的江南水乡古镇旅游品牌和城市新地标。

水乡古镇遗产空间与文化旅游融合。构建"遗产保护＋旅游发展＋文化产业发展"的复合模式，增强江南水乡古镇的旅游活力和社会、文化、经济的竞争力。利用好古镇的历史记忆空间，发展历史文化旅游，促进动漫、影视与旅游业，文化遗产保护与旅游业，休闲娱乐与旅游业，艺术演出与旅游业以及会展与旅游业等多路径、全生态的融合。

（四）各镇发展规划

朱家角镇以创建国家 5A 级旅游景区为契机，在加强古镇历史风貌保护的基础上，进一步挖掘朱家角镇文化和旅游资源，并围绕人文体验、生态教育、康体养生等休闲旅游新业态，推动朱家角镇从"观光旅游"向"日常休闲"目的地转变，将其打造为世界级水乡古镇文化休闲区。

金泽镇以全面融入江南水乡古镇一体化发展为基本目标，以"湖镇联动"与塑造江南水乡客厅形象为核心发展策略，在加强文化内涵挖掘、古镇风貌维护的基础上，继续推进旅游基础设施和配套设施建设，以"宁静、文艺"为金泽古镇核心特质，注入"会展服务、创客经济、文化创意、中高端民宿、特色节庆、特色夜游"等休闲体验业态。推动金泽镇高端服务业能级提升，扩大金泽文化旅游知名度。全力打造"江南韵、小镇味、现代风"交织共鸣的新金泽。

练塘镇以"红色养魂、古色养心、绿色养生"为理念，整合陈云纪念馆、文物建筑、涵养林地、特色村庄等资源，开发唯实红色记忆、水乡古镇风情、生态康养休闲、田园游憩体验等旅游线路，打造以红色爱国主义教育基地为主的"三色练塘"文旅目的地。

黎里镇围绕构筑江南水乡古镇生态文化旅游圈，全力推进黎里"古镇＋乡村＋生态"全域旅游发展新格局。深入解码古镇文化基因，推动古镇保护与非遗资源开发，完善"智慧"旅游服务体系建设。不断提升文化基础设施，依托弄堂、故居、宅院资源，开发"新江南"旅游消费场景。推进环章湾里"未来度假社区"、史北田园综合体建设，打造黎里"慰农学圃"文旅IP。通过深耕古镇游、乡村游、研学游全域绿色产业，促进文旅消费，打响"江南水乡游黎里"品牌，高质量建设"国际生态文旅示范小镇"。

震泽镇充分发挥该镇国家首批特色小镇、江苏省首批丝绸文化风情小镇以及江苏省级特色田园乡村的优势，实现文商旅农融合发展。以蚕丝古镇休闲游、"水韵桑田稻花香"特色田园乡村体验游和"匠心定制"丝绸工业游为三大载体，发挥"中国太湖农家菜美食之乡"优势，以"内生式发展"为理念，挖掘蚕丝文化基因，紧扣"蚕桑"主题突出"丝绸"特色，促进文化与第一、第二、第三产业深度融合。走产业与文化共荣、居民与游客共享、人与自然和谐共生之路，打造一体化示范区的"丝绸客厅"。

同里镇以同周公路为先导，以同里古镇、国家级农业示范园区、同里国家湿地公园三张"国"字招牌为载体，将水乡古镇、现代农业、田园乡村、湿地公园串珠成链、连点成线、有机融合，让自然生态、历史人文和美丽田园相映成趣。不断彰显"千年古镇、世界同里"的影响力和美誉度，打造具有高显示度、高知名度、高美誉度的农文旅融合发展典范和江南水乡新标杆。

西塘镇充分利用该镇环境和资源条件，以"古镇观光、文化体验、文创设计、文化演艺"等为主要功能，重点围绕江南水乡古镇产品研发示范中心总体定位，开发建设千年古镇品质提升扩容工程、西塘宋城演艺谷、雪松花巷里二期旅游综合体、西塘东区二期等文旅融合项目，高格局创建西塘"汉服之都"创新型未来景区，高品质打造"梦里水乡·乡伴西塘"美丽乡村风景线，全面推进千年古镇品质提升，将西塘镇打造成为江南水乡古镇创新发展的领头羊和排头兵，为示范区江南水乡古镇创新发展提供样板和借鉴。

八、总结

（一）江南水乡古镇的完整性保护

在历史进程中，江南水乡城镇逐渐失去商业大镇的光彩，加上在经济利益的驱使下经历过一段破坏式的发展，所以其中的大多数市镇已经不再具有人们心目中的江南风貌。随着现代化、城市化进程的加快，江南水乡的自然和文化景观都发生了很大的变化，甚至可以说已经变成了现代化的都市。当下，江南水乡古镇普遍都在进行旅游开发，它们展示出的"江南""水乡""小桥流水人家"等景象及具有地方特色的文化内涵，正在替代历史语境和文化语境以及情感想象中的"整体性的江南"。因此可以说，现在的"江南水乡古镇"正在取代长期以来人们所熟知的"江南水乡"。

江南水乡是宝贵的中华文化遗产、人居环境典范。其突出普遍价值在于：江南水乡古镇根植于"水"环境，形成了独特的自然景观和生活特征，其规划格局和建筑艺术在世界上独树一帜，并影响了周边区域的建筑和聚落设计，是体现人与自然和谐共生思想的理想居住环境的杰出代表。江南水乡古镇见证了中国古代经济中心的南移。朱家角、同里、西塘是江南水乡古镇的典型代表，具有江南水乡古镇的突出特征，其突出普遍价值表现为交流价值、典范价值和人地互动价值。所以，江南的完整性应该是物质、社会、文化、经济过程在时空上的集结。文化传统里的"江南水乡"的物质空间与其所依赖的社会、文化、经济背景之间的联系需要我们重新建构。江南水乡的突出普遍价值是一个完整的系统，涉及历史、文化、艺术、科学、审美等方面，保护与重建江南水乡整体的地域环境，严格保护历史遗存、文化象征、历史景观空间、文化机理空间需要建立更为广泛的认知边界和重构体系，不局限于核心保护区和建设控制地带的保护范围。

（二）江南水乡古镇价值重构

"江南水乡"相较其他被文物式保护的遗产有更为综合的价值，突出表现为传统的规划布局模式、历史建筑风貌、独特的空间组织机理、有历史延承性的居住生活形态及文化方式。由于其完全暴露于城市变迁、社会转型的大环境中，旧城改造、地产开发、旅游产业植入，会造成江南水乡古镇面临物质遗存破坏、原住民搬离、过度商业化等危险。在经历过"历史性破坏""建设性破坏"和"商业性破坏"后，部分古镇日趋出现景区化的转变。

（三）江南水乡古镇保护与发展融入区域一体化发展

景区型的古镇强调展示那些容易引发游客对传统"水乡"或"古镇"联想的元素，以及更具有娱乐性的元素，而曾经支撑集镇发展的民俗和文化内涵并没有得到全面而充分的体现。古镇为了让游客观赏，会挑选那些具有商业价值的内容，向游客展示、展演经过商品化包装的、有营销价值的物品和文化活动，其中既有真正的民俗，也有新创造出来的"民俗"。也有一些古镇把传统文化中的符号泛泛地收纳到古镇里，满足大家对文化遗产和文化记忆空间的想象需求。古镇的业态经营更多的是在遵循商业法则、商品化原则和营销的实用性原则，掩盖了江南水乡的历史文化信息源。这些现象值得我们思考。如何认知、评估江南水乡的文化价值体系和在新的历史时期如何重构江南水乡的文化价值体系？历史城镇"空间记忆"的唤醒应该成为当前江南水乡古镇遗产保护和发展利用工作的重点。否则，商业市场的基本逻辑会被江南水乡古镇简单粗糙地模仿，致使当地文化的地方性湮灭。

江南水乡古镇应该一直是江南人安居乐业的生活空间，同时也是外地访客、世界游客认知中国传统文化的体验场域。江南水乡古镇文化遗产管理的目标已从关注物质遗产保存转向对遗产经济社会价值的保护与利用，遗产被作为资产纳入城市发展框架。我们应把江南水乡古镇放置在城市遗产保护的范畴中，对古镇所在地区的交通、空间、环境、产业进行思考和规划统筹，将江南水乡古镇的保护和利用融入城市可持续发展的战略中，改变旅游布景式或短暂表演性的保护方式，以让历史文化古镇成为一个富有活力的真实世界，全面改善民生，并传承历史、文化传统，真正达到社会教育、精神信仰传递的目的。

参考文献

[1] 卞显红. 江南水乡古镇保护与旅游开发 [M]. 北京：中国物资出版社，2011.

[2] 陈雯，孙伟，刘崇刚，等. 长三角区域一体化与高质量发展 [J]. 经济地理，2021，41（10）：127 – 134.

[3] 范志刚，张立莉，蔡晟. 基于长三角生态绿色一体化发展示范区的研究 [M]. 北京：经济管理出版社，2021.

[4] 顾金孚. 江南水乡文化概论 [M]. 杭州：浙江工商大学出版社，2012.

[5] 国务院发展研究中心课题组. 长三角区域一体化的战略路径 2020 版 [M]. 北京：中国发展出版社，2020.

[6] 李志青，胡时霖，刘瀚斌. 长三角生态绿色一体化发展示范区绿色发展现状评估 [J]. 科技导报，2021，39（24）：30 – 35.

[7] 阮仪三. 南阳古镇历史文化名镇的保护与发展 [M]. 上海：东方出版中心，2017.

[8] 王云才. 江南六镇旅游发展模式的比较及持续利用对策 [J]. 华中师范大学学报（自然科学版），2006（1）：104 – 109.

[9] 魏小安. 中国古城古镇古村旅游发展研究 [M]. 北京：中国旅游出版社，2009.

[10] 熊侠仙，张松，周俭. 江南古镇旅游开发的问题与对策——对周庄、同里、甪直旅游状况的调查分析 [J]. 城市规划汇刊，2002（6）：61 – 63.

[11] 张晓，姜劲松，牛元莎，等. 文化规划视角下的历史文化名镇保护规划研究 [J]. 城市发展研究，2017，24（2）：15 – 23.

[12] 张永广，李亚娟. 文化视域下新时期江南古镇的创新发展与实践 [J]. 上海文化，

2020（8）：39 – 46.

[13] 赵勇. 中国历史文化名镇名村保护理论与方法［M］. 北京：中国建筑工业出版社，2008.

[14] 周乾松，徐连林. 历史文化名镇的保护与开发——基于中国"四大名镇"的经验启示［J］. 中共浙江省委党校学报，2013，29（3）：118 – 124.

[15] CHEN L P, CHAO Y M. Research on Traditional Village Protection Based on Value Evaluation［J］. Science Discovery，2019，7（5）：12 – 19.

文化符号与地域特色在浙江红色旅游纪念品开发中的应用

浙江旅游职业学院　翁　栋

一、国内有关旅游纪念品的研究成果

自高爱民（1990）首次提出发展旅游纪念品的思路之后，其他学者的相关研究逐渐增多。研究内容大多集中在以下方面：一是对旅游纪念品进行定义并对相关概念进行辨析。在早期的研究中，对旅游纪念品与旅游商品、旅游产品的概念进行区分是研究的主要内容。苗学玲（2004）认为，旅游产品是指"服务性产品"，而旅游商品则表示"实物商品"，旅游纪念品是富有地方特色且能够承载旅游经历的旅游商品。二是对基于艺术学视角的旅游纪念品的设计、包装研究。例如，张纯（2009）通过对包装设计的分析，提出了旅游纪念品包装的民族文化性设计，王雅君（2015）强调纪念品包装要突出视觉效果，乔今（2015）提出应根据地域文化因素设计旅游纪念品。三是从消费管理视角对旅游者购买旅游纪念品的行为进行研究。有关学者提出应通过市场调查，打造适销对路的纪念品。四是以旅游人类学为视角进行的研究。此视角的研究尚处于起步阶段。张晓萍（2001）探讨了云南旅游工艺品的文化真实性、文化商品化和文化涵化三大问题，是最早的基于旅游人类学视角的研究成果。之后，个别研究者仅将旅游人类学作为众多视角之一对旅游纪念品进行解读与评价。例如，任思北（2010）研究了旅游纪念品的社会功能和情感影响因素。从旅游人类学角度进行的研究较为罕见，更多的研究在于包装设计方面。例如，宋军（2010）从艺术设计角度提出红色旅游纪念产品的设计原则，即以"红物"为载体，以"红精神"为内涵；吴永红（2012）从产品设计角度研究了红色旅游纺织类纪念品设计的地域性和时尚性。其他研究仅仅将红色旅游纪念品开发作为地区开发红色旅游的对策之一，而没有对其进行细致深入的专项研究。

二、红色旅游纪念品的概念

红色旅游是以中国共产党领导人民在革命和战争时期建树丰功伟绩所形成的纪念地、标志物为载体，以其所承载的革命历史、革命事迹和革命精神为内涵，组织接待旅游者开展缅怀学习、参观游览的主题性旅游活动。经过几十年的发展，红色旅游业已成为当代中国旅游的重要组成部分，尤其在旅游扶贫和旅游富民上红色旅游的功能日益突显。浙江是中国共产党的诞生地，具有得天独厚的资源优势和红色旅游开发的经济优势。一方面，人民群众通过红色旅游，回望党的百年奋斗历程，感受中国共产党带领中华各族儿女从一个胜利走向另一个胜利、从一个辉煌迈向另一个辉煌的强大精神伟力和磅礴奋进力量，进一步坚定"四个自信"、增强民族自豪感。另一方面，红色旅游带动大批革命老区人民实现就业增收，是促进产业融合、推动区域经济社会发展的重要载体。

红色旅游纪念品就是指体现红色文化、具有教育意义、伴随旅游过程，可以进行市场流通和交换的一种特殊的实体性商品。明确这样一种概念，就能正确把握红色旅游商品的设计开发所要遵循的基本原则：要充分体现红色文化内涵，让人们感受、回忆光荣的历史，从而受到红色文化教育、得到崇高精神的陶冶，引导人们牢记革命历史和奋斗精神，激发自身的爱党爱国爱家乡的热情，更加坚定地走中国特色社会主义道路的信念。这是红色旅游商品的灵魂。要体现旅游的纪念意义，让游客能够与红色旅游地产生长久的思想联系，进而传播和弘扬当地的红色文化；要具有一定的艺术性价值，对旅客产生吸引力，有时还要有强烈的视觉冲击力，在观赏中不断引发游客的思考；要具有一定的实用性价值，便于携带，或可以观赏，或可以为生活所用。违反了其中任何一条，就不是严格意义上的红色旅游纪念品。

三、红色旅游纪念品的基本特征

旅游纪念品是在旅游中购买的具有当地特征的商品，红色旅游纪念品突出的是"红色"，着重的是文化内涵的展现和情感表达，在兼具地方特色的同时，更应该具有典型的纪念意义，在制作方面用材考究、造型美观、加工精细、便于携带。一件旅游商品，制作精良，美观大方，带给我们的就不仅仅是美好的旅游经历的回忆，除了成为旅游者美好回忆的载体，旅游商品还会成为旅游者生活的一部分，得以长久保存，并乐于向亲朋好友介绍推荐，从而达到传播弘扬红色文化的目的。红色旅游纪念品在具备一般旅游纪念品的特征之外还应该具有以下特征。

（一）体现红色文化内涵

红色旅游与普通旅游最大的区别在于它的政治色彩和教育意义，红色旅游的主旨是让人们在红色旅游的过程中，通过观看红色旅游地，感受中华人民共和国建立的历程，了解中国共产党领导人民开展民族解放斗争的历史，缅怀革命先烈，学习革命精神，进行自我再教育。因此，红色旅游纪念品可以通过自己不同的形式，将革命历史知识、革命传统和革命精神以旅游的方式传递给旅游者，让人们在旅游中感触，达到思想上的共鸣，穿过历史的长河，近距离接触革命斗争，接受红色文化教育，面对自我进行再教育，进一步提高思想境界，爱党爱家。

（二）传播纪念意义

旅游者购买纪念品的主要目的是通过旅游纪念品纪念自己的旅游经历，再现美好回忆，感受旅游地的文化。红色旅游纪念品不仅要具有红色文化，还应具有一定的旅游纪念意义和收藏性。

（三）体现艺术价值

旅游地文化内涵的宣讲，基本是任何一个旅游地宣传的亮点，文化底蕴的体现是提升旅游地产业价值的重中之重，文化内涵的宣传，首先要有特色，能够吸引游客的眼球，聚焦游客的思想，同时达到思想共鸣的效果。其次，红色旅游产品整体设计，在保留其特定意义和形态的基础上，达到新颖美观，色彩艳丽，形体简洁，加工精美，使得产品具有较强的艺术欣赏价值，在视觉上对旅游者产生吸引，达到共鸣，大大激发旅游者的购买欲望。总之，红色旅游产品同样也是商品，在传达红色革命精神的同时，也要满足游客的消费购买需求，在所使用的材料、工艺以及实用性能、外观包装设计等方面，要做到满足旅游者的实际需求，才能真正达到传播红色革命精神的最终效果。

四、浙江省红色旅游纪念品现状分析

（一）主题定位不明确

目前，浙江省红色旅游纪念品市场相对而言缺乏具有一定影响力的旅游纪念品。在主要红色景区，关于革命领导人的像章、音像制品、挂件饰品等随处可见，甚至一些不能体现丝毫浙江地域特色、红色文化内涵的商品也出现在红色旅游景区的纪念品专柜里，其收藏性、纪念性、艺术性均不强，主题定位不明确是导致浙江红色旅游纪念品的同质化现象严重。

（二）艺术性被削弱

伴随着国内工业化大发展的趋势，很多相关产业也得到了快速发展，很多工厂的设计并不完善，于是就有一些投资者没有很好地挖掘旅游纪念品的人文内涵就盲目加以生产，率先占领市场，这使得另外一些有很好设计的企业未能付诸生产，最终导致生产与设计脱节，真正有特色的旅游纪念品很难产生。另外，原本一些格调高雅的旅游纪念品，经过成本和商业销售的考虑，被商家简化了一些艺术形式，这也使得这些旅游纪念品大打折扣，缺少了艺术美感。

（三）地域文化内涵缺少

旅游纪念品本身的属性决定了它的进入门槛很高，要求其必须具备艺术性、纪念性、创造性和独特性，设计师在设计旅游纪念品的同时，还需要具有较高的人文素养，对很多领域和学科都进行不同程度的分析，具体来说，需要研究浙江的历史、地理、文化特征、有地方代表性的材料等众多因素，这对设计师来说是一个挑战。

（四）教育意义不足

红色旅游区别于普通旅游的地方，主要在于红色旅游同时还肩负宣传和教育下一代的意义，红色旅游的开展在促进经济发展的同时，宣扬革命传统和民族精神，激发参观者的爱国热情。红色旅游纪念品是红色旅游的延展，也是红色旅游精神宣扬的载体之一，一个好的旅游纪念品是能将精神和物质高度结合，达到美学价值、纪念价值、收藏价值的完美融合。使旅游者在旅游行为结束后也能赏物思情、回味无穷。就此而言，浙江的纪念品不仅要有自己的特色，还应该具有很好的宣教属性。现有的陈列型纪念品大都粗制滥造，特点不突出，宣教作用不明显。

（五）设计研发力量薄弱

制约红色旅游纪念品开发上水平、出特色的关键因素是从事旅游商品开发的设计研发力量薄弱。目前，浙江省专门从事红色旅游纪念品设计研发的人员多为工艺美术专业人才，缺乏旅游专业教育或工业产品设计相关的知识，更缺乏对红色文化内涵的深刻理解和把握。从美学角度来设计的红色旅游纪念品多偏向于工艺性，很难兼具艺术性、纪念性、教育性和收藏性，不能满足当代人群的特殊需要。红色旅游纪念品的生产厂家对新产品研发投入的研发资金较少，使部分好的创意难以投产，导致设计与生产的脱节。切实加大专业人才（特别是中高级专业人才）的培养力度，强化浙江省红色旅游纪念品的设计研发力量，已成为推动浙江省红色旅游纪念品实现更好更快发展的当务之急。

五、浙江省红色旅游纪念品设计开发的对策

根据红色旅游纪念品的特性和内涵，针对以上存在的问题，项目组提出了推进浙江省红色旅游纪念品设计开发的对策。

（一）浙江省红色旅游纪念品设计应体现纪念性

浙江省红色旅游纪念品的纪念性是其存在的基础因素。一方面，产品的纪念特性可以让旅游者重温旅游过程的经历、体验、信仰与感受，同时激发旅游者"故地重游"的意愿。另一方面，产品的纪念特性体现在可以借物说史，以红色旅游文化创意产品背后的故事为依托，来表达某一红色革命里程碑事件、某一红色英雄人物的纪念，以达到红色精神文化的有效传播。

（二）浙江省红色旅游纪念品设计应体现文化性

作为传承发扬红色精神文化的物质载体，浙江省红色旅游纪念品的文化性是其存在的核心价值。浙江省红色旅游纪念品的存在既要带动当地旅游经济的发展，又要肩负起宣传弘扬当地文化的作用。因而在对红色旅游纪念品的设计开发过程中，不能把设计仅仅停留在外在造型上，必须注重其文化内涵的提取，

从纵深处挖掘和探讨当地红色旅游资源的历史文化内涵，注重对当地革命历史文化的传承和发扬。

（三）浙江省红色旅游纪念品设计应体现地域性

将浙江地域文化与红色文化相融合，是当下红色旅游纪念品开发的新思路。提炼当地地域元素，将其融入红色旅游纪念品的设计中，增强红色旅游纪念品的文化内涵及纪念价值。要开发出独具地方特色的红色 IP 文创产品，一是依托当地革命历史进程，二是充分利用当地自然和人文资源。

六、"浙江文化符号" 在红色旅游纪念品
创意设计中的应用

对于文化符号在旅游纪念品包装设计的创新，重心需要凸显当地的地域文化内涵，通过挖掘非遗文化或者提炼其他的文化符号资源，进行产品形态的时代语境创新。具体来讲，旅游纪念品的开发一方面需要去伪存真，保留传统的感觉；另一方面，应该与时俱进，在体现传统韵味的前提下，通过高新科技或者现代艺术手段，将产品形态进行时代语境的创新。旅游市场的发展使得纯粹的手工艺术不再是主流，取而代之的是具有浓郁地域文化和时代个性特征的旅游纪念品，因此，在对多种红色旅游纪念品（如土特产、文创品等）中寻找符合消费者审美和引领消费者审美的创新纪念品设计。

（一）图形创意

和浙江省红色旅游纪念品内容相关联的辅助装饰图形，对主体形象起到一种辅助装饰的作用，利用点、线、面等几何图形或肌理效果来丰富包装。从图形的表现形式上看，一般分为装饰图形、水墨图形、卡通形象、插画、几何形态、抽象图形等、半具象图形。

1. 装饰图形

装饰图形是对自然形态进行主观性的概括描绘，它强调平面化、装饰性，拥有比具象图形更简洁、比抽象图形更明晰的物象特征。装饰图形依照形式美法则进行创作设计，具有很强的韵律感。

我国装饰纹样有几千年的历史，积淀了许多精美的装饰纹样。在礼品包装设计中采用传统装饰纹样作为盒面的主要元素，是因为传统装饰图案本身就具备了丰富的文化内涵和美好愿望的寓意，如龙纹、凤纹、虎纹、牡丹纹、如意纹等都是大众喜闻乐见的图案纹样。我国是一个统一的多民族的国家，许多少数民族都有自己独特而精彩的装饰图案，有很强的装饰性和审美性，在设计具有中国传统风格的礼品包装时，适当地运用这些具有民族韵味的装饰图案，会使其具有很强的民族性、传统性和文化氛围。但在运用装饰图形时，一定要注意与现代设计观念的结合，应从传统纹样和民间美术中提取精华，通过取舍、提炼、变异和创造，形成新的民族图形，使设计更加适合现代人的观念和审美需求，体现一种空灵的意境和深邃的文化性。

抗日战争时期浙江云和县曾是浙江省政府办公所在地，是浙江省人民政府授予的"革命老根据地县"之一，也是一个拥有畲族聚居的县级市，形成了独特的民族文化和民族精神内涵；并且笔者在整理调查问卷数据时发现，年轻人群对于民族风的文创产品格外喜欢。设计师应当提取极具辨识度的畲族特色纹饰、图案、色彩、器物造型等，与革命元素、符号相结合，或采用传统手工艺制作文创产品，提升产品的文化价值和艺术审美，丰富创作方式。

2. 水墨图形

水墨元素具有独特的艺术性，可作为新鲜的养分与元素融入现代包装设计之中，彰显设计品位。基于此，应该深刻解读水墨的内涵，明确其语言形式，将浙江省红色旅游纪念品设计与水墨有机结合，创造出更具艺术价值的作品。在设计作品时，通常会结合所要设计的产品的内涵选取适宜的水墨图像，经计算机技术处理后融入设计之中。浙江省红色旅游纪念品设计引入富含水墨元素的图形，使整个设计的表现空间更立体化，让消费者形成身临其境的感觉，如同进入多彩的水墨民族文化之中，并引发观众无限遐想，提高产品的附加值。

3. 卡通形象

卡通形象广义的含义是指通过动画、漫画、游戏等形式承载的一种虚构角色的形象，由个性特征、情节和反应等构成。卡通形象大多采用拟人化的手法和夸张的造型形式。例如"红色正能量"系列手账本，它将红色主题文创产品通过图形组合和 Q 版人物的方式相结合，将实用手账本作为载体嫁接，实用且易于传播。红色主题文创产品的设计，不仅要深挖红色文化的厚重精神和丰富内涵，还应该结合当下文化消费的趋势，将文创产品的形态多样化，拉近红色文化与当代受众的距离，让消费者更好地理解红色文化，并愿意去使用这些红色文创产品。

4. 插画

插画为浙江省红色旅游纪念品设计带来更加丰富、生动、多样化的表现形式。浙江省红色旅游纪念品上的插画要能够形象、主观地表现商品的内涵，使其特点可视化，让消费者感知到商品的文化气质。在浙江省红色旅游纪念品的插画应简单、清晰，容易让消费者理解。拟人化的纪念品包装方法，可以使商品更加形象、生动，缩短消费者和商品的距离。插画不仅能够体现时代的语言，超越主题，体现品牌的核心，凸显品牌的共性与独特性，还与消费者形成共鸣，给人以美的享受。

5. 几何形态

从形态所具有的性格或机能可大致分为五种类型。
（1）圆形：椭圆、圆柱、圆锥。
（2）弧形：圆弧、螺旋形、抛物线。
（3）角形：三角、三角柱、三角锥、多角形。
（4）方形：正方形、矩形、平行四边形、梯形。

（5）不定形：具有弹性的曲线形或是两组以上的复合形态组合，其构成大多采用自由曲线组合及不规则的偶发图形。

几何形态特征比较自由、活泼，可以自由结合，具有动态感和韵律感；方圆三角等纯粹几何形则是人类精神的抽象意识复合视觉化而成的图形，具有比较理性的简洁和秩序感。

6. 抽象图形

抽象图形是利用造型的基本元素点、线、面，经理性规划或自由构成设计得到的非具象图形。有些抽象图形是由实物提炼、抽象而来的，其表现手法自由、形式多样、时代感强，给消费者创造了更多的联想空间。抽象图形用来象征商品的内在属性和性格，人们通过视觉经验产生联想，从而了解商品的内涵。浙江省红色旅游纪念品运用抽象图形作为主要表现形象时，其概念与诉求通常与所包装的产品相关联，而且含有强烈的暗示性，使消费者通过包装上抽象的图形而联想到包装内容物的优良品质与丰富内涵。抽象的美可以给消费者更多的思维空间，自由发挥艺术想象。

7. 半具象图形

半具象图形就是将生活中具象的题材，通过适当的变形、夸张，使原有的图形更加单纯、简洁，成为具象和抽象兼具的形象。它比具象图更具有现代时尚感，比抽象图形更容易让人了解、辨认，所以在包装设计中运用半具象图形，更具有吸引性、准确性和趣味性。

（二）符号与图标

信息社会也是符号化的世界，便捷的交通导致的经济文化交流变广、变快以及网络的全球和频繁的国际贸易等现象的出现，都需要信息可以得到更普遍的理解，而符号与图标能够超越语言的限制使人们达到有效沟通的目的。在红色纪念品设计中必要的符号与图标可以帮助消费者更识别商品，选择自己信赖的品牌，符号与图标的功能在商品储藏、运输直到消费者手中都起着非常重要的作用。

东方美学文化往往是感性的，注重"传神与意"，强调意境美，同时表面会添加许多装饰底纹。至于在逻辑上是否符合造物的实际情况倒显得不那么重要，主观意识比较强烈。在色彩运用方面，多会选用情感强烈的颜色，追求淡雅、纯净，强调调和与内敛，正符合东方人含蓄、细腻的性格特点。纪念品设计风格上对精神上的感悟显得尤为重要。以对自然和主观的把握为前提，空间上循环往复、峰回路转，以含蓄的藏的境界为主，是一种模拟自然、追寻自然的设计，表现手段接近自然，返璞归真。而且色彩层次很丰富，有别于西方包装的简洁和强烈。

（三）图形设计要点

1. 信息传达准确

图形作为视觉传达语言，在设计时需要考虑信息传达的准确性，在处理图形时应能反映商品的品质，抓住主要特征，注意关键部位的典型细节。图形的准确性并不等于直接性与简单化，一种形象往往是在同类形象的比较中得出个性特征。在红色旅游纪念品的宣传过程中要遵循传播学原理，即在宣传过程中，宣传手法也要因时制宜、因地制宜地做出改变。设计者需认清图形语言的局限性和地域性，避免因不恰当的图形语言而导致包装设计的失败。

2. 鲜明独特的视觉感受

从设计方法来说，要在造型、工艺、材料、包装等方面保持创新常态，善于运用新技术、新思想进行设计，提升红色文化旅游纪念品的审美价值与收藏价值，提升消费者的购买欲。要将简洁与复杂的关系处理得当并富有变化，复杂而不烦琐，简洁而不简单，简而生动，繁而单纯。

3. 健康的审美情趣

红色文化旅游纪念品是浙江省红色文化的一种载体，受时间、地点的影响小，受众广。人们购买的旅游纪念品会自己保留或是赠送给亲朋好友，这一过程就扩大了旅游纪念品的影响，有利于红色文化的传承与发展。因此，无论如何新颖独特、意趣盎然，不是无条件地随意发挥，而应注意健康的审美表现。色情的、丑恶的、宣扬封建迷信的图形显然都不应出现在包装上。

七、浙江省红色旅游纪念品品牌化的打造

（一）红色旅游纪念品的产品研发

传统的旅游纪念品均为单一的产品研发，研究者多着眼于个体产品的设计方式、生产工艺或者是文化背景。本课题跳出了狭义的红色旅游纪念品创作范畴，在成熟市场调研的基础上，系统考虑旅游纪念品的种类、造型、空间展示等，深入挖掘地域文化，精选文化要素，提取造型特征，开发系列主题，打造地域性文化品牌。同时提出了文创产品生态圈的概念，红色旅游纪念品的研发应当融合"旅游互动活动、红色文化演艺、导游讲解、红色景区环境设计"等多重理念，通过多元的文化铺垫，为旅游纪念品以及红色旅游文化产业带来更为深厚、统一、连贯、协调的背景，进而实现红色旅游纪念品品牌化的打造和城市形象的深化。

通过挖掘"浙江红色文化"元素与特色，提炼视觉符号元素，将旅游产品的品牌形象设计研究做一个整合，开发一系列具有浙江地方文化特色的、并能适应市场需求的红色旅游纪念品，从文化创意上协助地方红色文化产业的提升。

（二）红色旅游纪念品的设计定位

红色旅游纪念品的设计定位是设计师通过市场调研，根据产品的特点、营销策划目标及市场等情况，在正确把握消费者对产品与包装需求（内在质量与外在视觉形象）的基础上，确定信息表现与形象表现的设计策略与方法。通常的操作方法是由设计策划部门整合出详细的营销策划后，再由设计实施部门对

其进行理解分析，制定出视觉表现上的切入点，并从不同的视角来进行创意表现，最终从中筛选出最佳的设计方案。

1. 品牌定位

文化符号在现代红色旅游纪念品创意包装设计中的应用要有利于产品突出个性品质和质量，塑造品牌形象。红色旅游纪念品市场竞争激烈，要想在市场中追求更好的利益，离不开消费者对纪念品的信赖和喜爱。但是，树立良好的旅游纪念品品牌形象是一项复杂工程，需要进行多方面的投入。

品牌是企业的战略资源，品牌定位在于利用产品的品牌效应来影响消费者。此类方法一般应用于品牌知名度较高、在消费者心目中有一席之地的产品包装。在表现方法上一般以品牌形象为主，产品形象或消费者形象为辅。还可以对品牌的名称含义加以延伸，做一些形象化的辅助处理，赋予品牌更丰富的文化内涵。对包装设计而言，要在应用红色文化符号时注意多品牌的系统构建。具体可以从以下三个方面来考虑。

（1）突出红色旅游纪念品品牌的色彩。色彩是信息传递最直接、最活跃的元素。色彩本身不具有任何信息内容，它所具有的信息内容都是受到自然环境和社会环境的影响，而被人们所赋予的主观意识。通过浙江省红色旅游纪念品的外观色彩来体现地域文化，就需要深入研究浙江省内地域文化的色彩符号，从中提取出既有地域文化寓意，又能象征不朽革命精神的色彩符号。

红色旅游纪念品色彩设计搭配要和谐，色彩应用要合理、和谐。只有色彩设计做到了凸显个性、创新性，才能够用色彩吸引读者，创造出合适的意境，从而打动购买者并淋漓尽致地体现旅游纪念品的格调。在将色彩设计合理地运用到红色旅游纪念品设计中时，设计师应该尽量避免造成设计的单一化和雷同化等。要着力抓住主要色调，并在色彩对比中做到和谐与合理。而来自不同地域、不同民族的设计师们都有各自的风格，他们的设计作品主要是基于设计师的特点和所在民族特点设计的。

（2）突出红色旅游纪念品品牌的图形。通过产品或企业的象征图形与辅助图形等品牌的图形魅力与直观性来吸引消费者，使之在心理上产生图形与产品本身的联想，促进产品的形象宣传。如何能准确快速地传递品牌视觉形象，是图形在品牌设计中的一个重要问题。图形既要符合品牌自身定位需求，同时也要被消费群体所认可；图形在视觉形象的表达上不光要体现其艺术性，还要能快速地被消费群体所识读；图形不仅要展现品牌文化内涵，还要体现出强烈的品牌感召力。把特有的文化背景和历史文化用具象或抽象的图形语言表现出来，在图形的设计上尽可能地体现出其历史的久远和文化底蕴，如在品牌标志上加入创立时间，选用传统视觉图案作为标志图形装饰。色彩选用上更加成稳，同时在表现形式上也更为富有历史感，如采用篆书、隶书、楷书等字体进一步体现其文化感，使消费群体能感受到品牌所带来的历史文化性，便于消费群体与品牌形象间建立一种文化情感关系。

（3）突出红色旅游纪念品品牌的字体形象。品牌字体形象本身所具有的标识性、可读性和不可重复性，使其成为突出品牌形象的主要表现手法。字体设计的表现形式有意象、象形、装饰化。意象造字即用图形表明文字所表达的意义；象形造字即具象图形与文字结构相结合，运用图文的形象直接表达出文字的含义，在保持基本个性的基础上，将局部转化为图形，会有良好的视觉效果；装饰化是意象化和象形化的结合，达到装饰性的作用。从字体设计实践来看，实现表意、识别和美感的手段主要包括图形表现与合字表现两种方法。以图文结合的形式来表现的字体能够直观地表达其意。

2. 红色旅游纪念品的定位

基于商业前景分析，针对红色旅游纪念品品牌理念的精确定位是促进产品营销的关键一步，同时也是让产品在旅游业中占有一席之地的根本保证。每个红色旅游纪念品的理念均是产品内在灵魂与核心价值的最终表现形式。红色旅游纪念品品牌理念的合理定位对产品营销、品牌形象的塑造、品牌传播力的发展有着至关重要的影响，因此这是红色旅游纪念品品牌设计师该深入探究的关键问题之一。与此同时，客观理性的旅游文创产品理念定位，也是有效提升消费者对品牌的关注和认可的最有效途径。品牌理念定位承担着表达其产品独特个性和凸显其商品使用价值的重大任务。由于品牌定位的最终目的是在消费者心中树立其特有的威信和价值属性，从而彻底垄断同类产品的客户资源，因此品牌定位可以说是整个品牌系统的核心内容。精确的品牌理念定位为消费者选择品牌提供了有效的保障；同时也是企业与消费者建立持久性关系的前提条件。人类在已经形成了一定的习惯或主观接受了一些事物后，就很难再改变。因此，已经被大众认可的品牌理念在同行的竞争中占有一定的优势，它将继续引领消费者的购买方向，从而使消费者在不知不觉中成为品牌的信奉者。

（1）红色旅游纪念品的形象定位。一般是在纪念品包装上以突出产品的形象为出发点来吸引消费者的注意力。红色旅游纪念品是红色文化的象征之一，因此，红色旅游纪念品应该有自己的文化要素。结合当前市场现有红色旅游纪念品和红色文化的内涵，本文认为红色旅游纪念品应该凸显必要的文化要素，不同种类的红色旅游纪念品的文化要素侧重点各异。领袖人物纪念品系列的文化要素在于领袖的神情仪态，这种神情仪态不应局限于简单的人物刻画，应该能够凸显领袖在某个重要场所或事件下的神态举止，打破当前一张笑脸或凝视远方的单一表情。红色旅游景区形象展示系列的文化要素在于能象征景区特色的名称与所在地的地理名称、景区核心景点、景区整体布局等方面。而当前市场上的宣传图册、明信片往往容易被束之高阁或遗弃；卷式的悬挂物品档次有限，而带框式的又以深红老旧色为主，难以满足现代风格的家装需求。因此，设计出便于旅游者展示纪念的红色旅游景区系列产品是市场的需求。重大历史事件纪念品系列的文化要素在于时间、关键人物或人群、历史场景等，关键在于能够再现历史场景，使旅游者"睹物思史"。红色旅游图书及音像作品系列的文化要素在于以不同受众为目标所进行的文字（拼音）、图片、情节、语言风格等手段的灵活选用，打破一本书密密麻麻、简单插画的教科书样式。因此，设计上除内容真实、情真意切外，色彩、版式的多样性也十分必要。

（2）红色旅游纪念品的功能定位。功能型红色旅游纪念品主要指具有吃、穿、用、戴等使用功能。在注重便携性、安全性的同时，提高纪念品视觉传达的质量和特色，凝练其文化象征含义。还可以借助品牌学、营销学的力量打造产品品牌形象，开发周边产品系统和衍生产品，形成更大的市场竞争力。将特色景观、景点、博物馆、主题体验馆等实体项目作为推广红色旅游纪念品的平台，延长产品开发的产业链条，同样也是传播与开发的有效形式。

（3）红色旅游纪念品的出产地定位。某些产品由于原料产地的不同产生品质上的差异，因此突出产地成为保障产品质量的有效信息。

（4）红色旅游纪念品的生产原料定位。这种多适用于产品生产原料、配料成分更能吸引消费者购买，或不能直接表现具体产品形象的产品包装设计。

3. 红色旅游纪念品的特色定位

所谓红色旅游纪念品定位，是指确定企业的产品在消费者心目中的位置。每一企业的产品都有其特定的市场定位，具体而言，产品定位策略主要有以下几种：

（1）红色旅游纪念品专门化策略，即产品组合单一，在产品组合坐标系中，该产品处于原点位置——坐标。

（2）红色旅游纪念品（功能）差异化策略，也就是找出同类产品所不具有的独特性作为创意设计重点。对产品功能（即性能）的研究是品牌走向市场、走向消费者的第一前提。

（3）红色旅游纪念品边缘化策略，即产品组合由深度向关联度发展。

（4）红色旅游纪念品多角化策略。产品多角化策略是指产品组合由关联度向广度发展，或由深度向广度发展。

在红色旅游纪念品定位中，一般说来应该定位以下内容：

（1）红色旅游纪念品的功能属性。产品主要满足的是消费者什么样的需求？对消费者来说，其主要的产品属性是什么？

（2）红色旅游纪念品的产品线。产品在整个企业产品线中的地位如何？本类产品需要什么样的产品线？即解决产品线的宽度与深度的问题。

（3）红色旅游纪念品的外观及包装，包括产品的外观与包装的设计风格、规格等。

（4）红色旅游纪念品卖点，即提炼出产品独特的销售主张。

（5）红色旅游纪念品的基本营销策略。例如，确定产品的基本策略——做市场领导者、挑战者、跟随者还是补缺者？确定相应的产品价格策略、沟通策略与渠道策略。

（6）红色旅游纪念品的品牌属性主要审视实施上述策略后决定的品牌属性是否与企业的母品牌属性存在冲突。

企业要找准红色旅游纪念品定位必须首先找准消费者及其需求特征，以突出产品（服务）的特色为定位的出发点，以恰如其分地满足消费者的需求为定位的归宿。一般来说，产品定位包括质量定位、功能定位、价格定位和外形定位。

4. 红色旅游纪念品的档次定位

红色旅游纪念品的档次定位要恰当，可根据红色旅游纪念品的策划与产品的具体功能、用途、价值的不同，为红色旅游纪念品制定不同的格调定位，以满足消费者不同的心理需求。

5. 红色旅游纪念品的纪念性定位

这是为某种庆典、节日、旅游文化体育活动等而生产的有特定纪念性的产品所做的包装设计。随着人们旅游与文化活动的增加，这种需求呈上升趋势，但产品的纪念性定位有一定的时间性、地域局限性。

6. 红色旅游纪念品实验方案

通过市场调研（调查问卷、实地考察、网络调研、案例分析等）——资料汇总（数据分析、对比分析）——确定研究方向和主题（研发系列浙江省旅游纪念品，即浙江省内各地域性文化符号在旅游纪念品中的创新应用）——提炼地域性文化元素（历史、人文、自然、民俗等）——转化为文化符号（造型、色彩、图案、文字）——文化符号的创新应用（传统元素现代化、现代元素传统表现、平面形象立体化、立体造型平面化）——研发红色旅游纪念品（主题系列化、形象品牌化）——产品推广（观察实验、专利申报、小批量生产、实体销售、线上推广）。

八、红色旅游纪念品包装设计中融入地域文化的策略

浙江省红色旅游纪念品在当下的发展必须以本土文化特色为依托，以此为方向展开独具浙江特色的红色专题系列旅游纪念品设计研发。同时遵循标识性，美学价值，地域性、文化性和公共性三位一体的设计原则，以实现红色旅游纪

念品对当下浙江省文化发展、繁荣的现实需要。借助红色旅游纪念品独特的引领和推动作用，浙江省文化建设融合发展，在城市品牌宣传、文化传承、旅游业的整体经济效益、扩大就业等方面寻找到更为切实、有利的发展途径。

（一）地域文化与红色旅游纪念品的地域性

1. 地域文化

地域文化指的是在特定的区域范围内独具特色的历史文化传统。地域文化的形成是一个长期的、缓慢的过程，它在特定的地域范围内与环境相融合，汇集了这个地域内的文化底蕴和审美意境，通过物质文化和非物质文化的方式广泛融入民俗文化、传统手工艺、生活形态以及历史文化遗迹、遗产中，它在特定的地域范围内与环境相融合，汇集了这个地域内的文化底蕴和审美意境，具有独特的地域性和强烈的辨识度。

2. 红色旅游纪念品的地域性

红色旅游纪念品设计是一种特殊的物化过程，把提取的红色文化元素转化和再重构，融入物化的产品中，形成具有红色文化内涵的产品。游客通过内涵深刻、特色鲜明的红色旅游纪念品来加深对红色文化的认同和感悟，让更多游客了解和熟悉其承载的文化内涵，从而实现弘扬优秀历史传统文化和红色文化的目的。红色旅游纪念品本身便是一种特殊的产品，它被融入了旅游地特定的地域文化内涵，给游客呈现出该地域的传统文化、饮食文化、建筑艺术、民间艺术等方面的独特信息，这些信息隶属地域文化的范畴，成为旅游地与游客之间文化交流、情感沟通的桥梁，有效帮助旅游地呈现优秀历史文化，生动地展示地域文化特色和文化底蕴。

（二）浙江地域文化在红色旅游纪念品包装设计中的表现

地域文化的融入更能体现纪念品的独特性，红色旅游纪念品包装设计可以通过以下几种方式体现地域文化：第一，充分利用可以展现地域文化的图形元素。简单精美的图形能够吸引游客的眼球，激发游客的购买欲，图形元素可从民间美术作品和特色景观形象中提取并应用在旅游纪念品包装设计中。民间美术受地域风俗、红色文化等影响，不仅蕴含当地红色文化特色，而且形式多样，更易于被游客接受。第二，借助地域红色历史文化故事提升纪念品价值。很多红色景区、红色景点都有独特的红色历史故事，在纪念品包装设计上以这些红色历史故事或者红色景区特色事物为切入点，能带给游客温和、古朴的感受，从而增加纪念品的价值，加强对景区的宣传。红色精神与历史文化感悟时代化。习近平总书记多次强调，要用好红色资源，讲好红色故事，搞好红色教育，让红色基因代代相传。设计师应结合历史阶段与时代特征，以年轻人群喜闻乐见的表现形式，对产品造型、色彩、图案等元素进行整合，避免红色文化固有的严肃刻板的说教印象；通过情感设计促使年轻消费者产生联想，吸引年轻人群深入了解这段革命历史，感悟红色精神与历史文化的时代价值。第三，注重文字的运用。设计红色旅游纪念品包装时，还可创新字体，针对不同的游客群体使用不同的字体，以赢得游客的喜爱，进而促使游客购买。在文字方面，文化符号的选用结合功能型、观赏性和交互型产品的特性，选用中国传统书法字体，如宋体、草书、楷书或者地方特有字体等。文字是直接让游客获取产品信息的渠道，但是其自身具有一定的局限性，因此，在应用时要注意精简，并保持与图形和色彩的协调。例如，乌镇的印蓝画布的包装字体就充分利用了布纹的花样和色彩，选用了简洁的字体。

（三）树立具有地域红色文化特色的品牌形象

红色旅游纪念品要想在包装设计上给游客留下深刻印象，就应该利用当地的地域红色文化，树立具有地域红色文化特色的品牌形象。很多地区都有老字号品牌，尽管部分品牌已经为人们熟知，但是仍有部分品牌由于其包装设计过于简陋、不便于携带等原因，只有当地游客会购买，这就大大降低了纪念品的经济价值。要想解决这一问题，就需要将旅游纪念品的包装设计与当地的地域红色文化相结合，充分挖掘各种资源并加以整合，打造出具有地域红色文化特色的品牌形象。

（四）运用现代设计理念展现地域红色文化的独特魅力

使用现代的设计理念展现地域红色文化，更符合当前游客的审美，且有利于纪念品的推广，具体可以从以下两个方面入手：第一，运用多种表现手法体现地域红色文化元素。红色纪念品包装设计中的表现手法主要有直接表现和间接表现两种方式，设计者应结合多种表现手法，通过创新设计具有地域红色文化元素的形象，达到凸显红色旅游纪念品魅力的目的。第二，运用现代工艺技术强化当地地域红色文化在包装设计中的表现。现代工艺技术的发展在一定程度上也推动着包装设计的发展，包装设计者在熟悉当地地域文化的同时，也应该熟悉当前的各种新技术、新工艺，并在包装设计过程中充分利用这些现代工艺技术，进而提高旅游纪念品包装的质量和美感。

（五）提取、转化和重构地域红色文化元素

浙江省内拥有众多历史文化名城，文化底蕴深厚，为红色旅游纪念品的设计开发提供了丰富的资源。通过挖掘地方特色资源，在设计中以突出本土红色文化特色为宗旨，将本土化特点和民族化风格融入红色文化产品中，分别从纪念品造型、功能性、创新性等角度融入浙江红色文化符号。

地域文化元素在完成前期的直接或创造性提取后，还不能将这些提取到的"初级"文化元素进行简单的挪用或复制，而是要以其为基础，在保持原有造型特征的基础上使用分解、变异、移植等现代化的设计手法，对提取的文化元素进行概括、提炼、再重构。利用不同的设计表现手法，注重设计布局的造型对比、色彩对比、虚实对比等，在准确表达设计意图的基础上体现地域差异，使得重构后的设计更具创新性、识别性和传播性，使之产生强有力的视觉冲击力，包括艺术性和易读性，将地域特色文化元素融入红色旅游纪念品的设计中，运用地域文化元素符号来强化创新，同时在纪念品设计理念、用料等方面结合浙江特色进行综合创新，唤起游客的文化感知与归属感。构建浙江省域特色的红色主题纪念品设计体系，形成具有地域特色的系列化、品牌化文创产品。

（六）反哺 IP 化纪念品并延伸红色旅游体验

在全域旅游模式下，富含地域特色和文化内涵的红色纪念品是旅游业价值链上重要组成部分，是提高旅游目的地竞争力的吸引物要素。这意味着文创产业进入以内容驱动和全产业链拓展的新常态。红色纪念品可以通过宣传手段打造成 IP，且真正优秀的红色纪念品本身便是 IP，可以通过品牌授权等形式延长其产业链，延长 IP 价值空间，形成从 IP 到红色纪念品，再从红色纪念品到 IP 的反哺闭环模式。

九、结语

浙江应充分发挥作为中国革命红船启航地、改革开放先行地、习近平新时代中国特色社会主义思想重要萌发地以及新时代全面展示中国特色社会主义制度优越性的重要窗口的优势，传承宝贵财富、守好"红色根脉"，以聚焦红色旅游的提质增效、产业融合、挖掘传承和区域协同等方面为突破口，推动红色旅游高质量发展和整体性跃升，让革命薪火绽放新的光芒。

本文对这个问题的探讨只是初步的，希望能对浙江省红色旅游纪念品设计开发有所帮助，并引起有关各方的关注，为浙江省红色旅游纪念品开发设计及时提供有益借鉴。

参考文献

[1] 蔡力. 体验经济时代旅游纪念品设计原则及开发路径 [J]. 四川旅游学院学报，2021（5）：87-91.

[2] 高爱民. 关于发展旅游纪念品的思考 [J]. 旅游学刊，1990（3）：4.

[3] 李红超，王昕宇，李维钰. 北京旅游纪念品的符号开发与设计策略研究 [J]. 包装

工程，2021，42（12）：263 – 271.

　　［4］苗学玲．旅游商品概念性定义与旅游纪念品的地方特色［J］．旅游学刊，2004，19（1）：27 – 31.

　　［5］乔今．旅游纪念品中的地域文化因素设计［J］．包装工程，2015，36（10）：4.

　　［6］任思北．旅游纪念品的社会功能和情感影响因素探究［D］．大连：东北财经大学，2010.

　　［7］宋军．红色旅游纪念品现状及设计思路［J］．现代营销（学苑版），2010（3）：174 – 176.

　　［8］王雅君．旅游纪念品包装再设计［J］．大舞台，2015（9）：2.

　　［9］吴永红．红色旅游纺织类纪念品设计的地域性和时尚性［J］．江西科技师范大学学报，2012，7（1）：81 – 84.

　　［10］张纯．旅游纪念品包装的民族文化性研究［D］．西安：西安美术学院，2009.

　　［11］张晓萍．从旅游人类学的视角透视云南旅游工艺品的开发［J］．云南民族学院学报（哲学社会科学版），2001.

　　［12］郑泳华．疍民民俗文化旅游纪念品的开发设计［J］．四川旅游学院学报，2021（1）：71 – 75.

乡村振兴背景下农业文化遗产
与旅游融合研究
——以云南双江勐库古茶园与茶文化系统为例

云南旅游职业学院　伍乐平

一、研究背景

　　云南双江勐库古茶园与茶文化系统于 2015 年被农业部（现农业农村部）认定为第三批中国重要农业文化遗产；2019 年作为唯一的普洱茶生态代表入选农业农村部公布的第二批中国全球重要农业文化遗产（GIAHS）预备名单。该遗产地位于云南省临沧市双江拉祜族佤族布朗族傣族自治县（以下简称"双江自治县"）勐库镇，是在高海拔地区以古茶树群落种质资源利用为特色的茶文化生态系统，有百年以上栽培型古茶园近 20000 亩，距今有 500 多年的种植历史，也是目前国内外发现的海拔最高、面积最广、密度最大的野生古茶树群。其中大雪山野生古茶树群落是世界茶树起源中心的核心区域，是茶科植物起源、演化的"活化石"，是珍贵的自然遗产和生物多样性的基因库，对研究茶树和起源、演变、分类和种质创新具有重要价值。

　　近年来，勐库冰岛村出产的冰岛古树茶作为普洱茶极品，享誉海内外。然而，天价炒作使得冰岛古树茶一叶难求，大量茶商蜂拥而至，新建的制茶所、客栈、餐馆不断侵占茶树的生长空间，古茶树群的保护已经迫在眉睫。在乡村振兴背景下，如何对农业文化遗产进行合理保护和利用？大量实践表明，旅游以其独有的空间异地性、文化体验性、经济带动性，成为实现这一目标的有效途径之一。在国内外许多地方，农业文化遗产和旅游的融合正在产生较好的带动效应。

二、研究综述

在乡村振兴背景下，农业遗产与旅游的融合，需要在保护基础上进行合理的开发。如何在文化保护和传承的前提下实现可持续发展，成为越来越多专家学者关注的课题。日本学者永田明指出，日本一共有 11 个全球重要农业文化遗产地（GIAHS）和 15 个日本农业文化遗产地（NIAHS），所有的农业文化遗产地都有自己的标识，有认证制度，通过游客到遗产地参观、游览、购物来提高附加价值，实现可持续发展。韩国学者朴润镐指出，韩国有 4 个全球重要农业文化遗产，其中济州岛的石墙农业系统、河东茶产业系统、景山郡人参种植系统等都通过举办旅游节、旅游博览会、发展生态旅游来提高其影响力，创造就业，增加收入①。

王钟桦和石小芳（2021）指出，我国于 2012 年开始启动"中国重要农业文化遗产保护"项目，截至 2021 年，已收录 5 批共 118 项重要农业文化遗产。然而，农业文化遗产的保护与开发工作进展仍然面临诸多困境，表现为主体缺位、片面追求经济效益、产业延伸瓶颈、管理方案与机制残缺等。张琳等（2021）通过构建农业文化遗产与乡村旅游产业耦合协调发展评价体系，以我国西南地区 13 地为样本，综合测算了农业文化遗产与乡村旅游产业之间的耦合协调度，建议从政治层面的政策规制整合、经济层面的特色业态融合、社会层面的多元协同治理 3 个方面着手，构建可持续的农业文化遗产保护传承及产业开发体系。李伯华等（2015）以中国重要农业文化遗产地之一的湖南省新化县紫鹊界梯田为例，运用自组织理论，分析了农业文化遗产地旅游产业融合的系统特征和作用机理；从内部系统融合、外部系统延伸和空间系统拓展等方面分析了农业文化遗产地旅游产业融合的建设途径；并从政府主导、企业参与和社区营建等视角提出了农业文化遗产地旅游产业融合的条件保障。张韵蓉

---

① 夏津县人民政府. 农业文化遗产与乡村振兴——山东夏津全球重要农业文化遗产国际研讨会纪实［M］. 北京：中国农业出版社，2020.

（2021）结合麦肯奈尔的观点，提出了在文旅大背景下云和县的乡村文化遗产活化的整体思路，并针对云和县在乡村文化遗产旅游活化中存在的问题提出了针对性的解决策略。薛若禹等（2021）以安徽地区为研究对象，依托乡村振兴战略布局和规划，挖掘和发挥安徽地区产业条件优势，推动文化旅游产业发展，利用产业＋扶贫方式，为安徽地区的乡村振兴提供了可行的路径。张祝平（2021）从旅游产品层面、技术层面和市场层面分析了文化旅游产业与生态农业融合的互动过程，并从内在动力和外在动力两方面阐释了两大产业融合发展的动因，进一步探讨了乡村振兴背景下文化旅游产业与生态农业融合发展的创新路径。李孟舜（2020）指出，从物质、空间和关联性等维度看，河南省具有代表性的 7 个省级旅游扶贫示范县存在资源禀赋、产业结构、扶贫路径的差异，要推进文化旅游融合发展，进而带动乡村社会的经济发展方式转变，激活乡风文明，就需要发挥规划引领的导向作用，强化乡村文化的重要价值，加强乡村旅游的品牌建设，坚持乡村"软硬件"的同步提升。周大连（2020）以世界遗产开平碉楼与村落为例，指出自申遗成功以来，其旅游产业发展存在文化特色挖掘不充分，旅游产品单一，村与村旅游发展水平不均衡，专业人才缺乏等问题；并根据以上问题对文旅融合提出了相应对策。孙群（2021）指出，当前新疆非遗文化资源的旅游经济价值没有得到深入挖掘，非遗文化资源的选择与乡村旅游特色不协调、不契合，缺乏全局性规划；非遗文化资源市场化程度不高；旅游类产品单一、同质化现象严重，缺乏文化类品牌塑造、旅游服务质量偏低、高素质人才缺乏等。并从新疆非遗文化与乡村旅游融合发展的互动关系入手，探索构建非遗文化与乡村旅游多元化融合发展模式。

综上所述，虽然目前学术界有关乡村非遗文化、农业文化遗产与旅游融合的研究数量较多，但针对古茶园与茶文化系统的研究成果相对较少，还有一定的探讨空间。

三、研究思路和方法

在文献梳理的基础上，通过对云南双江勐库古茶园与茶文化系统旅游开发现状的实地调研和分析，结合乡村振兴背景，探讨农业文化遗产与旅游融合的思路、路径新方法。主要方法包括文献搜集法（期刊、论文集、互联网、学术数据库等）、案例分析法、调查访谈法、数据分析法等。

四、创新之处

结合云南将"绿色能源""绿色食品""健康生活目的地"3 张牌打造为世界一流品牌的战略部署，以云南双江勐库古茶园与茶文化系统为载体，通过茶旅融合，推动对农业文化遗产的保护，促进当地游高质量可持续式发展。在研究理论方面，综合运用管理学、旅游学、文化人类学的理论和观点进行分析和探讨。研究方法上突出文献研究和田野调查的结合。

五、调研情况

课题组于 2021 年 1 月和 4 月两次赴云南省临沧市双江自治县进行调研，通过实地考察、访谈、问卷调查等方式，对云南双江勐库古茶园与茶文化系统有了比较全面的了解，对当地农业文化遗产保护和旅游开发进行了深入探讨。

（一）资源概况

云南双江勐库古茶园与茶文化系统，是在高海拔地区以古茶树群落种质资源利用为特色的茶文化生态系统，是茶树种质资源和生物多样性的活基因库。遗产地位于云南省西南部双江拉祜族佤族布朗族傣族自治县，距离缅甸国境线 126 千米，东经 99°35′15″ ～ 100°09′30″，北纬 23°11′58″ ～ 23°48′50″，南北长 64.2 千米，东西宽 57.9 千米，包含其所辖的勐库镇、勐勐镇、沙河乡，大文乡、忙糯乡、邦丙乡 6 个乡（镇）75 个村委会（社区）和勐库华侨管理区、双江农场管理委员会 20 个生产队①。

遗产地地理位置独特，生态环境适宜茶树生长，有百年以上栽培型古茶园近 20000 亩，距今有 500 多年的种植历史。珍贵的古茶树资源与周边地域一起，构成了茶树起源、演化、被人类发现利用、驯化栽培的完整链条，具有极为重要的科研和保护价值。现存勐库大雪山和仙人山 2 个大型野生古茶树群落。勐库大雪山古茶树群落生长在海拔 2200 米以上，是迄今世界上已发现的海拔最高、种群密度最大的野生古茶树群落，具有较强的抗逆性，尤其是抗寒性较强，是抗性育种的宝贵资源。其中 1 号古茶树历史在千年以上。仙人山古茶树群落初步考察面积为 1000 亩，现存百年以上古茶树 10000 棵以上②。栽培型古茶园自然生态条件良好，茶与玉米等粮食作物、蔬菜、水果间作，茶树下养鸡，实行复合种植养殖，通过生物间的相互作用产生了有益于茶树生长的各种功能，降低了病虫害发生的概率，丰富了茶园产品的种类。

双江勐库古茶园主要栽培品种"勐库大叶种"，属山茶属普洱茶种。勐库大叶种茶按植物学形态特征分类，属于山茶属普洱茶种，是有性群体品种，在长期的自然选择和人工栽培过程中，由于杂交和变异，演变为较为复杂的群体，根据叶片形态命名法分为根据叶片形态可分黑大叶、卵形大叶、筒状大叶、黑细长叶、长大叶 5 种类型，被中国茶叶界专家誉为"云南大叶种茶的代表""云南大叶茶的英豪""云南大叶茶的正宗"，与凤庆大叶种和勐海大叶种一起成为云南大叶种茶的三大著名传统茶树良种。

在有史料记载之前，布朗族、佤族、拉祜族就已经在勐库山区种茶。根据民间史料《双江傣族简史》记载，明成化二十一年（1485 年），双江勐勐傣族土司罕廷发派困角属地冰岛岩信、岩庄、散芭、尼泊 4 人到西双版纳茶山地引种 200 余粒茶籽，并在冰岛培育成功 150 余株，经过 500 余年的发展，成为当今勐库大叶种茶。人们采摘春茶、雨水茶和谷花茶，经过摊晾、萎凋、杀青、揉捻、晾晒、捡剔等工序，制成上好的晒青毛茶，销往国内外，茶马

---

① 杨庆春. 勐库古茶园与茶文化系统——中国重要农业文化遗产保护与发展的思考 [J]. 中国茶叶，2017，39（1）：11 – 12.

② 全国农业展览馆 中国农业博物馆. 云南双江勐库古茶园与茶文化系统 [EB/OL]. 2022 – 09 – 22，https：//www.ciae.com.cn/detail/zh/16228.html.

古道因茶而生。光绪三十四年（1908 年），彭锟着手经营四排山，驻那赛营盘，开始在双江大行文教与茶事。宣统元年（1909 年），缅宁署通判房星东购入茶籽分发各乡种植，栽活 10 万余株，随后，实业局长邱裕文又督促种茶，遍及全县六七千户，年产 8000～10000 驮，由康藏商人收购运销外地。宣统二年（1910 年），永康（今永德、镇康）州牧唐善祥首倡种茶，屡次从勐库引种种植。民国十二年（1923 年），保山人封维德集款数万元，到勐库购茶种百驮，运至腾冲县奪龙、蒲窝两乡种植。民国二十二年（1933 年）前后，勐库大叶茶年产万担，茶价已能和易武茶、佛海茶比肩。春茶期间，各地茶商云集勐库、博尚等地，购买勐库青毛茶，直接贩运到下关、昆明，转运到四川宜宾、重庆、成都，长江沿岸省份及沿海地区，省内销往丽江、维西，从中甸、阿墩子进入西藏，部分茶叶销往沧源、耿马、孟定，制成普洱茶销往缅甸、印度、尼泊尔和东南亚国家（袁正等，2017）[①]。

勐库镇冰岛古茶园是优良茶品种——勐库大叶种茶的原种园，冰岛村是勐库大叶种茶的重要发源地。冰岛村是双江境内种茶的第一个傣族村寨，土司时代，茶叶已成为土司向农民派捐的重要物资之一。从勐勐傣族土司始祖罕廷法开始，冰岛茶一直是傣族土司的专用茶，冰岛茶园相当于傣族土司的贵族茶园。在勐勐傣族土司统治勐库的 400 余年间，勐库许多村寨都来冰岛引过茶种。冰岛茶及茶种也是勐勐傣族土司与外界交际的贵重礼品。清朝乾隆年间，勐库大叶茶三次作为国礼被赠予英国国王；1972 年，英国伊丽莎白女王访中时求赠了 5 吨勐库红茶[②]；2015 年，农业部为勐库大叶种茶颁发农产品地理标志登记证书。经过不断繁殖发展，清朝至民国初，冰岛茶种就已经不断扩繁到勐库县的坝卡、懂过、邦改及沙河乡的邦木、邦协等地，形成了驰名中外的勐库大叶种茶群体品种。乾隆二十五年（1760 年），双江傣族第十一代土司罕木庄发的女儿嫁给顺宁（今凤庆县）土司，并赠与勐库大叶种茶茶籽数百斤，这些作为陪嫁的茶籽育种的茶树被称为"元兴种"，经过长期的驯化，形成了现在的凤庆

---

① 袁正，闵庆文，李莉娜. 云南双江勐库古茶园与茶文化系统（中国重要农业文化遗产系列读本）[M]. 北京：中国农业出版社，2017.

② 郜晋亮. 古树"出山"茶韵流香——探访云南双江勐库古茶园与茶文化系统 [N]. 农民日报，2021－06－10（003）.

有性系长叶茶群体品种①。几百年来，茶和人相依相伴，截至 2017 年，冰岛村目前共有茶园 1204 亩，其中可采摘面积 782 亩，百年以上树龄古茶树 4954 棵，151 亩，全村年产鲜叶 76 吨，干茶 18 吨。出自名门的优良茶种，适宜的海拔高度，理想的土壤构成，优越的生长环境，上百年的栽培历史，使冰岛茶拥有了无可比拟的优良品质和独特魅力，被茶叶界誉为茶树驯化和规模化种植的"活化石"，勐库大业种茶之极品，是极为珍贵、独特的生物资源和茶文化景观资源。冰岛古茶树是典型的云南勐库大叶种茶树，长大叶，墨绿色，叶质肥厚柔软、持嫩性强，茶香浓郁，持久耐泡，二十几泡后仍有茶味，挂杯持久，回味悠长，含茶多酚和儿茶素较其他茶要高，制成的滇红茶，橙芽满披香高味浓；制成的红碎茶，颗粒匀润、金芽尖细、汤色红艳、味浓爽口；制成的普洱茶，乌润多毫、滋味醇厚；制成的蒸酶茶、烘青茶是绿茶的上品，在不同茶博会中多次获得金奖、特等金奖（袁正等，2017）。

在交通不便的年代，冰岛村民大多将青毛茶背到附近的勐托街销售，一部分成为勐托傣族的饮品，还有一些被博尚的茶商或下关茶厂集中收购后，运往下关压制成沱茶。2008 年，戎氏公司被认定为"农业产业化国家重点龙头企业"，2012 年"勐库"商标荣获"国家驰名商标"。2014 年，双江自治县有茶叶初精制加工企业 489 户，国家级龙头企业 1 户，市级龙头企业 4 户，获 QS 认证 32 户②。冰岛古茶树率先实现"一树一码"数字化管理和产品"一饼一码"溯源管理。

2009 年，双江县委县人民政府出台了《古茶树保护管理条例》，对勐库大雪山野生古茶树群落，沙河、勐勐、大文、邦丙等地的野生古茶树群落，冰岛等地的栽培型古茶园以及零散古茶树进行保护，严禁采摘、砍伐、移植野生古茶树；制定了保护式发展规划，将古茶园与茶文化系统地划分为种质资源保护区、茶文化保护区、生态茶产品开发区和茶乡休闲旅游发展区 4 个功能区。临沧市人大常委会于 2016 年 10 月审议通过了《临沧市古茶树保护条例》，同年 12 月 1 日正式颁布实施。2019 年 7 月，云南省自然资源厅、农业农村厅、林业

---

① 袁正，闵庆文，李莉娜. 云南双江勐库古茶园与茶文化系统（中国重要农业文化遗产系列读本）[M]. 北京：中国农业出版社，2017.

② 数据来源：双江拉祜族佤族布朗族傣族自治县政府工作报告（2014）[R].

和草原局联合出台了《关于保护好古茶山和古茶树资源的意见》。2019 年，双江县茶产业被列入云南省"一县一业"示范县创建名单，新植茶叶 2.3 万亩，总面积达 25.3 万亩，有机茶园面积达 4.2 万亩，完成戎氏、津乔、俸字号等 5户企业 60 个产品防伪溯源系统建设，完成古茶树资源普查。当年毛茶总产量达14438 吨，增长 16.5%，实现茶叶工农业产值 23 亿元、综合产值 51.6 亿元、税收 1477 万元。双江已成为全国茶产业百强县、全省茶产业十强县①。以勐库大叶茶为原料生产的普洱茶系列产品深受国内外客商和消费者的青睐，成为双江走出国门、走向世界的桥梁。2020 年 10 月 24 日，双江茶产业区域公共品牌"勐库大叶种茶"在北京国际茶业展览会上正式亮相。

（二）旅游发展现状

1. 双江县旅游发展现状

近年来，双江县旅游取得了长足的进展。2016 年实现旅游业总收入76413.84 万元，同比增长 48.09%。2017 年实现旅游业总收入 117708.15 万元，同比增长 54.04%。2018 年实现旅游总收入 161260.44 万元，同比增长 37%。2018 年以来，先后打造景亢、冰岛、那京、那洛、大营盘等一批乡村旅游示范点，带动乡村旅游直接从业人员 1000 余人，年均接待乡村旅游者 10.5 万余人次。2019 年旅游业总收入 217335.93 万元，同比增 34.77%。2020 年，受新冠疫情影响，接待游客 172.47 万人次，实现旅游业总收入 156120.12 万元，年均增长率为 29.53%。截至 2021 年，双江县建成国家级森林公园 1 个、国家级水利风景区 1 个、国家级生态文化村 1 个，乡村旅游示范村 18 个，打造了那京、景亢、忙而、公弄、闷乐、来冷红 6 个自然村和冰岛湖等 4 个国家 3A 级景区。2021 年 12 月，双江荣康达乌龙茶生态文化产业园景区被认定为国家 4A 级景区②。

---

① 数据来源：双江拉祜族佤族布朗族傣族自治县政府工作报告（2020 年），http：//www. shuangjiang. gov. cn/info/1205/4132. htm。

② 数据来源：双江县文化和旅游局，双江自治县文化和旅游局"十三五"工作开展情况及"十四五"发展规划。

由村寨的少数民族群众组成文艺宣传队，在乡村旅游中充分展示拉祜族
"七十二路"打歌、佤族鸡枞陀螺、布朗族纺织技艺、布朗族蜂桶鼓舞、傣族
传统手工技艺等国家级（省级）非物质文化遗产，双江茶乡之旅（荣康达乌
龙茶生态文化产业园——万亩野生古茶树群——冰岛古茶园）已经成为成熟
的精品旅游路线。连续举办六届中国·双江勐库（冰岛）茶会，茶会期间举
行神农祠祭祀活动；成功举办 2018 年首届云南"秘境百马·恒春临沧"美丽
乡村马拉松双江县赛段活动。充分运用各种媒体，借助东航公司帮扶双江县
的机遇，宣传推介双江旅游，在"一部手机游云南"平台上做重点宣传。双
江县正按照"一城（北回归线多元民族文化体验康养旅居城）一镇（勐库冰
岛茶旅游小镇）三区（茶旅深度融合发展观光体验区、古茶山国家森林公园
康体养生度假区、澜沧江流域生态文化休闲观光区）"空间布局，大力发展全
域旅游。

2. 冰岛村旅游发展现状

在普洱茶界，一直有"班章为王，冰岛为后"的说法。冰岛村委会下辖冰
岛、糯伍、地界、南迫、坝歪 5 个寨子，品质最好的是冰岛老寨的茶，近年来
已成为普洱茶中的高端产品。截至 2021 年，冰岛老寨有茶农 63 户。2003 年以
前，由于山高路远，冰岛茶鲜叶每公斤不到 1 元，村民们住土坯房，许多人只
能外出打工。2006 年，冰岛茶在中国茶叶博览会上荣获特等金奖，价格一路飙
升，"冰岛茶树王"成为网红，吸引了大量茶商和游客。2017 年，冰岛老寨茶
（冰岛正山茶）地理标志产品保护通过原国家质检总局审查。冰岛村荣获中国
生态文化协会组织专家评选的"国家级生态文化村"称号。2019 年春，"冰岛
茶树王"单株采摘权的拍卖价是 88 万元，2020 年涨到 99 万元，2021 年更是拍
出 166 万元的天价。当地农户出租茶地茶树、合作制茶，自己经营或出租给外
地人经营餐厅、半山民宿①。

2008 年，临沧市和双江县政府曾规划建设"世界古茶谷景区"，计划以古

---

① 数据来源：黄孝光. 冰岛茶变局 [EB/OL]. 中国新闻周刊，2021 - 05 - 13，http：// www. inewsweek. cn/survey/2021 - 05 - 13/12507. shtml.

茶谷为核心，结合周边旅游资源，将旅游观光和生态农业、环保工业有机结合，打造一条完整的茶产业链条。2012年，该项目被列为云南省重点招商项目，但由于种种原因未能顺利实施。2017年，当地提出建设勐库冰岛茶小镇，被列入全省第一批创建小镇名单。2019年10月31日，双江县在勐库镇冰岛村委会冰岛老寨大坝子田举行勐库冰岛茶小镇建设项目开工典礼。2020年12月4日，为了保护古茶树资源，促进古茶树资源可持续利用，巩固提升冰岛茶品质，双江县人民政府发布了关于勐库镇冰岛村委会冰岛老寨整体搬迁征收公告，决定将冰岛老寨整体搬迁到山下的冰岛茶小镇。目前，建设已完成了大坝子田核心区三通一平、地勘工作，展示中心主体已基本完工。

（三）面临的机遇和挑战

1. 机遇

国家政策方面，党的十八大提出，要建设优秀传统文化传承体系，弘扬中华优秀传统文化；中央农村工作会议也曾指出，农耕文化是我国农业的宝贵财富，是中华文化的重要组成部分，不仅不能丢，而且要不断发扬光大。2021年全国人大常委会通过的《中华人民共和国乡村振兴促进法》第十九条指出，各级人民政府应当发挥农村资源和生态优势，支持特色农业、休闲农业、现代农产品加工业、乡村手工业、绿色建材、红色旅游、乡村旅游、康养和乡村物流等乡村产业的发展；支持休闲农业和乡村旅游重点村镇等的建设。

从国际社会看，2019年11月27日，联合国大会宣布每年5月21日为"国际茶日"，联合国粮农组织宣布第一届"国际茶日"活动主题为"茶和世界共品共享"，其目的在于传播弘扬茶文化，活跃繁荣茶贸易，促进茶产业发展，带动茶农增收致富。这对推广勐库古树茶有积极意义。全国范围内，农业文化遗产发掘与保护工作日益受到重视，形成了发掘、保护农业文化遗产的热潮，农业文化遗产品牌影响力与日俱增；目前云南省正在全面推进乡村振兴，打造世界一流"绿色食品""健康生活目的地"，依托茶山、茶叶、茶文化遗产，积极引进客商实施茶旅融合、发展康养休闲，是大有可为的致富路子。

交通方面，双江县是国家面向西南桥头堡的战略前沿阵地，位于临沧博尚、澜沧、沧源 3 个机场中心，距临沧机场 59 千米；国道 214 线贯穿县城，大理至临沧清水河口岸铁路横穿县境。双江县地处中国西南边陲，处于东出昆明、西通缅甸仰光的要冲位置，是临沧市各县区与普洱、西双版纳等滇西南各地州交通联系的重要中转站，与缅甸山水相连，离中缅边界直线距离约 55 千米，具有对外开放的天然优势，历史上曾是"古南方丝绸之路"和"茶马古道"的重要节点，是澜沧江—湄公河国际航道的必经之地。2020 年 12 月 30 日，大理到临沧高铁通车，运行时间仅为 1 小时 37 分，结束了临沧不通铁路的历史，昆明到临沧动车运行时间仅为 3 小时 37 分，票价仅 246 元，临沧进入了大理的 1 小时经济圈和昆明的 3 小时经济圈，双江县实施茶旅融合面临大好的发展机遇①。

国际旅游方面，在国内国际双循环相互促进的背景下，缅甸到南亚东南亚、云南到东部沿海两个市场圈和互补性产业在临沧交汇，双江县可以主动融入清水河、南伞、永和 3 个口岸，搭建双江县至缅甸的商贸旅游平台，利用澜沧江水上运输线及双澜至景洪市出东南亚运输线，搭上云南作为"面向南亚东南亚辐射中心"的发展快车。

2. 挑战

（1）古茶园面临保护传承危机。每年采茶季节，各个古茶村寨车满为患，因为人口增长、过度开发、不合理采摘、私建厂房、古茶园周围建盖民房、排放生活垃圾及公厕、停车场等公共设施规划和设置不合理等，带来了严重的污染，挤压了古茶树的生存空间，导致古茶园生态系统退化，每年都有古茶树衰退、死亡。由于商家对古树茶的天价炒作，假冒冰岛茶、以次充好现象愈演愈烈，真正的古树茶受到市场的质疑。在市场经济冲击下，年轻人不愿种茶、采茶，传统的价值观、古茶园栽培技艺等地方性知识面临传承危机。

（2）旅游发展滞后，文化内涵挖掘不够。勐库古茶园农业文化遗产所在地自然景观与人文景观特色鲜明，文化底蕴丰厚，但长期以来，该地以出售初制茶叶为主，旅游业发展滞后，旅游产品开发力度不够，旅游管理规范化有待加

---

① 数据来源：《双江自治县全域旅游发展规划（2022—2035 年）》。

强。现有旅游产品文化内涵挖掘不够，创意性旅游产品少，产品存在同类化现象，文化特色和价值未能很好凸显，很难形成具有竞争性的产品，难以满足双江旅游市场日趋多层次、多样化的需求。

（3）旅游品牌创新不足。勐库古茶园农业遗产地旅游品牌的地位与所拥有的丰富文化资源不相称，在品牌打造上创新不足，缺乏特色产品、主导产品和精品产品，市场竞争力较弱。

（4）宣传促销力度不足，效果不明显。就目前来看，勐库古茶园农业遗产地旅游市场宣传促销力度不足，与省级、市级和主流媒体广泛合作不足，电视、广播、报刊等多渠道立体宣传不够，宣传效果不明显，尤其是综合运用国内外知名网络、电商平台和社交媒体等新媒体不足。

（5）勐库冰岛茶小镇建设有待推进。目前仍有少数冰岛老寨村民不愿搬迁到山下新建的冰岛茶小镇，还需要做大量安抚补偿工作，小镇各类建设项目也有待进一步推进和优化，增加文化内涵。

（6）旅游基础设施不足。近年来，当地旅游基础设施得到一定程度的改善，但远不能适应旅游发展的需要，尤其是景区可进入性较差，配套设施不足，旅游接待设施落后、舒适度差，缺乏综合性的旅游集散中心和自驾车营地，旅游服务点分布不够合理，旅游咨询体系和标识体系不完善。

（7）面临同质竞争。勐库古茶园与茶文化系统与同样被评为中国重要农业文化遗产的普洱景迈山古茶园与茶文化系统相似度极高，与西双版纳勐海茶园也有许多共同之处。特别是普洱景迈山古茶园与茶文化系统，完整地传承了人与自然、人与茶共生和谐的朴素理念，被国内外专家学者称为"人类茶文化史上的奇迹"，2012年入选《中国世界文化遗产预备名单》，2013年被国务院公布为第七批全国重点文物保护单位，以"景迈山古茶林文化景观"被国务院批准为中国2022年正式申报世界文化遗产项目，当地旅游业将迎来极大发展，成为勐库古茶园农业文化遗产旅游开发的有力竞争对手。

（8）专业人才缺乏。当地旅游从业人员专业化程度不高、知识结构较为单一，懂市场、会经营、善管理的文化复合型人才相对缺乏，与推动文化旅游产业高质量发展的要求不相适应。

（四）茶旅融合实施途径

1. 理论和方法

为实施乡村振兴背景下的茶旅融合，需要在原有的生态学、茶学、旅游学等理论的基础上，适当引进和运用文化人类学的理论和方法。

（1）文化相对主义（cultural relativism）观念。文化相对主义就是通过对异文化的研究以及对文化多样性的展示，来重新反省西方的文化模式，这与旅游对异文化的关注不谋而合。通过茶文化旅游，人们可以体验与现代生活迥然不同的生活环境和生活方式，重新认识自己所处的文化。

（2）功能主义（functionalism）理论。其重要思想是文化整体论，核心观点就是将文化视为一个整体，任何现象的发生、发展都是普遍联系的，而非孤立存在，应将其置于文化的整体背景中加以考察。云南双江勐库古茶园与茶文化系统是一个有机体系，其旅游规划也要放在今天的文化背景下，结合时代特点来进行。

（3）地方性知识（local knowledge）理论。茶文化系统作为一种地方性知识，存在于特定的时间、空间之中，可以对异地的旅游者产生极大的吸引力，增加旅游的文化附加价值。

2. 实施主体

《中华人民共和国乡村促进法》第五条规定，国家巩固和完善以家庭承包经营为基础、统分结合的双层经营体制，发展壮大农村集体所有制经济。村民委员会、农村集体经济组织等应当在乡镇党委和村党组织的领导下，实行村民自治，发展集体所有制经济，维护农民合法权益，并应当接受村民监督。为推进茶旅融合，应以"云南双江勐库古茶园与茶文化系统遗产保护与旅游开发"的名义成立相应的合作组织，成员由专家学者、政府代表、企业代表和村民代表按照一定的比例组成，对重要事项进行表决，并接受村民和全社会的监督。在政府文旅部门主导下，引入旅游企业资本进行开发，加强当地社区居民的旅游参与。

3. 科学规划

临沧市、双江县先后制定多项规划，提出要围绕茶文化资源，把冰岛古茶镇等知名茶区旅游打造成为临沧乡村旅游的核心区，努力把文化旅游产业培育成为主要支柱产业。

在以上规划基础上，制定勐库古茶园文旅融合发展详细规划，实现茶旅深度融合。将冰岛五寨、冰岛湖、勐库大雪山、勐库冰岛茶小镇、双江县城连成片进行整体规划，打造古茶文化遗产旅游景点、特色村、特色集镇和特色片区，打造集"茶街、茶景、茶灯、茶艺、茶饮、茶餐、茶贸"于一体的茶文化主题街区，丰富开发茶产品，联动激活旅游产业，以茶带旅，以旅兴茶。

4. 保护优先

坚守世界农业文化遗产保护的基本原则，一切以保护为主，通过引导和控制片区内游客数量、调整旅游管理机制、规范旅游业态标准、全力挖掘旅游空间等多重措施，优先保护茶园生态人居环境，再考虑旅游环境的塑造，最大限度保持勐库古茶树和古茶园的原始面貌。

（1）加强领导，加大宣传，提高当地居民和游客对古茶树、古茶园及茶文化系统保护的认识。

（2）划定重点茶园保护区，落实古茶树相关保护条例，建立保护管理和监督机制，杜绝偷挖、偷砍野生古茶树，严禁过度采摘古树茶。严格落实生态红线区域分类分级管控，将古茶园、古茶山划分为一级管控区和二级管控区。一级管控区是生态红线的核心，实行最严格的管控措施，严禁一切形式的开发建设活动；二级管控区以生态保护为重点，实行差别化的管控措施，严禁房地产、度假村、高尔夫球场、餐馆酒店、购物店等任何不符合农业文化遗产定位的建设项目和开发活动。在对生态红线区域进行分级管理的基础上，按不同资源类型实施分类管理。

（3）实施古树茶生态系统保护和修复工程，恢复古茶山生态体系。加强乡村生态保护和环境治理，进行茶树复原树的种植，为茶树提供更优质的生长环境，为旅游业发展提供可持续的基础。

（4）开发古茶园保护智慧管理系统，在重点区域安装摄像头监控违规行为，通过大数据监测游客流量和车流量，限制游客人数，不能超过古茶山、古茶园的环境承载能力。

5. 基础建设

建立政府、村级组织、企业、农民等各方面参与的共建共管共享机制，综合整治村镇水系，加强无障碍设施建设，鼓励和支持使用清洁能源、可再生能源，根治乱搭乱建乱停。冰岛茶小镇要建设游客服务中心、旅游公路、旅游厕所、垃圾和污水处理设施等，各类建筑要凸显茶文化，突出古朴的特色，同时运用民族文化符号进行装饰。

6. 旅游要素价值提升

以古树茶为核心，从食宿行游购娱各方面提升附加值，增加文化内涵。

（1）饮食。双江县是中国多元民族文化之乡。拉祜族的烤茶、火焯茶、火炭茶、丁香茶、雷响茶，佤族的竹筒茶、石板茶、纸烤茶、铁板茶、盐咸茶，布朗族的竹筒蜂蜜茶、糊米茶、明子茶、石斛茶、青竹茶、土罐茶、酸茶，傣族的糯米香茶、竹筒茶、火罐茶等都极富特色。新建农业文化遗产主题餐馆、古茶品茗体验馆，提供各民族特色茶饮以及茶树花、茶叶炖鸡、茶叶排骨、茶叶炒鸡蛋、油炸鲜茶叶酥等特色菜品。针对不同消费群体，推出以古茶为原料的瓶装茶饮料、奶茶、甜品、零食、快餐、精品菜系等。

（2）住宿。建成古树茶农业文化遗产主题酒店、禅茶主题精品度假酒店、半山酒店，外观和装修风格凸显茶文化和民族文化特色。在保护区之外大力发展有茶文化特色的乡村民宿。

（3）交通。改造提升乡村道路，在古茶核心区建设生态步行栈道、高空索道；建设观光车道，开通电动旅游观光车，严禁旅游大巴和私家车进入保护区。依托临沧市三条边境旅游线路，与缅甸开展跨境旅游合作，推进中缅跨境古茶商贸文化旅游，中缅跨境自驾车旅游线路，打造澜沧江——湄公河国际商贸旅游黄金路线。

（4）游览。第一，开发丰富的体验型旅游产品组合，主要可分为以下几类。

茶山生态康养旅游。双江县拥有丰富的森林资源和茶园，有着"远看是森林，近看是茶园"的典型景观。北回归线横穿县境，森林覆盖率高达 70.24%，年平均气温约 20℃，无霜期长达 350 天，是云南省首家获批的《联合国森林文书》履约示范单位，素有"恒春之都"的美誉，先后被评为国家水利风景区、国家森林城市、"国家卫生县城""国家森林城市""中国绿色竞争力十强县"，连续 4 年荣获"全国百佳深呼吸小城"称号。普洱茶性温和，有降甘油酯和胆固醇、抑制癌细胞的作用，对高血压和脑动脉硬化具有良好的保健治疗作用，还能护胃养胃，促进血液循环，调节人体机能，被称为"美容茶"。该地适宜打造国际顶级茶文化康养胜地，以瑜伽、冥想、品茗、户外运动康复及自然疗法等功能为载体，建设冰岛禅茶文化养生区，在国家 4A 级景区的基础上，提升荣康达乌龙茶庄园，开发高端度假养生产品。

茶文化寻根旅游。勐库古茶林和古茶园是大叶种茶的发源地和发展典范，被茶叶界誉为茶树驯化和规模化种植的"活化石"，是极为珍贵、独特的生物资源和茶文化景观资源，有很强的文化象征意义，对世界茶爱好者有较大吸引力。进一步扩大神农祠茶圣朝觐的影响，打造古茶圣山品牌，从空间上推出 4 种旅游路线：提供市内勐库古茶文化寻根精品旅游线路；与普洱景迈山共同开发跨市普洱茶精品旅游线路；与四川、西藏联合打造跨省茶马古道精品旅游线路；与缅甸联合打造跨国茶文化旅游线路。

民族茶文化旅游。双江县全称为双江拉祜族佤族布朗族傣族自治县，是全国唯一一个由 4 个少数民族共同自治的县，境内居住着 23 种少数民族，约占总人口的 43.45%，各民族同生共融，民族文化丰富多彩，被称为"中国多元民族文化之乡"①。茶不仅是各族人民的生计来源，还渗透到各民族人民生活的方方面面，大到祭祀、起屋、婚礼，小到日常待客，都要用到茶，以茶为饮、引茶入药、用茶做菜的食俗仍在延续传承。千百年来，各民族创造了灿烂的茶文化，如茶歌、茶舞、茶词、茶诗、茶对联、茶艺、茶俗、茶马古道等，宗教祭祀、起房盖屋、搬新居、迎客、交友、红白喜事都要用茶。旅游开发中应该将

---

① 数据来源：整理自双江拉祜族佤族布朗族傣族自治县人民政府网站，http：//www.shuangjiang.gov.cn/info/1004/5241.htm。

茶文化与各少数民族的民居、服饰、饮食、节庆、宗教、仪式等有机结合，给游客以原生态的体验。

古茶科学考察、探险旅游。勐库大雪山、仙人山适宜开展森林科考探险。大雪山因万亩古茶林知名度较高，仙人山海拔 2707 米，山上怪石嶙峋、险峻跌宕、鲜花遍野，还不乏名贵药材，树龄最长的达千年以上，可以开展散步、登山、野营、山林探险等。

古茶研学旅游。勐库野生古茶群落具有古茶品种和其他生物的多样性，是动植物生长的乐园。勐库大叶种茶与茶文化系统是以茶为主体，包含多种农业经营类型的复合农业系统，除茶叶外，系统内除有核桃、咖啡、坚果等经济林果外，还有水稻、玉米、马铃薯等粮食、油料作物。栽培型茶园中，还种植蔬菜、饲养家禽，各种生物和谐共生。古茶树育种、栽培、施肥、管理、采摘、加工、保存、运输、销售等活动，都是研学的重要内容。要构建茶旅研学旅游体系，开发设计以"古茶"为主题的研学课程、研学线路，建设实践活动的场馆，并配建拓展营等设施。可以围绕不同的主题，如针对青少年的知识型茶文化研学、针对女性群体的审美型茶文化研学、针对男性的体验型茶文化研学、针对老年群体的康养型茶文化研学等进行设计。

第二，建设双江勐库古茶农业文化遗产博物馆。博物馆建筑风格融入茶元素和民族元素，运用 3D 虚拟技术，展示勐库大叶种茶的栽培历史、栽培方式、加工流程、康养价值等，展出有关茶的诗词、文学、绘画、雕塑、音乐、影视作品。开发参与性项目，运用 VR 虚拟技术给旅游者以沉浸式的互动体验。

第三，夜间旅游。在指定地区进行露营、夜间观天文、通过红外线夜视镜观野生动物等活动。

（5）购物。开发古茶伴手礼。除传统茶产品外，运用现代科技，开发如瓶装生态古茶饮料、古茶枕头、香包、牙膏、面霜面膜等日用品、化妆品和各类养生保健品，通过短视频、网络直播等方式进行宣传。

（6）娱乐。针对旅游活动要素，加强对夜间体验项目进行创新，促进夜经济发展。如夜游冰岛茶小镇、夜游国家森林公园等，还可以策划露台夜景餐厅、篝火野餐晚会等体验项目。推出古茶文化农业遗产展演，打造含有科技感、沉浸式、场景化的大型演艺节目，或因地制宜，以小型庭院剧、小剧场等形式展现拉祜族、佤族、布朗族、傣族等民族茶叶栽培历史和饮茶文化，展示现代双江的幸福宜居生活。

7. 宣传营销

（1）突出文化符号特色，重塑文化认同。设计勐库古茶园和茶文化系统、古茶文化旅游的标识和吉祥物，通过各种媒体特别是近来受关注的微信公众号、短视频、网络直播等渠道进行传播。各类新闻媒体如实宣传古茶文化，禁止夸大，不跟风进行天价茶炒作。举办科普讲座、文化讲座、国际国内研讨会等，重塑大众对古茶文化和旅游的认同，提高消费者的认识。

（2）做好质量认证。争取更多茶叶类、食品类优质产品认证、绿色产品认证、有机认证，创建国家 4A 级和 5A 级景区、全域旅游示范区、康养旅游示范区。

（3）发扬节庆文化。举办各民族传统民间节庆活动，举办适应现代人生活的古茶音乐节、美术节、体育赛事等。在连续举办六届中国·双江勐库（冰岛）茶会的基础上，继续办好茶会，"以会为媒、以茶会友"，不断提升勐库大叶种茶的知名度、美誉度和影响力，全面带动民族文化、茶文化和旅游业的融合发展。

（4）举办各类大赛。通过茶旅文创产品设计大赛、职业技能大赛、摄影比赛、征文比赛、诗词大赛、绘画比赛、民歌大赛等提高知名度和美誉度。

8. 人才培养

（1）聘请农业文化遗产和旅游方面的专家学者担任客座教授，定期为当地政府部门、管理者和一线从业人员授课。加强农业文化遗产与旅游方面的职业教育和继续教育，组织开展农业技能培训、返乡创业就业培训和职业技能培训，培养当地农民担任导游、开办农家乐餐馆、民宿等。

（2）引进外来人才。成立专项基金，实施古茶文化遗产旅游人才引进专门计划，鼓励外来人才向双江流动，建立健全城乡、区域、校地之间人才培养合作与交流机制。

（3）教育行政部门指导、支持高等学校、职业院校设置古茶文化保护与开发的相关专业，实施古茶文化遗产旅游人才培养计划，提供专项资助，鼓励高等学校、职业学校毕业生到农村就业创业。

（4）建立各类人才参与乡村建设的激励机制，搭建乡村建设志愿服务平台，通过创新创业，提高文旅产业从业人员的待遇，支持和引导各类人才通过多种方式服务茶旅融合。

参考文献

［1］代琳，贾志辉，曾祥亮，等．乡村振兴战略背景下文化小镇培育与旅游产业融合发展的对策研究——以黑龙江省共青农场为例［J］．农场经济管理，2019（11）：5－7.

［2］李伯华，刘沛林，窦银娣．基于自组织理论的农业文化遗产地旅游产业融合发展研究——以湖南省新化县紫鹊界梯田为例［J］．中南林业科技大学学报（社会科学版），2015，9（6）：60－66.

［3］李孟舜．乡村振兴背景下文化旅游融合发展的推进路径——以河南省旅游扶贫示范县为例［J］．黄河科技学院学报，2020，22（1）：31－35.

［4］农业部国际交流服务中心．全球重要农业文化遗产（GIAHS）实践与创新［M］．北京：中国农业出版社，2017.

［5］孙群．乡村振兴战略背景下新疆非物质文化遗产与乡村旅游融合发展研究［J］．农村经济与科技，2021，32（10）：41－43.

［6］王钟桦，石小芳．乡村振兴背景下农业文化遗产旅游开发的困境及其路径研究［J］．当代农村财经，2021（8）：26－29.

［7］熊礼明．农业文化遗产旅游开发与保护研究［M］．成都：四川大学出版社，2018.

［8］薛若禹，于莉，廖吉林．乡村振兴背景下文化旅游＋扶贫融合发展路径研究［J］．热带农业工程，2021，45（2）：142－144.

［9］杨波，何露，闵庆文．文化景观视角下的农业文化遗产认知与保护研究——以云南双江勐库古茶园与茶文化系统为例［J］．原生态民族文化学刊，2020（5）：110－116.

［10］袁正，闵庆文，李莉娜．云南双江勐库古茶园与茶文化系统（中国重要农业文化遗产系列读本）［M］．北京：中国农业出版社，2017.

［11］张蕾．农业文化遗产与休闲农业乡村旅游融合发展的实践探索——以春伦集团茶

旅融合发展为例 [J]. 福建热作科技, 2021, 46 (3): 52 – 55.

[12] 张琳, 贺浩浩, 杨毅. 农业文化遗产与乡村旅游产业耦合协调发展研究——以我国西南地区 13 地为例 [J]. 资源开发与市场, 2021, 37 (7): 891 – 896.

[13] 张韵蓉. 文旅融合背景下云和县乡村文化遗产旅游活化策略研究 [D]. 桂林: 广西师范大学, 2021.

[14] 张祝平. 乡村振兴背景下文化旅游产业与生态农业融合发展创新建议 [J]. 行政管理改革, 2021 (5): 64 – 70.

[15] 周大连. 乡村振兴背景下文化与旅游产业融合发展研究——以开平碉楼与村落为例 [J]. 农村经济与科技, 2020, 31 (11): 117 – 119.

文化和旅游产业的数字化应用研究

——以河南文化旅游产业数字化应用研究为例

郑州旅游职业学院　潘　宁

一、国内外研究现状及选题意义

（一）国内外研究现状

随着人工智能、大数据、云计算、区块链、5G 等数字信息技术的快速发展，数字化成为我国经济高速发展的关键。同时，数字化技术的发展也推动着文化和旅游产业的起步及发展。《"十三五"全国旅游信息化规划》明确提出，到 2020 年要实现旅游"云、网、端"基础设施建设逐步完善，信息技术创新应用在行业不断深化，文化和旅游产业数字化、网络化、智能化取得明显进展。对此，国内专家学者进行了大量的相关研究。

在国外文化旅游产业发展方面，美国迪士尼围绕动漫系列开展了创意数字文化开发，韩国以"影视＋旅游"的方式对文化资源进行重组，英国博物馆尝试开放式体验等。借鉴国外成功案例，陶萍（2020）提出我国文旅产业应培育文旅 IP、创新文旅体验新模式、加强创意产品开发；王娟（2019）对国外文化旅游若干问题进行了研究，发现国外学者大多采用问卷调查法、全球定位系统、接收器、移动电话和智能手机等跟踪技术获取文化旅游者的行为特征及消费习惯等收集数据，大多数国家在监测和分析文化旅游信息方面缺少权威数据。

在各省市地区文旅产业数字化应用研究方面，段正梁（2021）认为 5G ＋智慧文旅融合 VR、AR、AI 等先进技术，以 5G 网络覆盖全馆，5G＋VR 全景直播支持在线博物馆漫游、5G＋AR 帮助文物修复、5G＋AI 个性化定制文物讲解、5G＋感知提高安防水平等，可为博物馆发展提供技术支撑；张骥（2020）以宽窄巷子为研究对象，对 5G 智慧文旅在其中的具体应用进行探索，构建一体化信息平台，5G＋大数据应用探索的智慧景区管理，5G＋VR 体验沉浸式全新旅游模式，5G＋AI 人工智能应用无人化景区智能安防等；邓兴兴（2020）在重庆永川文旅产业建设的研究中提出，互联网＋AR 动画提升永川文旅产业附加值；刘宗媛（2020）提出基于区块链的积分服务、信用评价、景区管理等智慧旅游场景，旨在推动智慧旅游全面可持续发展，为游客提供更为方便、快捷的个性化智慧服务。

综上所述，对于文化旅游产业的数字化应用研究，在技术层面，大多覆盖在 5G、AR、AI 方面，涉及人工智能、大数据、云计算方向较少；在研究区域上，数字化应用研究仅针对特定地区特定景区研究，未涉及全省不同地区、复杂地势景区等；在文旅产业的游客数据获取上，大多采用问卷调查法，大数据分析、云计算等数字化技术研究不多；在文旅产业的技术人才培养方面的研究，大多止于理论研究，实践研究较少，未涉及企业行业调研。因此，本文以河南省文化旅游产业数字化应用研究为例，全方面多层次研究省内不同地区文旅产业应用、企业行业以及高校文旅产业的数字化人才培养，加快文化旅游资源的保护，助力推广文化旅游产品，强化文化旅游数据信息安全管理，助推我省文旅产业高质量快速发展。

（二）选题意义

本文以河南省文化旅游产业数字化应用研究为例，选题意义基于河南省情以及数字化技术应用两方面。从数字化技术层面来说，当前文旅产业数字化应用还存在一些问题，如文旅数字化产品参差不齐、数字化应用尚不能较好的保护文旅资源、文旅产业人才培养不足、文旅产业的数字化管理程度不一、文旅产业数字化研究方法不够完善等。针对以上问题，本文进行了以下四个方面的研究。

（1）为文旅产业的智慧化服务提供技术基础，助力提升文旅产业的公共服务能力、行业监管能力。有效应用大数据技术进行数据整理、数据模型构建、数据资源共享以及数据安全防护等一系列工作，不断提升文旅产业的大数据管理能力。

（2）为文旅产业资源供给提供新的发展方向。随着人工智能、区块链、VR 等技术的广泛应用，已诞生了一系列的虚拟景区、数字博物馆等全新文旅产业。这些实际上的应用推动并催生出新的文化产业、文旅产品开发等，为文旅产业的高质量持续发展提供有效保障。

（3）推动文旅产业的资源保护力度，同时满足游客的个性化、差异化需求。非遗文化的保护近年来逐步凸显，运用数字化技术对文旅资源的保护愈来愈重要。同时，文旅产业结合 5G、云计算、VR 等新技术的应用，改变了人们的认知体验以及消费行为。近年来兴起的短视频、云旅游、沉浸式体验等，影响着大众认知与消费行为。因此，结合当前新兴技术在文旅产业的应用研究，也有助于满足大众差异化需求。

（4）推动企业、高校、人才培养基地等对文旅数字化人才的培养。为确保文旅产业健康持续高效发展，培养数字化文旅人才是保障。想要推动文旅产业的数字化应用发展，就要培养懂得文化专业知识、旅游专业知识和数字化专业知识的复合型人才。

二、河南省文化旅游产业数字化应用现状

河南省是全国旅游资源较丰富的地区之一，现有世界遗产 1 处（即洛阳龙门石窟）、国家级重点文物保护单位 54 处、省级文物保护单位 527 处、国家级历史文化名城 8 座、中国优秀旅游城市 11 座、国家 4A 级旅游景区 26 处、国家级风景名胜区 6 处、国家级森林公园 9 处、国家级自然保护区 8 处。名山秀水，吸引着大批国内外游客，繁荣的经济、灿烂的文化给河南留下了丰富的文化史迹，为发展历史文化旅游、宗教旅游等提供了丰富的资源。旅游业作为河南的支柱性产业、服务业中的龙头产业，在缓解产能过剩、产业升级转型方面发挥

了重要作用，是数字经济的重要内容。

（一）成功经验

近年来河南省文化节目屡破收视纪录，如《唐宫夜宴》《祈》《唐印》《清明奇妙游》《真人版帝后礼佛图》《龙舟祭》《古画中的大唐》等。同时，河南博物院在线考古盲盒的火爆出圈，体现了数字化应用使得河南文化"活起来"。河南省文旅产业数字化应用使得文旅企业在传承与创新中应用现代化技术打造河南人的文化自信，推动文旅产业智慧化发展。在众多的优秀案例中，二里头夏都遗址数字化博物馆、只有河南·戏剧幻城、河南博物院考古盲盒以及河南省文旅厅联合腾讯文旅推出的首个河南非遗数字馆官方微信小程序"老家河南黄河之礼"都积累了成功经验。

1. 二里头夏都遗址数字化博物馆

二里头夏都遗址数字化博物馆位于我国十三朝古都洛阳，作为中华文明总进程核心引领者，二里头文化距今大约有3800年的历史。为了让普通百姓能够更好地了解历史文化遗存，使这些深埋地下的历史文物资源"活"起来。2020年10月，中国电信洛阳分公司利用独家的5G＋MEC云XR数字技术，将洛阳二里头夏都考古遗址公园打造成全国首家5G＋MEC智慧遗址公园，数字馆的建成意味着二里头夏都遗址博物馆成为郑州市第一座"实体数字"博物馆，它不仅是助力文物"活"起来的一项具体举措，同时也为文化传承插上了一对"数字翅膀"。在这里，游客可以利用手机App，通过扫描二维码，了解景区及文物的具体介绍，还可以通过VR虚拟现实技术，720度观看二里头遗址的全貌，也可以通过手中的平板，利用AR增强现实技术来一同感受二里头考古遗址宫殿的魅力。

二里头夏都遗址数字化博物馆还建设有数字化互动体验厅，游览时间为半小时，依托沉浸式数字投影空间、半造景三维数字剧场和雷达互动投影墙等数字化手段，能够最大程度再现夏朝都城的宫城规模和形制、政治礼制、官营手工作坊以及国家级祭祀仪式等场景。在这里，有能够模拟夏朝自然气候的多维特效体验剧场，在风机、雨机、闪电机等特效装置与墙面、天花板的 LED 矩阵数字影像的配合下，完美提升观众的"沉浸感"。让观众身临其境感受夏都的文化风貌，体验夏朝先民的生活和最早王朝国家的气度，让更多人听得懂、看得到华夏起源的故事。

博物馆数字化建设是让博物馆"活"起来的新引擎，它能丰富博物馆展陈方式，再现历史场景，而且能够满足数字时代参观者新的需求。二里头遗址博物馆数字化展厅利用数字技术，讲好二里头故事，让观众在娱乐性的体验过程中，感知华夏第一王都的恢宏气势，了解河南文化的魅力，从而为坚定中国文化自信提供有力的支撑。

2. 只有河南·戏剧幻城

2021 年投入运营的"只有河南·戏剧幻城"位于郑州国际文化创意产业园核心区，是建业集团与王潮歌导演联袂打造的沉浸式实景演出主题公园。它打破传统，以戏剧聚落群的形式串联和完整呈现河南故事、河南文明及独有的精神印记，让游客置身其中，得以更真实地阅读和体悟河南。

只有河南·戏剧幻城是一座有 33 个剧场的戏剧幻城，是中国首座全景式全沉浸戏剧主题公园，也是目前世界最大的戏剧聚落群。在传播学非线性视角下，传播是非线性的，是信息发送者和接受者之间讯息的交换，不同的人对信息认知会不同，但是最后都能达成某种程度的传播效果。在只有河南·戏剧幻城这一沉浸式项目里，每个信息接收者看到不同主题的剧院产生的观感都会不同。在百亩麦田之后，360 米长的黄色夯土墙十分壮观，既像来自远古，又似来自未来。当夜幕降临，这面墙上将幻化出《清明上河图》《千里江山图》的灯光大秀，古老与科技的碰撞，把悠远的历史投影到当下。"麦子"和"黄土"这两个最具河南意象的符号在这里得到充分展现。56 个迷宫般的格子院落，潜藏着 5000 年中华文明史，呈现出厚重河南 18 个地市的民俗风物。信息接收者在互联网上传播不同关于只有河南·戏剧幻城的信息，其以戏剧这种最古老、最现代的艺术形式，以幻城建筑这种全新的载体，向人们讲述了一个动人的河南故事。信息接收者们通过信息及感受传递实现着信息交换与情感沟通，促使旅游项目在智慧营销上达到良好的传播效果，从而引起其他信息接收者的好奇，推动网络传播受众变现。

只有河南·戏剧幻城除了利用智慧营销的传播手段之外，配套的智慧服务也推动了文旅产业项目的发展。2021 年，依托于只有河南·戏剧幻城，建业第 4 家主题特色酒店——郑州建业只有·剧场酒店开业。酒店配套 396 间客房和天青、丹红两个全日餐厅，不仅能够为住客提供"住在戏剧里"的体验，也将满足郑州国际文化创意产业园区乃至郑州市场的剧场主题住宿体验需求，让游客在线上购买套餐，享受"门票 + 美食 + 住宿"一站式服务。

3. 河南博物院考古盲盒

2020 年 12 月，河南博物院推出线上文旅产品——考古盲盒，以"盲盒 + 考古体验"的形式吸粉无数，开启传统文化的"破圈之旅"。河南博物院在线考古盲盒应用研究基于"参与式文化理论"和"使用与满足理论"探索文旅产业新营销模式。

首先，盲盒受众有限，其本身属于圈层文化。通过河南卫视节目的出圈以及网络意见领袖对河南博物院考古盲盒的分享与好评，考古盲盒爱好者本身在虚拟社交圈形成的身份认同使他们在话题参与者构建起的公共空间中引发强大的情感共鸣，并通过网络传播迅速打造出一个强大的共性圈，即考古盲盒群体。这个群体向外展现集体的强大聚合力量，从而吸引更多人参与线上抢购盲盒狂欢的同时也推动线下旅游经济发展。其次，"使用与满足"研究把受众成员看作有着特定"需求"的个人，把他们的媒介接触活动看作基于特定的需求动机来"使用"媒介，从而使这些需求得到"满足"的过程。线上盲盒的不确定性带给受众一种刺激感，在抽取的过程中能获得好奇和刺激的情感满足。除此之外，盲盒能满足人们的安全感，如集齐一套盲盒之后有一种成事圆满的"安全感"。

推广"参与式文化理论"和"使用与满足理论"在河南文化旅游产业数字化中的应用，能更好盘活历史文化资源，能够避免博物院陷入运营困境，加快文旅产业数字化营销转型步伐，同时为实现收藏在博物院里的文物、陈列在广阔土地上的遗产、书写在古籍里的文字活起来开拓了思路。

4. 老家河南黄河之礼

河南省文化和旅游厅携手腾讯文旅，推出首个河南非遗数字馆官方微信小程序"老家河南黄河之礼"。该应用设置多个融合黄河文化元素的趣味线上互动体验板块，可使用户感受"科技＋文化＋艺术"带来的移动数字化非遗交互体验。本项目引入美国传播学家贝罗的 SMCR 模型来分析黄河文化元素的数字化传播的新路径。该模型综合了哲学、心理学、语言学、人类学、大众传播学、行为科学等理论，把传播过程分解为四个构成要素：信源——旅游信息传播者、信息——旅游内容、信道——旅游传播渠道和接收者——旅游者。梳理信息传播者通过传播渠道将旅游内容传递给旅游者这一过程，分析每个环节优化点，使旅游者能在线上更好地体验小程序中关于黄河文化的内涵和文脉，在沉浸式体验中获取认知上的收获，从而实现传播效果最大化，为推进文旅产业数字化营销转型奠定了基础。

借助数字技术让旅游者足不出户就可以获得旅游体验的数字营销手段，带给旅游者不同于传统营销的旅游体验内容、新的体验方式，获得较为真实的体验感受，提高了体验的丰富性与趣味度，满足了旅游者新冠疫情期间对旅游的不同需求，同时为新冠疫情结束之后的线上营销与旅游者的线下体验无缝对接提供了可能。

（二）存在问题

1. 市场需求层次化与文旅产品同质化倾向之间的矛盾

近年来，我国已逐步进入大众旅游时代，旅游因其能够满足人民群众日益提升的对于美好生活的需求，日渐成为各类民众的日常生活选项，成为人民群众生活水平提高的重要指标。与此同时，在大众旅游时代，人们的消费需求逐渐发生一定变化，广大游客越来越多地采取自由行的方式广泛地介入到目的地的生活消费空间。因此，旅行社服务也转向了旅行服务，由以往景区、景点"点、线"的旅游提供方式逐步迈向全域旅游和目的地旅游。可以说，不管是城市旅游目的地，还是乡村旅游目的地，都在逐渐成为服务本地居民和外来游客对美好生活向往的一个共享生活空间。可见，从市场需求的角度来看，"大众市场"在同质化的旅游产品消费时代之后，开始向"个性市场"转变。在这一现实背景和服务体验经济引导下，"文旅化"成为旅游行业实现特色化的有效途径。

然而，从市场供给层面来看，无论是传统的旅游景区、旅游酒店，还是近年来获得政策支撑力度较大的特色小镇、综合体项目等，均存在较大程度的产品同质化倾向。这种需求与供给间所存在的矛盾，给旅游者带来了选择困境与审美疲劳，不利于文旅产业高质量与可持续发展。事实上，数字经济与文旅企业的融合一定程度上能够实现为后者赋能的作用，通过发挥数字技术在内容经济方面的强大动能，以达到为文旅产业、企业打造特色化场景与主题化内容赋能的作用。

2. 游客需求多样化与文化旅游产业链黏合度不高之间的矛盾

一种产品，从形成到被推向市场供顾客消费，这一过程中有很多产业部门的参与，它们之间相互作用、彼此联系，构成一个完整的产业链。目前，河南省文化旅游产业链的各个环节（住宿、饮食、娱乐、游览、购物、旅行）发展并不平衡（娱乐和购物这两个环节较弱），六大要素之间的关联性较差，黏合度不高，产业链中一个产业的发展不能很好地带动其他产业的发展。许多风景名胜区仅限于满足游客低端的旅游观光需要，不重视游客的参与和互动需求，无法吸引游客持续消费，导致旅游综合经济效益得不到有效提高。

3. 文化内涵丰富度与文旅产业挖掘不够之间的矛盾

河南省的根亲文化、姓氏文化、汉字文化、诗词文化、戏曲文化、武术文化、三商文化、古城文化、黄河文化以及圣贤文化、礼仪文化等独具特色，但在其旅游开发中未能深入挖掘相关旅游产品的文化内涵，存在盲目复原古迹和古代游戏活动的现象，导致复原物和复原活动与当地真实的历史文化和民俗风情严重脱节，无法给游客提供真实的文化信息并带来有意义的旅游体验。

4. 地方文化特色化与旅游品牌知名度低之间的矛盾

与其他省份相比，河南省在文化旅游宣传推广方面力度不大、技巧缺乏、手段不足，竞争力相对较弱，极为丰富的文化旅游资源未得到充分认识和有效开发利用。河南省具有很多典型的、极富地方特色和风韵的文化旅游资源，已经形成成熟的旅游品牌，但宣传和营销策划不够，导致知名度不高、吸引游客量不高。

三、河南省文旅企业需求深度分析

（一）河南文旅企业人才需求分析

在文旅产业消费需求恢复和产业复苏进程日益加快的背景下，文旅产业中仍然存在较大比重的劳动密集型企业。长期以来，这类行业企业在其发展过程中存在较突出的不平衡、不协调和不可持续问题，经济增长方式主要依赖低成本劳动力的投入，行业发展层次较低。尤其是近年来在面对人力要素制约加剧等情况时，一系列突出矛盾日益显现，严重影响到整个行业的持续、健康和有序发展。基于此，数字经济或将成为解决需求增长与人力短缺矛盾的重要抓手。首先，随着文旅产业数字化转型的不断深入，文旅产业对数字化人才的需求也呈现了爆发式增长，现如今在世界范围内，数字化人才正处于急缺状态。文旅产业所需要的人才不仅要精通数字化技术，同时还需要通晓传统文化、旅游行业的情况，文旅产业数字化人才属于综合型人才。就我国而言，近年来我国文化旅游产业数字化得到了快速的发展，很多文旅产业在数字化技术人才方面都是急需的，数字化人才处于供不应求的状态。而且当前文旅产业的数字化人才培训体系并不完善。其次，河南省地处我国中原地区，城市发展迅速，文旅产业数字化人才紧缺更加突出，虽然河南省的经济发展与过去比有了飞速的发展，然而由于区域经济发展水平与一线发达省份相比仍然存在一定差距，再加上城市存在一定的人才流失现象，业务和技术不能真正融合，数字化转型难以落地。

1. 文旅企业对人才的需求分析

根据 2021 年 8 月《高职院校智慧旅游技术应用专业企业调研报告》，结果如图 1 所示，目前旅游相关企业对智慧旅游复合型人才需求仍然很大。有 36.19% 的企业需要 30 人以上的人才，有 31.42% 的企业需求量在 11 ~ 30 人，有 30.95% 的企业需要 10 人以下，仅有 1.43% 的企业不需要关于智慧旅游相关专业的人才①。

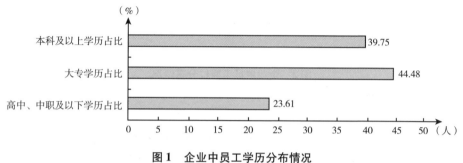

图 1　企业中员工学历分布情况

资料来源：笔者绘制。

2. 文旅企业对岗位需求类型分析

如图 2 所示，在"互联网 +"背景下，企业对于新媒体运营岗位、市场网络营销岗位、后台客服服务岗位和智慧旅游产品开发和定制岗位的需求最为迫切，企业占比分别为 67.62%、61%、53.33%、50.48%。其余岗位需求量依次递减分别是大数据分析岗位占比为 45.24%，技术服务岗位占比 41.43%，游客接待服务岗位占比 36.19%，产品升级维护岗位占比 30%，系统运维岗位占比 29.5% 等②。

3. 文旅企业对岗位职业能力需求分析

岗位职业能力需求分析结果如图 3 所示，企业看重的学生能力中排名前三的是旅行服务与对客沟通能力、跨界思维能力和创新能力和综合抗压能力，分别

―――――――――――

① ②　数据来源：笔者参与编写的《高职院校智慧旅游技术应用专业调研报告》。

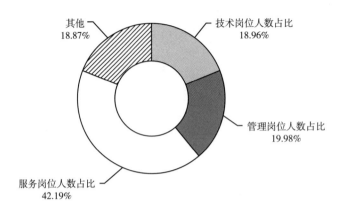

图 2　企业中员工岗位分布情况

资料来源：笔者绘制。

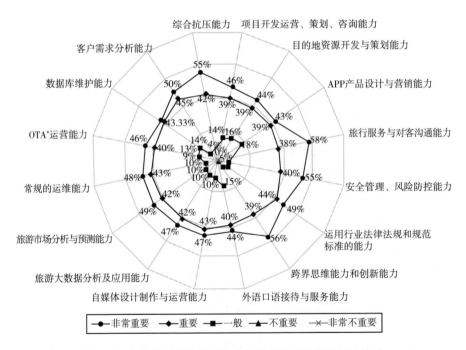

图 3　企业认为智慧旅游相关专业毕业生应具备的工作能力

注：＊OTA 的全称是 online travel agency，即在线旅游。

资料来源：笔者绘制，图中数据四舍五入后取整。

占比58%、56%、55%;其次是安全管理、风险防控能力,占比55%;再次企业对运用行业法律法规和规范标准的能力、旅游市场分析和预测能力、旅游大数据分析及应用能力,常规的运维能力也很看重,分别占比49%、49%、47%、47%;其他的,如自媒体设计制作与运营能力、OTA运营能力的占比也达到了很高。

4. 岗位职业素养需求分析

企业的调研结果如图4所示,企业对于岗位的职业素养要求最看重的是职业道德与价值观、专业知识素质,占比都达到了93.33%;其次对于服务技能,身体、心理素质和团队意识也都达到80%以上;此外较为看重的还包括安全意识、创新意识、法律意识等。

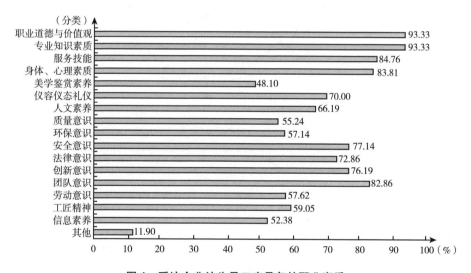

图4 受访企业认为员工应具备的职业素质

资料来源:笔者绘制。

5. 文旅企业岗位对专业知识需求分析

调研结果数据结果如图5所示,旅游企业认为智慧旅游技术应用专业学生的知识结构要求占比最大的在旅游基础知识的掌握,其中旅游法律法规占比56%、旅游产业相关知识占比54%、常见智慧旅游应用场景知识占比50%。其次，旅游企业对网络运营方面知识的掌握也十分看重，其中新媒体运营相关知识达 55%、数字化/网络营销知识占 49%、大数据分析知识和网络运维知识各占比 46%。最后，企业认为思想政治理论知识和科学文化基础知识是学生最基本的素养，占比分别为 50%、49%。

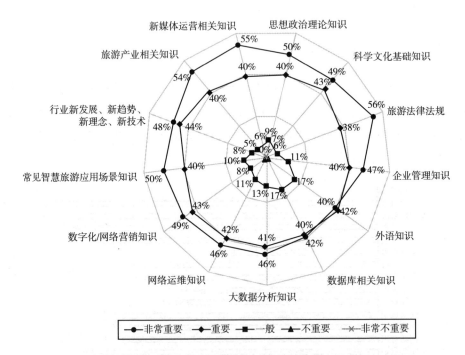

图 5 企业认为智慧旅游技术应用专业学生应该具备的专业知识和技能

资料来源：笔者绘制，图中数据四舍五入后取整。

（二）河南文旅企业数字化应用需求分析

近年来，中国出境旅游一直保持平稳发展，发展速度、目的地结构和客源地结构相对稳定，并保持了多年的出境旅游第一大国地位。新冠疫情期间，相较于国际消费，国内文化旅游市场率先复苏，引领消费大规模回流，推动形成以经济内循环为主的文旅新格局。依据文化和旅游部统计数据，2020 年国庆、中秋假期，全国共接待国内游客 6.37 亿人次，按可比口径同比恢复 79.0%；实现国内旅游收入 4665.6 亿元，按可比口径同比恢复 69.9%①。假期期间，全国各地文化和旅游市场复苏明显，一些地方的游客接待人数和旅游收入甚至同比增长。从"技术—经济"范式的角度来看，近几年来，数字经济的发展呈现出"三→二→一"产业逆向渗透趋势。消费领域、流通领域数字经济引领发展，无论是对新兴产业，还是传统产业，均具有非常大的促进与冲击，对后者影响尤甚。在文化旅游产业中，传统服务型企业占据较高比重，长期以来，其依靠劳动力、资本以及能源等生产要素的低成本优势与政策红利实现了高速增长，然而，随着传统要素优势持续弱化、环境与资源问题逐步显现，要素驱动型的粗放式增长方式难以为继。在此现实背景下，传统产业数字化、网络化、智能化的趋势也日趋明显。

1. 数字化技术亟须在文旅产业推广

面对数字化转型趋势，传统旅游产业主动推动与新技术的融合是大势所趋。需要注意的是，数字化只是手段和工具，而不是目的，文旅产业的数字化主要是通过引入人工智能、大数据、云计算、VR、AR、5G 等技术辅助文旅产品的开发，以此来促进文旅产业的发展。然而在此次调研中发现，河南省部分区域文旅产业数字化应用存在一定程度的过度倾向和非理性成分，主要表现在自从"文旅产业""数字文旅""区块链文旅"等新概念出现以来，真正的能够让消费者接受并认可的项目并不多。因此，如何有效利用数字化转型契机，使数字化技术与文旅产业的应用场景有机结合，避免陷入只重视技术投入而忽视文旅产业数字化健康发展的误区，必须避免泛数字化倾向，是文旅产业数字化进程中有待解决的问题。

2. 数字运营平台建设亟待深层次融合

现有的智慧文旅平台整合了部分文旅产业的数据信息，但相对携程、美团等超级平台还不够完善；部分文旅企业也相应开发了"两微一端"等数字文旅资源平台，虽然数量不少，但没有形成合力。各大软件和应用之间很多数据标

---

① 数据来源：整理自腾讯新闻，https://new.qq.com/rain/a/20201230A0AUDY00。

准、数据质量体系还不一致，数据之间存在矛盾冲突，缺乏深层次融合。

针对河南省部分区域的文旅产业数字化应用的情况，大多数景区在推动文旅行业数字化转型升级过程中，一般多采取项目招标、项目合作和购买服务等方式，由平台型互联网企业、集成供应商等跨界提供解决方案和承接项目建设，这些数据被少数大型企业和超级平台垄断，共享严重割裂，互联互通不足，导致整个行业产业链难以闭合，出现"数据孤岛"与"应用孤岛"现象。

3. 文旅企业仍需逐步解决 OTA 路径依赖

伴随数字技术和民众生活水平的日益提高，各个年代的消费者都对个性化的服务需求提出更高要求，这在"90"后、"00"后群体中体现得尤为明显，在文化、旅游行业表现得尤其突出。事实上，文化与旅游消费进入个性化时代，这既是一种经济现象，更是一种文化现象。个性化消费需求所体现的是消费者求新求异的心理，同时也是其对当代文化、旅游企业的服务有着更高的期望和要求的反映。面对消费者服务个性化需求的日益提升，作为现代文化旅游企业，则应抓住消费客群的偏好为其提供个性化的定制服务。

从旅游供给角度来看，对于文旅接待企业，尤其是单体酒店，近年来，出现了较强的 OTA 路径依赖现象。例如，酒店与 OTA 平台直接签订合作协议，无论是佣金模式还是底价模式，酒店通过 OTA 平台系统进行房价、数量以及房态的录入和管理，虽然这在很大程度上为酒店企业带来了一定的流量，但是对 OTA 路径依赖过强，无法形成很强的用户黏性与客户转化率。因此，数字经济时代的到来也为旅游企业尤其是酒店企业敲响了警钟，有必要通过数字技术的运用，使得有效流量都转化为酒店自身的存量，从源头上逐渐摆脱对 OTA 的路径依赖。

4. 文旅企业需要政策支持及法律保障

数字文旅产业作为一种产业发展的新业态，离不开政府在政策层面给予支持与引导。近年来，伴随着数字技术在文旅产业的应用，政府出台的有关文化和旅游产业的文件多次提到推动文化、旅游和现代科技相互融合，也有效推动了文旅产业的数字化进程。但总体来看，河南省政府在数字文旅产业的政策支持方面还有待进一步加强，主要表现在顶层设计上缺乏对数字文旅产业发展的战略规划、尚未形成适应数字文旅产业发展的相关技术标准与行业规范、财税和金融对数字文旅产业发展的支持力度不够等。此外，数字文旅产业的发展涉及多个部门和领域，但目前各部门与各行业的协同发展机制尚未形成，这也阻碍了文旅产业数字化进程的发展。

数字时代对既有的法律法规、网络安全和个人信息保护都带来了挑战。在数字时代，数据作为关键的生产要素可以参与价值创造，但数据作为一种资源，其属性、使用权如何界定，如何保护数字文旅产品知识产权，如何保护消费者个人隐私安全，如何界定企业对数据的使用权与范围等也是数字时代发展不可绕过的现实难题。目前，河南省在文旅产业数字化发展方面缺乏相关的法律法规制度，尤其是与数据使用和网络安全相关的基础性法律制度的欠缺已成为影响数字技术在文旅产业渗透的重要制约因素，也会进一步制约文旅产业向数字化转型的进程。此外，消费者在使用数字文旅产品时，如因担心个人数据泄露而拒绝或有限提供关键信息，客观上也会抑制数字文旅产业的发展。

四、河南省文化旅游产业数字化转型的建议

随着 5G 网络、大数据、区块链、云计算、人工智能、物联网等数字技术的发展和运用，数字经济已经成为新的经济形态，在此背景下，各行各业迎来了数字化转型的新机遇，文旅产业也应当顺应趋势，把握数字经济的发展机遇。2020 年，发改委与文旅部陆续发布一系列政策，以推动旅游产业和网络信息融合，向数字化、网络化、智能化转型升级，"十四五"规划将迎来科技驱动发展的文旅时代。课题组通过对百余家旅游企业的前期调研和资料梳理发现，大多数文旅企业渴望尽快实现数字化转型，推动数字经济和实体经济深度融合，打造具有国际竞争力的数字产业。在以下方面或大有可为。

（一）加大数字化文旅产品开发力度

在文旅融合大背景下，人们的旅游方式与游玩观念都发生了巨大的变化，高

科技迎来井喷式发展，也给游客带来了新的体验需求。融媒体充分吸收了新媒体和传统媒体的优势和精华，实现了创新发展，特别是信息技术的支撑，从客户端到移动手机，以及无人机、VR、AI等硬技术辅助，新媒体影响力愈发重要。

课题组调研发现，河南博物院联合支付宝推出的"数字考古盲盒"，以及"玉佩棒棒糖"的原创设计，不仅激发游客们的"考古"兴趣，加深其体验感受，还能吸引更多的人了解河南省的文物。另外，作为一家4A级景区，北宋时期"书院之首"的商丘应天书院，如今门票依旧是纸质的。在其他景区或文旅产业区域的调研中发现，类似于应天书院的情况不在少数，这些具有丰富内涵的文化历史价值和具备较大市场开发价值的文旅产业区域急需受到各界关注，因为它们的形象不仅关乎一家文旅产业的成败，在某种程度上更代表了一座城市对该地区文化和旅游产业的重视程度，也是一个地区和城市展示其综合发展水平的重要窗口。此类景区正是河南文旅数字化建设深入触及的地方，但整体来看，在河南文化产品频繁出圈的今天，河南省部分区域文旅产业数字化产品开发力度还不够大，原创力仍不足。

对于文旅企业，不仅要聆听市场需求，合理开发旅游产品，而且要利用数字化手段进行旅游产品的品质提升；不仅需要满足消费者的文化需求，还需要满足消费者的个性化需要，不断加大消费者满意度。在数字化文旅产品开发方面，一是可以通过"联盟运营"的模式，即组建文旅企业与高校进行合作联盟，面向数字化转型、文化传承创新、行业产业和区域发展，形成品牌建设智力支撑。二是可以建立文创设计中心，加强塑造原创IP，挖掘产品内涵，改善产品层次，以文化创意为内驱力，以设计链为突破，以优势集聚为方法，以数字转化与传统提升为切入点，推动文创产品实现时尚化、功能化、国际化。如今很多壁画、洞窟、石像，真正是"看一眼少一眼"，原创IP设计与开发，既能够将其永久保存，又能充分运用动漫游戏、网络文学、网络音乐、网络表演、网络视频、数字艺术、创意设计等产业形态，推动文化旅游产业创造性转化、创新性发展，继承革命文化，打造更多具有广泛影响力的数字文化旅游品牌。三是在文旅资源的展示上，可借鉴河南广播电视台"中国节日"系列节目，利用AR、VR技术，对中国传统文化进行深入理解和重新表达，开创新的技术模式去展示文旅产业信息，借鉴云游故宫、数字敦煌等，快速跟进文旅产业数字新模式，打造河南文旅产业数字化"云展览"，让消费者沉浸式、参与式地体验定制服务，同时感受其背后的文化内涵。

（二）做好旅游资源数字化保护工作

文化旅游资源是文化旅游的基础，因此，在进行文旅资源开发之前必须要做好文化旅游资源的保护工作。随着气候的变化、时间的沉淀，部分旅游资源面临消散的迹象，因此，旅游资源的数字化保护对各大景区、博物馆、非遗保护区等尤为重要。

课题组调研发现，河南省部分区域对于旅游资源的保护上，还没有完成采用最新技术手段进行修复或是完美展现文旅产业原貌。"只有河南"剧场利用声光电等技术手段，生动再现了历史烟云。河南安阳现有不可移动文物 3619 处，世界文化遗产两处，博物馆、纪念馆 16 座，馆藏文物 20 余万件（套），A 级以上景区 35 家，是名副其实的文化旅游资源大市。近期安阳市政府联合动景公司打造"夸克安阳"，助推安阳智慧博物馆、智慧文旅景区建设，将逐步实现线上云游景区、线上百科博物馆等。

和传统的保护方式相比，数字技术在非物质文化遗产保护中运用，不仅能更好地整理、收集、记录相关信息，而且可以达到传统保护方式所不能达到的展示要求与保真效果，更为安全和长久地保存这些弥足珍贵的非物质文化遗产。一是和传统的展示方式相比，文物等历史文化资源利用数字化虚拟技术，将声、光、电产生的效果全方位、多视角，或平面显示，或全景、立体空间复原再现，使观众更加全面体验享受历史文化资源的愉悦，大大有利于其有效传承。二是建议采用多种现代化信息技术，如 3D 建模、虚拟现实增强、音频讲解等，助力搭建线上百科文物景区，石窟寺、古建筑等不可移动文物智慧景区，具体功能可涵盖情景再现留影、3D 动画短片介绍等，游客可以沉浸在模拟环境中，获得身临其境之感，真正实现文旅资源的数字化保护及生态化旅游。三是可以利用多媒体、虚拟现实等数字化技术和设备，重造"体验型展览馆"，让观众通过遥感器在虚拟的文化遗产空间漫游，了解文化遗产的整体效果，复原和再现一个全面而完整的意义空间，从而充分发挥文化遗产的教育作用。

（三）合理推广旅游信息大数据管理

合理应用大数据技术，不仅需要做好数据信息的录入，还需要保证数据整理、数据模型构建、数据资源共享以及数据安全防护等一系列工作的质量，不断提升大数据的管理能力，提升数据库的管理效率。

课题组调研发现，河南省部分区域在旅游信息数据管理方面仅限于目前支持的扫码入园、线上购票、扫码解说等基础数据管理，甚至有些区域还停留在导游解说、纸质门票、手工验票阶段。大部分景区尚不能完成系统化的文旅产业数字化管理。

对于文旅产业，积极整合自身所有的资源，只有依托数字化平台，将其文旅产品、文旅资源、游客吃住行游购等全套资源串联起来，实现多业态的数字化智能管理，打破目前各自为战、同质化竞争的市场格局，才能形成资源共享、良好互动的发展局面。第一，数据库需要及时进行更新，大量的数据信息都与消费者息息相关，利用大数据技术对这些信息进行分析，并对其中的重点信息或关联信息进行筛选，往往能获得最准确的消费者心理预期及服务需求，甚至分析出影响游客购买旅游服务的负面因素，旅行社、景区、酒店等商务主体可据此调整产品和服务，为消费者提供更精确的、更有针对性的服务，从而达到提升旅游管理质量的目标。第二，在旅游服务的数字化应用方面，可以通过数字化渠道迅速将游客的问题更加直观地反馈给旅游企业或景区，加大优质的服务建设，保持整体的素养发展。在旅游产品价格定制上，需要根据不同客群给予弹性价格，根据季节差别调整价格，根据旅游产品的不同价值调整价格，通过资讯推广渠道的优化提升，完善购票渠道，积极推进手机"扫码入园"或"刷脸入园"以及语音讲解等项目的建设。第三，随着技术的发展，微信小程序、公众号的崛起免除了用户下载软件的烦琐，实现了即搜即用的便利。2020年，"老家河南 黄河之礼"小程序用户突破 13 万，开封汴绣、新郑黄帝传说、巩义巩县窑陶瓷等河南 1 市 8 县的非遗产品被搬上了非遗数字馆。由此可见，文旅产业一条龙服务的实现也可借助于小程序多业态的底层应用实现，如智慧景区、智慧餐饮、智慧民宿、智慧零售、智慧停车、智慧营销等。第四，依托全域旅游数据运用，可实现语音导览、一码通、智慧数据分析等在文旅产业的全面覆盖，并推进智慧化工程服务体系建设。把文旅产业的建设成果全面接入"一机旅游"体系之中，为游客带来真正的数字化文旅体验。各文旅产业可与数字文化企业进行数字基础设施开放合作，完善文旅产业数据收集、整理分类、数据分析等，推动传统文化基础设施转型升级。依托大数据、云计算、5G、人工智能等新技术，实现数字化全程管理，打通"数字化采集—网络化传输—智能化计算"数字链条。

（四）有效开展文旅产品精准化营销

数字营销能够让营销信息传递更有效，并且在文旅产业应用的历程中挖掘了大量潜在消费者。数字化营销体现了很强的信息集成性、丰富性、跨时空性、经济性、个性化特点，网络营销价值将越来越被凸显。

课题组调研发现，河南省部分区域在文化旅游产品的营销上尚不能有效利用最新技术手段，多方面的局限性制约着文旅产业的高质量发展。从各大文旅产业的数字化程度来看，河南省很多景区虽然开始了所谓数字化的建设和运营，但客观上，无论是从技术路线选择来看，还是从实际的运营效果来看，现阶段还比较初级，尚有很大发挥空间。数字文旅绝不仅仅是网上预约、刷脸进园、智能停车、5G 覆盖等内容。龙门石窟作为河南数字化程度最高的景区，与故宫相比，仍有较大差距，尤其在数字化营销和相关的数字产业开发方面。从网站到微信、微博、抖音等传播平台，故宫已建立较为完备的全媒体传播体系，截至 2021 年初，故宫微博粉丝 1020.1 万，抖音账号"带你看故宫"粉丝也达到 50.7 万，并推出故宫系列抖音账号；而龙门石窟的微博粉丝仅有 5.2 万，抖音粉丝达 16.8 万。

文旅企业应以游客为导向，找准目标客源市场，运用新媒体思维，整合运用新媒体传播工具与渠道，以数据为主支撑，深入挖掘数字潜力，预测市场，指导营销。一是构建一站式电商服务平台，建立景区大数据营销系统，推出创新型旅游产品——景区旅游惠民卡、美食积分消费卡、出行租车折扣卡等，解决地方游客数量少的问题、促进消费积累存量，增强会员黏性，展现对"人"

和"群体"的精准定位，组建大数据营销联盟。二是把握搜索引擎，实施主动营销，关注大众检索习惯，分析不同人群的消费需求，有针对性地建立营销方式，在数字化的基础上，加大资源整合，保持精准性。采取基于沟通社交的互动营销策略，建立数字化社交互动平台，建立主题促销策略，优化景区故事促销策略，通过故事的叙述和传播，引发游客共鸣。以优秀的产品和服务，提高知名度和美誉度。三是建立景区大数据营销系统，展现对"人"和"群体"的精准定位，组建大数据营销联盟，构建消费者服务平台。通过各渠道数据的记录和分析，去揣摩、挖掘用户需要什么。根据用户画像和标签定制发送策略，实现智能化的精准触达，让营销更智能、获客更容易。带动景区智慧化转型，为景区带来流量，有效提升景区收益，且让游客旅游无门槛、出行更优惠。同时在数字化的基础上，加大资源整合，保持精准性。四是依托5G、大数据等新技术，云直播、云看展、云娱乐等新业态开始出现，如AI互动、3D表演、AR沉浸式体验、文物复原、文物游戏等技术的运用，并结合基于沟通社交的互动营销策略，建立数字化社交互动平台，建立主题促销策略，优化景区故事促销策略，通过故事的叙述和传播，引发游客共鸣。以优秀的产品和服务，提高知名度和美誉度。

（五）加强复合型数字文旅人才培养

旅游产业数字化，人才是关键，应发挥高校、研究机构在旅游产业数字化中的服务协调作用。大数据浪潮下，文旅产业对人才培养产生了新要求，文旅从业人员要具备数据采集和处理的能力，具备数据运营和管理的能力，具备利用大数据分析处理模型的能力，具备数据思维挖掘数据价值的能力。

课题组调研发现，目前文旅产业的人员结构分布上，旅游类服务型人员占比过半，管理型人员、技术型人员占比一般。河南省部分区域文旅产业在人才储备及未来人才需求上愈来愈向文旅数字化人才靠近。对于文旅人才的需求，能力表现为熟练掌握云计算、大数据分析、人工智能等专业知识，此类人才对应岗位有旅游大数据分析师等，能够快速高效地分析和处理消费者相关数据、有针对地设计营销旅游产品和服务。

文旅数字化人才职业面向可定位为数据分析、新媒体运营、智慧旅游产品设计、智慧旅游系统运维等相关岗位，旅游大数据分析、新媒体运营等相关技术流程的熟悉和简单应用是适应岗位的核心，也是职业面向岗位能力的核心。因此，现代文旅产业需要的是"旅游＋技术"的复合型旅游人才，要具有足够的旅游专业综合知识、数据分析与运营决策能力、智慧旅游产品设计能力、系统运行与维护能力等。那么，培养具备数据分析、新媒体运营、智慧旅游产品设计、系统运维的智慧旅游技术应用的复合型人才，是当代文旅产业数字化转型过程中的重要一步，也是推动其高质量发展不可或缺的关键点。一要做好顶层设计工作，根据区域文旅产业发展状况、人才需求特征和高校的办学条件，制定数字经济背景下文旅人才培养发展战略。应该把数字旅游人才纳入河南省紧缺急需人才库，重点突出对人才的数字化思维和数字技术应用能力方面的培养，着力打造一批旅游专业理论功底深厚、数字技术过硬的数字文旅专业人才。二要大力培养"数字化思维＋技能技术型"旅游人才，既懂旅游专业知识，又懂数字技术，具备良好的数字化思维和旅游专业知识。打造通识教育、数字教育、专业教育、创新创业教育"四位一体"的课程体系，既需要考虑学分、学时的限制，也需要考虑知识体系的完整性和统一性，确保课程模块的有效衔接；三要加强师资培训，为文旅专业教师普及数字化知识，不断提升教师的教育教学水平。依据课程导师制度，开创"1＋2＋N"人才培养模式，开发一个微信小程序平台，依据就业岗位和双创两个目标，选择多门课程。开发微信小程序，建立课程导师制度，课程导师指导学生依据职业生涯规划，以就业岗位为目标选择课程，用兴趣引导课程，将双创融入教学，推进人才培养模式的更新。

参考文献

［1］邓兴兴．互联网＋AR 动画提升文旅产业附加值研究——以重庆永川文旅产业建设为例［J］．新媒体研究，2020，6（12）：102 - 104.

［2］段正梁，刘桂兰．5G＋智慧文旅在博物馆中的应用研究［J］．湖南包装，2021，36（4）：69 - 72.

［3］刘宗媛，赵甜，周一平，等．基于区块链的智慧旅游研究分析［J］．网络空间安全，2020，11（12）：100－105.

［4］陶萍，周奕彤．文化旅游产业的国外经验借鉴研究［J］．商业经济，2020（4）：2.

［5］王娟．国外文化旅游若干问题研究综述［A］//.2019 中国旅游科学年会论文集［C］．2019：338－348.

［6］张骥，杨文昕，梁晓辉，等．5G 智慧文旅在宽窄巷子景区的应用探索［J］．通信与信息技术，2020（5）：50－54.

文化和旅游产业的数字化应用研究
——以文旅融合时代优秀历史建筑数字化保护利用为例

上海旅游高等专科学校　施蓓琦

一、优秀历史建筑价值构建与数字化利用概况

中华文化，源远流长。优秀的历史建筑是中华文化的标志与符号，对当前的社会发展及人民生活有着多方面的功能和影响。新一代数字技术的快速发展，为历史建筑及历史文化街区的保护及活化利用提供了新的可能——在弘扬传统文化的基础上，以现代形态诠释并传播历史文化的价值与精神。本文第一部分主要探讨的是优秀历史建筑的意义与功能、当前各地运用数字化技术活化利用历史建筑及文化街区的概况介绍。

（一）优秀历史建筑价值构建

历史建筑是我国优秀传统文化的结晶，包含了自古以来我国人民的探索精神、创新精神和实践精神等。党的十八大以来，"美好生活"成为党的奋斗指引，在党的十九大报告中出现多达 14 次，已成为习近平新时代中国特色社会主义思想的核心概念。美好生活是一个复合概念，有"真、善、美""令人愉快幸福"的内涵，人民群众的需求已经从"物质文化需求"更多地转向了对美好生活的需求，精神文化追求成了民生幸福的应有之义，也是实现美好生活的保障（呼和，2019）。文化铸就国民之神魂。所有见证过历史的建筑

无疑都带有其独特的文化精神内涵，置身其中，能够让市民、游客更立体地聆听过往、触摸历史、品味文化，以中华优秀传统文化疏解当代人们的焦虑与压力，哺育自尊自信、理性平和、积极向上的社会心态，实现人们对美好生活的盼望。

历史与文化是一座城市的文明根脉。散落在城市各处的历史建筑，历经岁月淘洗，凝结着一座城市的发展历程，它是一座城市发展与变迁的见证者。保护并利用好历史建筑，打造古今融合、具有东方风韵的城市风貌，是继承城市文脉、提升城市品质的重要举措。守护好历史建筑，讲述蕴藏其中的动人故事，传播城市文脉的厚重与博大精深，后来者就能够在这里探寻时光记忆，领悟历史变迁，生出对这座城市、这个民族、这个国家的归属感、认同感和自豪感（胡宇齐，2020）。建筑不仅是城市内涵的"文化名片"，更是城市旅游的"形象代言"，能根植于人们的脑海里，散发着城市的独特魅力。中国许多城市的旅游业都是以当地的历史建筑为支撑。例如"红色圣地"遵义，为国人所知就是因为这里曾召开过著名的遵义会议。遵义会议会址、娄山关等成为吸引游客的重要资源，回首往昔峥嵘，缅怀革命先烈，在此感受不朽的红色精神；也有依托伟大历史人物或事件而衍生的建筑，以此来开发旅游产品。湘潭有毛泽东同志故居、彭德怀同志故居等闻名遐迩的革命遗址，有湘潭城区第一个中共支部旧址关圣殿、青年毛泽东郊游借宿的昭山昭阳寺（谷桔和成青，2019）。这些历史建筑用无声的语言诉说着烽火岁月，是历史赠予我们的宝贵精神财富。作为城市重要的文化标志，优秀历史建筑不仅能够提升城市人文内涵和知名度，还能带动和辐射城市旅游业的发展，推动打造旅游城市名片，塑造旅游城市形象。

"以文塑旅，以旅彰文"文化与旅游密不可分。旅游本质上是一种文化体验行为。在北京，不仅朱墙金瓦的故宫在讲述着国家兴衰，那胡同深处的四合院，交织着一代又一代平民百姓的市井生活气息。同样，在水乡乌镇，那黛瓦白墙的幽深小院承载着江南的辗转变迁；顺德古城里的宗祠，在细腻传达着岭南地域文化的灵性……文化是旅游的核心资源。游客通过旅游实现了文化交流与文化认同。历史文化风貌区和优秀历史建筑承载着城市记忆，是极为珍贵的历史文化资源，是城市软实力的重要组成部分。保留城市历史文化记忆需要富有创意的"打开方式"，把有深度的故事讲得有温度，把有精神的故事讲得更精彩。历史遗存既连接历史，又与现代人的生活相连接，在保护的基础上，应该赋予其多样化的功能，使其在合理利用中获得新的生命。在新冠疫情期间，"就地休闲"进入人们视野，这是将休闲融入人们的生活常态，不出远门便能享受诗意的休闲环境，为人们的平淡生活增添愉悦曼妙的一抹光彩。历史建筑作为一种文化遗存，它本身或许并非为城市休闲空间而建，但对于当地居民，历史建筑与历史文化街区是他们在城市中休闲的重要内容和空间。历史建筑遗产有助于建立现代和过去的连接，帮助营造一种充满历史感和文化感的休闲空间，这是该地域独有的文化空间，而这种独特性本身也构成了一种情感体验，这种情感体验是一个城市休闲空间最大的魅力所在，是城市休闲空间的特色所在。

（二）优秀历史建筑数字活化利用概况

建筑是一座城市发展中的历史与文化肌理，近年来，社会各界保护历史建筑及历史街区的呼声渐高。2021 年初，《住房和城乡建设部办公厅关于进一步加强历史文化街区和历史建筑保护工作的通知》要求各地加大投入，修复更新历史街区，不断提高历史文化街区的宜居性。在保护风貌和典型构件的基础上，支持和提升文物建筑的现代功能，并将其与城市生活有机地联系起来。众所周知，老房子越闲置越容易老化，历史建筑因闲置而疏于维护，结果导致损毁、倒塌甚至被拆除屡见不鲜。与之相反的是，一些地方利用先进的数字化技术对一些历史建筑及街区进行了活化利用，更好地保护、传播与提升了历史文化遗址及其场所精神。"活化利用"即有原则地保留建筑的原有表皮和内部结构，并为其引入适应社会发展的业态功能，注入新的活力，是一种建筑更新方式。这种方式不是粗暴地破坏和掩盖，而是对一条街道、一栋建筑充分了解后，掌握其发展需求、价值体现和功能需求，将这些元素同科技和生活有机结合，以实现历史建筑的活化利用（李美萱，2021）。

活化利用历史世界建筑，其基础在于科学地保护和管理。早在 2017 年，在耶路撒冷圣墓教堂修复中，先利用 3D 激光扫描对教堂的现存状况进行评估，之后再开展相应的保护工作，最后以相关数字技术进行监测和监控，科学开展后续修复工作。修复后的教堂吸引全世界的旅游者来参观，在保护的同时也就推动了可持续旅游的发展（李佳霖，2021）；而在 2021 年 8 月的上海，利用无人机对和平饭店进行"体检"，搭载高清摄像头和红外摄像头对准和平饭店，排查外墙及附属物高空坠物安全隐患，并通过 5G 通信技术将无人机高空拍摄的画面实时回传，为这座百年建筑的后续保护工作提供了极大的便利。历史建筑数字化保护的优势明显，还体现在历史建筑的数字化测绘建档工作上。利用三维激光扫描、无人机倾斜摄影测量等数字化测绘技术，引入超级计算机进行数据处理，极大地提升了建筑测绘的工作效率及成果的准确性（刘志峰等，2015）。2020 年珠海市为历史建筑建立了一张基础信息表，记录了历史建筑的编号、名称、地址、面积、保存现状、价值评估、业权人等基本信息，并利用 GIS 软件将历史建筑的基本信息与建筑的地理信息相关联，导入现行规划信息数据库，实现历史建筑信息的系统化管理，为历史建筑的保护修缮与日常维护提供高精数据（刘志峰等，2015）。

利用数字化技术优势，可以打破时空界限，让历史建筑在人们的生活中活化。2019 年，瑞士日内瓦研究人员对庞贝古城进行了数字化的视觉呈现，利用增强现实技术将虚拟的数字文化内容信息叠加在现实的庞贝古城文化遗迹环境中，游客能在真实的文化遗迹现场环境中体验到遗迹背后的历史情境。在我国，历史建筑及文化街区的数字化应用也日渐广泛。2021 年 8 月，沈阳市在市级以上文物保护单位设置讲解二维码，通过文化 + 数字，赋能历史建筑"发声"，通过扫描二维码，可以展现文物建筑的历史沿革、立体影像及历史故事等多维信息，了解老建筑的前世今生事，推动历史建筑可阅读、可感知、可欣赏、可参与、可消费（黄利军，2021）。2021 年 9 月，上海发布《上海市社会主义国际文化大都市建设"十四五"规划》①，提出深化"建筑可阅读"项目，扩大历史保护建筑、文物保护单位开放广度深度。自 2018 年起，基于《上海市标志性建筑智慧导览服务质量要求》，上海开始推进"建筑可阅读"工作，迄今已有超过 2400 处历史建筑设有专属二维码，方便市

---

① 上海市人民政府网. 上海市社会主义国际文化大都市建设"十四五"规划［EB/OL］. 2021 - 09 - 02, https：//www. shanghai. gov. cn/nw12344/20210902/167294c60727444f8ac1d84b65fbbb70. html.

民、游客扫码获取文字、实景图、音频、视频、VR 全景导览等，许多关于风貌区历史建筑的音频故事，由生活在此地的居民亲身讲述，给游客和市民营造了沉浸式氛围，消除了历史的距离感，增强了真实性和现实性。2021 年，为推进"四史"的学习，举办了"上海市保护建筑中的红色印记"展览，民众可以通过扫描二维码，在线阅读上海市 71 处红色保护建筑。从空间展示到移动观看，从图文概览到脉络延展，引导民众走进建筑实地，打开建筑阅读、溯源史实的多种途径与立体视角。将科技元素、消费场景与文化内涵相融合，利用新技术、新方式推动优秀历史建筑及历史文化街区转型发展升级，近年来，成都宽窄巷子步行街挖掘了一批川菜名师、民间艺人，为其接入抖音、快手、淘宝等线上直播平台，扩大了传播范围，提高了影响力，也极大地增加了经济效益。

现代化数字技术的发展使得历史建筑与历史文化街区能更有效地得到保护和活化利用；借助新型技术手段，对优秀传统文化进行多样化的传播，让历史与文化"年轻"起来，重新展现活力。

二、优秀历史建筑保护数字化应用现状调研

优秀历史建筑的保护和再利用是现代城市发展进程中所面临的重要课题，为了促使优秀历史建筑得以长远传承并发挥价值，对于优秀历史建筑的保护已逐渐进入数字化领域。然而，数字化应用在优秀历史建筑的保护与文化传承方面正处于全新的起点，目前数字化技术的应用存在评判标准缺失、功能单一等问题。为此，第二部分将构建优秀历史建筑保护数字化应用调研评价指标体系，并对所选取的调研样本数字化应用现状开展深入的评估和测量。

（一）优秀历史建筑保护数字化应用调研评价指标体系的构建

为了客观、全面且科学地评估和测量优秀历史建筑保护数字化应用的现状，课题组结合史甜甜等（2021）对中国 5A 级旅游景区微信公众号功能建设水平

测算指标研究成果，在遵循科学性、明确性、系统性和可量化性原则的基础上，确定了含 6 项一级指标、16 项二级指标的优秀历史建筑保护数字化应用调研评价指标体系。

1. 评估指标原则

（1）科学性原则。评价指标体系中的同层级的指标因素满足相互作用的规律。客观是科学的基础，即对于评价指标体系的构建应当尽量以客观因素作为评价指标，尽量减少以主观因素作为评价指标。

（2）明确性原则。所建立的指标体系应当清晰易懂、具体且明确，以便于用户快速且准确地辨别指标表达的含义，做出与用户真实体验感相符的评价。

（3）系统性原则。所建立的指标体系层次分明，且各个层次之间有清晰的逻辑关系、形成一定的秩序，同时该指标体系应当能够全面地评价优秀历史建筑保护数字化应用的现状。

（4）可量化原则。在构建评估体系时应尽可能地把所有可量化的部分用数字表示，指标的选取应以可定量分析为主，从而达到将用户体验以数字的方式来进行描述。

2. 评估框架

微信作为流量较为集中的一大社交平台，由其所运营的公众号和小程序是用户获取信息和服务的主要途径，同时也是企业直接和高效触达客户的重要渠道，更是旅游景区与游客进行直接互动和交流的重要媒介。我国对于景区运营公众号研究的方向主要集中于公众号的影响力（武传表，2020）、营销策略（耿蕊，2021）和优化策略（刘慧蒙和武传表，2021）等方面，而对于景区公众号和小程序用户体验评价指标体系的构建方面研究甚少，在国内也尚未形成系统的评估模型和理论。在这个信息化时代，通常媒体型公众号的质量评估主要聚焦于推送文章的质量、是否具有自身的鲜明特色、与粉丝的互动性、发布文章的持续性等方面，对于旅游景区等的服务型公众号和小程序则更注重其实用性、服务内容是否到位，用户对于微信公众号和小程序的服务质量和能力也有更高的要求。因此，为从用户体验的角度评估优秀历史建筑保护数字化服务质量，本文主要通过文献调研（刘航宇，2017；赖璨和欧石燕，2020；石和平，2020；秦祖明，2019；赵雪芹和王少春，2019；林紫霞，2019；方圆，2018），从相关研究成果中统计、归纳、总结并完善微信公众号及小程序用户体验的评价指标，并结合有关优秀历史建筑类公众号及小程序的自身特点，构建和确定了评价优秀历史建筑数字化保护及活化利用现状的 6 项一级指标、16 项二级指标。如图 1 所示，本文将从服务、信息、用户体验、有效性、界面美观性和满意度六大板块对优秀历史建筑保护数字化的服务质量进行全方位的评估和测量。

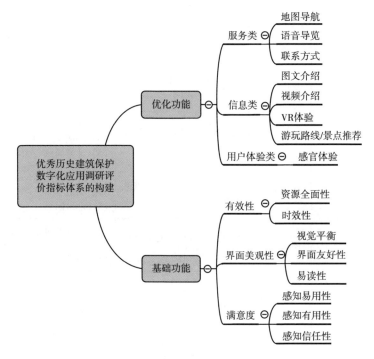

图 1　优秀历史建筑保护数字化应用调研评价指标体系的构建

资料来源：笔者绘制。

3. 评估指标说明

基于文献分析法对微信公众号和小程序功能进行初步筛选后，从基础功能和优化功能两大测度板块出发，共梳理出 16 个指标进行测度，（1）代表非常不

同意、（2）代表不同意、（3）代表一般、（4）代表同意、（5）代表非常同意，
3 分以上则代表该项指标具有一定重要性。优化功能主要包含服务、信息和用
户体验三大板块，主要用于测度旅游类的公众号和小程序用户服务质量的客观
变量。优化功能包括地图导航、语音导览、联系方式、图文介绍、视频介绍、
VR 体验、游玩路线/景点推荐、感官体验 8 个指标。基础功能主要包含有效性、
界面美观性和满意度三大板块，主要针对微信公众号的基础功能进行测度。基
础功能测度主要包含资源全面性、时效性、视觉平衡、界面友好性、易读性、
感知易用性、感知有用性、感知信任性 8 个指标，见表 1。

表 1 优秀历史建筑保护数字化应用调研评价指标说明

功能分类	一级指标	二级指标	指标说明	测度
优化功能	服务	地图导航	是否提供历史建筑定位导航或在线地图导览	（1）非常不同意 （2）不同意 （3）一般 （4）同意 （5）非常同意
		语音导览	是否提供专业历史建筑导游解说	（1）非常不同意 （2）不同意 （3）一般 （4）同意 （5）非常同意
		联系方式	是否提供联系方式可供电话或在线咨询	（1）非常不同意 （2）不同意 （3）一般 （4）同意 （5）非常同意
	信息	图文介绍	是否提供图片和文字对历史建筑加以介绍	（1）非常不同意 （2）不同意 （3）一般 （4）同意 （5）非常同意
		视频介绍	是否提供视频对历史建筑加以介绍	（1）非常不同意 （2）不同意 （3）一般 （4）同意 （5）非常同意
		VR 体验	是否运用 VR 技术给游客带来沉浸式观赏体验	（1）非常不同意 （2）不同意 （3）一般 （4）同意 （5）非常同意
		游玩路线/景点推荐	是否为附近优秀历史建筑、游玩路线进行建议和推荐	（1）非常不同意 （2）不同意 （3）一般 （4）同意 （5）非常同意
	用户体验	感官体验	是否符合用户的浏览和操作习惯并给用户带来舒适的体验感	（1）非常不同意 （2）不同意 （3）一般 （4）同意 （5）非常同意

功能分类	一级指标	二级指标	指标说明	测度	
基础功能	有效性	资源全面性	所提供的历史建筑信息是否全面	(1) 非常不同意 (3) 一般 (5) 非常同意	(2) 不同意 (4) 同意
		时效性	是否及时更新信息,拥有较新的历史建筑信息	(1) 非常不同意 (3) 一般 (5) 非常同意	(2) 不同意 (4) 同意
	界面美观性	视觉平衡	图形、文字、留白等界面元素是否平衡和协调	(1) 非常不同意 (3) 一般 (5) 非常同意	(2) 不同意 (4) 同意
		界面友好性	是否以用户体验为导向,有较强的界面表达吸引力和传染力	(1) 非常不同意 (3) 一般 (5) 非常同意	(2) 不同意 (4) 同意
		易读性	用户查看内容是否便捷,是否便于区分各个板块的内容	(1) 非常不同意 (3) 一般 (5) 非常同意	(2) 不同意 (4) 同意
	满意度	感知易用性	是否认为使用该小程序或公众号不需要花费太大精力,使用非常便捷	(1) 非常不同意 (3) 一般 (5) 非常同意	(2) 不同意 (4) 同意
		感知有用性	是否认为使用该小程序或公众号能够帮助获取有价值的信息	(1) 非常不同意 (3) 一般 (5) 非常同意	(2) 不同意 (4) 同意
		感知信任性	是否相信使用该小程序或公众号能为自己带来安全,且所提供的信息是可靠的	(1) 非常不同意 (3) 一般 (5) 非常同意	(2) 不同意 (4) 同意

资料来源:笔者整理。

(二)优秀历史建筑保护数字化应用调研样本选取

近年来,随着现代信息技术在政治、经济、文化等领域的广泛应用,全球进入数字时代。2018 年,文化和旅游部提出通过科技推动文化和旅游在经营层面的深度融合,各类信息技术的新变化对旅游业产生了深远的影响。微信作为我国覆盖面最广的移动互联网应用程序,已成为影响旅游生产与消费的核心要素。其中,微信公众号和小程序是影响旅游者消费决策与实践的重要媒介。见

表 2，选取 5 个具有代表性的省市。其中，长三角区域是全国经济最为发达、城市化程度最高的区域之一，旅游资源丰富，自然和人文景观类别齐全，是我国重要的文化旅游资源集中分布区，对旅游景区及优秀历史建筑保护数字化的服务推广也处于较领先位置；山东作为中国文明的重要发源地之一，遗留了大量的古建筑遗址。而近代，青岛因其独特的山海文化，在全国乃至世界旅游城市中都有很强的影响力，智慧旅游服务及景区、建筑数字化改造水平较高；辽宁历史悠久，文物古迹众多，是全国旅游大省和文化大省之一，旅游业的发展也在全国处于较为领先的位置。在对其内容的丰富性和操作方便性进行对比之后，最终选取了上海市建筑可阅读小程序、兴化历史建筑公众号、名城杭州微信公众号、营口市历史建筑小程序、青岛文物保护建筑 5 个公众号或小程序作为本次的调研样本。

表 2　　　　　　　　优秀历史建筑保护数字化应用调研样本选取

序号	地区	公众号/小程序名称	主办单位
1	上海	上海市建筑可阅读小程序	上海市文化和旅游局
2	江苏	兴化历史建筑公众号	兴化市自然资源和规划局
3	浙江	名城杭州微信公众号	杭州市文物遗产与历史建筑保护中心
4	辽宁	营口市历史建筑小程序	营口市文化旅游和广播电视局
5	山东	青岛历史建筑公众号	青岛市建筑工务发展中心（青岛市历史建筑保护利用中心）

资料来源：笔者整理。

（三）优秀历史建筑保护数字化应用调研结果分析

1. 研究方法描述

（1）层次分析方法。层次分析法简称 AHP，是指将与决策总是有关的元素分解成目标、准则、方案等层次，在此基础之上进行定性和定量分析的决策方法。层次分析法是将决策问题按总目标、各层子目标、评价准则直至具体的备投方案的顺序分解为不同的组成因素，并按照因素间的相互关联影响以及隶属关系将因素按不同层次聚集组合，形成一个多层次的分析结构模型，从而最终使问题归结为最低层（供决策的方案、措施等）相对于最高层（总目标）的相对重要权值的确定或相对优劣次序的排定。

（2）差异分析法。差异性分析法是一种用于检验两组非相关样本被试所获得的数据的差异性的分析方法。本文主要从视觉平衡、感官体验、界面友好性、易读性资源全面性和语音导览六大方面出发，对不同性别的上海建筑可阅读小程序使用者的体验感进行差异性分析，从而对从需求角度对优秀历史建筑保护数字化应用现状进行更全面的评估。

2. 测评结果分析

（1）基于层次分析法测评结果分析。对于每一款公众号和小程序，课题组根据问卷用户对各项二级指标的打分计算出其平均得分，各项二级指标得分乘以其本层权重并加总可以获得公众号和小程序各一级功能建设水平得分，各一级功能指标得分乘以其本层权重并加总可以获得公众号和小程序功能建设水平的整体综合得分。5个公众号或小程序的综合得分情况如图2所示。

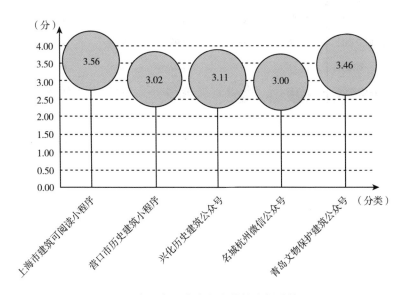

图2　5个公众号或小程序的综合得分情况

资料来源：笔者据问卷计算结果绘制。

　　上海市建筑可阅读小程序的综合得分最高（3.56 分），其次是青岛文物保护建筑公众号（3.46 分）；营口市历史建筑小程序、兴化历史建筑公众号、名城杭州微信公众号的综合得分较为接近（3.02 分、3.11 分、3.00 分），其中兴化历史建筑公众号较高一些（3.11 分）。

　　如图 3 所示，5 个公众号或小程序在用户体验类、有效性、界面美观性及满意度方面都做得比较好，得分比较平均且都在 4.00 分以上。上海市建筑可阅读小程序和青岛文物保护建筑公众号服务类得分领先于其他 3 个公众号或小程序，达到了 4.00 分以上，青岛文物保护建筑公众号仅稍逊上海市建筑可阅读小程序 0.05 分，其余 3 个得分都在 2.00 分以下，其中营口市历史建筑小程序得分最低，仅为 1.72 分。5 个公众号或小程序在信息类方面做得都不是很好，除兴化历史建筑公众号外，其余 4 个公众号或小程序均缺少视频介绍、VR 体验和游玩路线/景点推荐中的至少两类，得分都在 3.00 分以下，而兴化历史建筑公众号的得分也仅为 3.11 分。

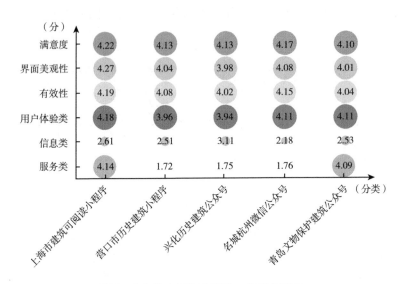

图 3　5 个公众号和小程序一级指标得分

资料来源：笔者据问卷计算结果绘制。

　　（2）优秀历史建筑应用公众号和小程序测评结果分析。根据测评用户的反馈，课题组对 5 个被试公众号或小程序的优缺点进行了总结分析，见表 3～表 7。

　　上海市建筑可阅读小程序的优点在于其界面设计美观、有海派文化气息、符合大部分用户的审美标准。其收录历史建筑齐全，且提供了开放时间、预约方式及预约电话等信息，并按照行政区分类，便于用户查找。地图导航功能精准且设置了附近的建筑推荐，为用户的出游提供了参考。同时设置了打卡功能，增加用户使用趣味性。其主要缺陷在于信息介绍只有图文、缺少视频介绍和 VR 体验、用户在获取历史建筑信息时形式过于单一，可能会影响到用户的使用意愿。

表3　　　　　　　　上海市建筑可阅读小程序用户测评结果

二级指标	二级指标权重	二级指标得分	一级指标	一级指标权重	一级指标得分	总分
地图导航	0.37	4.28	服务类	0.19	4.14	
语音导览	0.44	4.06				
联系方式	0.19	4.05				
图文介绍	0.37	4.29	信息类	0.17	2.61	
视频介绍	0.24	0.00				
VR 体验	0.15	0.00				
游玩路线/景点推荐	0.24	4.21				
感官体验	1.00	4.18	用户体验类	0.09	4.18	3.56
资源全面性	0.65	4.21	有效性	0.12	4.19	
时效性	0.35	4.16				
视觉平衡	0.22	4.25	界面美观性	0.10	4.27	
界面友好性	0.32	4.26				
易读性	0.46	4.29				
感知易用性	0.34	4.15	满意度	0.25	4.22	
感知有用性	0.38	4.28				
感知信任性	0.28	4.24				

　　资料来源：笔者整理。

青岛文物保护建筑公众号的优点在于公众号的资源体量大、形式丰富，可以有更多的内容展现。"建筑列表""建筑简介""建筑查询"等功能分区逻辑清楚，并单独开设"丈量青岛"小程序，直接给用户推荐了体验路线，界面美观。其缺点在于由于是公众号，各项内容分布在不同的功能分区，且各项功能中具体内容有重合之处，用户查找信息较为烦琐，建议将小程序单独开发使用。

表4 青岛文物保护建筑公众号

二级指标	二级指标权重	二级指标得分	一级指标	一级指标权重	一级指标得分	总分
地图导航	0.37	4.21	服务类	0.19	4.09	
语音导览	0.44	4.02				
联系方式	0.19	4.05				
图文介绍	0.37	4.16	信息类	0.17	2.53	
视频介绍	0.24	0.00				
VR体验	0.15	0.00				
游玩路线/景点推荐	0.24	4.09				
感官体验	1.00	4.11	用户体验类	0.09	4.11	3.46
资源全面性	0.65	4.07	有效性	0.12	4.04	
时效性	0.35	3.98				
视觉平衡	0.22	4.03	界面美观性	0.10	4.01	
界面友好性	0.32	4.18				
易读性	0.46	3.89				
感知易用性	0.34	3.82	满意度	0.25	4.10	
感知有用性	0.38	4.22				
感知信任性	0.28	4.28				

资料来源：笔者整理。

兴化历史建筑公众号的优点在于对建筑的讲解方式，其不仅具有图文介绍、语音导览及视频介绍，也有VR体验功能可供用户选择。并且，该公众号对每个建筑都制作了专属的二维码，用户也可以通过扫描二维码了解该处的历史建筑的 VR 场景及收听语音介绍，使用户随时随地漫步兴化古建。其缺点在于图文界面不够美观、建筑本身的信息过少，部分用户出现了页面卡顿及加载缓慢等问题，有待优化。

表5   兴化历史建筑公众号

二级指标	二级指标权重	二级指标得分	一级指标	一级指标权重	一级指标得分	总分
地图导航	0.37	0.00	服务类	0.19	1.75	
语音导览	0.44	3.99				
联系方式	0.19	0.00				
图文介绍	0.37	4.27	信息类	0.17	3.11	
视频介绍	0.24	3.88				
VR 体验	0.15	3.96				
游玩路线/景点推荐	0.24	0.00				
感官体验	1.00	3.94	用户体验类	0.09	3.94	3.11
资源全面性	0.65	4.04	有效性	0.12	4.02	
时效性	0.35	3.99				
视觉平衡	0.22	3.88	界面美观性	0.10	3.98	
界面友好性	0.32	4.03				
易读性	0.46	4.00				
感知易用性	0.34	4.01	满意度	0.25	4.13	
感知有用性	0.38	4.18				
感知信任性	0.28	4.21				

资料来源：笔者整理。

营口市历史建筑小程序的优点在于小程序用户使用较为方便、建筑收录齐全、信息介绍内容丰富，且有视频介绍。其缺点在于各板块功能设置过于简单，仅有"景区简介"和"景点讲解"两个选项，操作简便但趣味性较低，界面当中文字、图片排版美观性较差，且系统不稳定、加载速过度慢，容易出错，影响用户体验。

表6 营口市历史建筑小程序用户测评结果

二级指标	二级指标权重	二级指标得分	一级指标	一级指标权重	一级指标得分	总分
地图导航	0.37	0.00	服务类	0.19	1.72	3.02
语音导览	0.44	3.94				
联系方式	0.19	0.00				
图文介绍	0.37	4.14	信息类	0.17	2.51	
视频介绍	0.24	4.05				
VR 体验	0.15	0.00				
游玩路线/景点推荐	0.24	0.00				
感官体验	1.00	3.96	用户体验类	0.09	3.96	
资源全面性	0.65	4.08	有效性	0.12	4.08	
时效性	0.35	4.09				
视觉平衡	0.22	4.02	界面美观性	0.10	4.04	
界面友好性	0.32	4.07				
易读性	0.46	4.03				
感知易用性	0.34	3.98	满意度	0.25	4.13	
感知有用性	0.38	4.21				
感知信任性	0.28	4.23				

资料来源：笔者整理。

名城杭州微信公众号的优点在于设立了许多特色的活动分区，例如"杭州历史建筑·蝶变新生""足不出户逛杭城"和"城市记忆活动"等，图文介绍内容也很丰富，并提供 VR 全景漫游。同时增加了场馆预约功能，提高了用户预约参观的便捷性。但是其缺点同样在于作为公众号，使用没有小程序方便。同时缺乏地图导航和游览路线推荐及周边景点推荐，可预约的场馆较少，后续更新可以加入更多的景点预约。

表7   名城杭州微信公众号

二级指标	二级指标权重	二级指标得分	一级指标	一级指标权重	一级指标得分	总分
地图导航	0.37	0.00	服务类	0.19	1.76	
语音导览	0.44	4.03				
联系方式	0.19	0.00				
图文介绍	0.37	4.23	信息类	0.17	2.18	
视频介绍	0.24	0.00				
VR 体验	0.15	4.01				
游玩路线/景点推荐	0.24	0.00				
感官体验	1.00	4.11	用户体验类	0.09	4.11	3.00
资源全面性	0.65	4.17	有效性	0.12	4.15	
时效性	0.35	4.12				
视觉平衡	0.22	4.04	界面美观性	0.10	4.08	
界面友好性	0.32	4.11				
易读性	0.46	4.08				
感知易用性	0.34	4.08	满意度	0.25	4.17	
感知有用性	0.38	4.20				
感知信任性	0.28	4.25				

资料来源：笔者整理。

（3）优秀历史建筑应用小程序公众号满意度分析，参见表8。

表8   优秀历史建筑保护数字化应用小程序公众号满意度分析   单位：%

类别	非常满意					满意				
	上海	营口	兴化	杭州	青岛	上海	营口	兴化	杭州	青岛
视觉平衡	0.45	0.32	0.26	0.36	0.34	0.40	0.39	0.43	0.42	0.39
感官体验	0.38	0.27	0.26	0.35	0.31	0.46	0.45	0.44	0.50	0.49
界面友好性	0.42	0.32	0.31	0.36	0.34	0.44	0.45	0.42	0.47	0.49
易读性	0.41	0.29	0.33	0.32	0.37	0.48	0.49	0.40	0.45	0.45
感知易用性	0.38	0.29	0.37	0.39	0.34	0.42	0.44	0.35	0.42	0.40
感知有用性	0.42	0.38	0.34	0.38	0.36	0.46	0.46	0.51	0.46	0.51
感知信任性	0.38	0.41	0.39	0.40	0.39	0.49	0.42	0.43	0.46	0.50

续表

类别	非常满意					满意				
	上海	营口	兴化	杭州	青岛	上海	营口	兴化	杭州	青岛
资源全面性	0.38	0.33	0.29	0.34	0.34	0.46	0.41	0.47	0.48	0.48
时效性	0.35	0.33	0.27	0.35	0.33	0.47	0.44	0.48	0.44	0.41
语音导览	0.31	0.28	0.33	0.32	0.33	0.46	0.41	0.41	0.43	0.43
图文介绍	0.38	0.37	0.38	0.38	0.37	0.54	0.48	0.52	0.46	0.49
地图导航	0.38	0.00	0.00	0.00	0.38	0.52	0.00	0.00	0.00	0.46
视频介绍	0.00	0.34	0.00	0.00	0.00	0.00	0.46	0.00	0.00	0.00
VR 体验	0.00	0.00	0.29	0.34	0.00	0.00	0.00	0.45	0.47	0.00
游玩路线/景点推荐	0.35	0.00	0.00	0.00	0.32	0.51	0.00	0.00	0.00	0.46
联系方式	0.30	0.00	0.00	0.00	0.30	0.52	0.00	0.00	0.00	0.52

类别	一般					不满意				
	上海	营口	兴化	杭州	青岛	上海	营口	兴化	杭州	青岛
视觉平衡	0.11	0.26	0.23	0.20	0.22	0.03	0.02	0.08	0.03	0.05
感官体验	0.13	0.24	0.26	0.14	0.19	0.03	0.04	0.03	0.02	0.01
界面友好性	0.12	0.20	0.25	0.17	0.17	0.02	0.03	0.02	0.01	0.00
易读性	0.09	0.17	0.20	0.21	0.17	0.02	0.05	0.07	0.02	0.02
感知易用性	0.15	0.22	0.20	0.15	0.19	0.04	0.05	0.07	0.05	0.07
感知有用性	0.10	0.14	0.13	0.13	0.11	0.02	0.02	0.04	0.03	0.04
感知信任性	0.13	0.15	0.17	0.13	0.11	0.01	0.02	0.01	0.01	0.00
资源全面性	0.15	0.25	0.22	0.18	0.17	0.01	0.00	0.00	0.00	0.00
时效性	0.17	0.21	0.21	0.18	0.25	0.01	0.02	0.04	0.03	0.02
语音导览	0.18	0.26	0.17	0.20	0.16	0.05	0.04	0.09	0.05	0.08
图文介绍	0.08	0.15	0.09	0.16	0.15	0.01	0.01	0.01	0.00	0.00
地图导航	0.09	0.00	0.00	0.00	0.14	0.01	0.00	0.00	0.00	0.00
视频介绍	0.00	0.17	0.00	0.00	0.00	0.00	0.02	0.00	0.00	0.00
VR 体验	0.00	0.00	0.17	0.13	0.00	0.00	0.00	0.09	0.07	0.00
游玩路线/景点推荐	0.13	0.00	0.00	0.00	0.20	0.01	0.00	0.00	0.00	0.02
联系方式	0.16	0.00	0.00	0.00	0.16	0.02	0.00	0.00	0.00	0.02

资料来源：笔者整理。

从整体上看，用户对各个指标的满意程度都集中于满意或者非常满意，仅有1%的人对上海市建筑可阅读小程序的视觉平衡非常不满意、1%的人对兴化历史建筑公众号的感知易用性非常不满意、1%的人对营口市历史建筑小程序的视频介绍非常不满意，所以分析表格并未列出。相比之下，每个城市的公众号或小程序只有10%左右的用户对其指标的满意程度在一般及以下。由此可见，用户对各个城市的公众号或小程序的满意程度是非常高的。

从每个城市的公众号和小程序来看，用户对上海市建筑可阅读小程序的各项指标满意和非常满意的程度基本均大于其他城市的公众号或小程序。其中，视觉平衡的满意和非常满意的程度最高，达到了95%，而其余城市则分别是营口市历史建筑小程序71%、兴化历史建筑公众号89%、名城杭州微信公众号78%、青岛文物保护建筑73%。其次是图文介绍，上海市建筑可阅读小程序的满意和非常满意的程度为92%，营口市历史建筑小程序85%、兴化历史建筑公众号90%、名城杭州微信公众号84%、青岛文物保护建筑86%。可以看出，上海市建筑可阅读小程序基本在各个指标方面做的都优于其他城市的公众号或小程序，其中在视觉平衡和图文介绍方面尤为突出，其他城市的公众号或小程序可以参考上海市建筑可阅读小程序进行优化。

（4）基于人口性别的使用差异化分析。

第一，视觉平衡。如图4所示，在视觉平衡方面，男性和女性在上海市建筑可阅读小程序的整体打分主要集中在"非常满意"和"满意"。而男性和女性的打分侧重点存在明显差异，男性对该小程序表现出"非常满意"的占比最高，为58.33%。男性对公众号的使用需求主要在于便利生活，对于审美的期

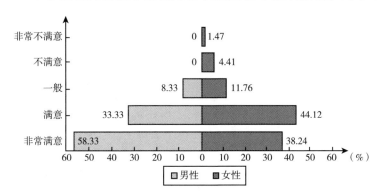

图4 上海建筑可阅读小程序界面视觉平衡满意度男女差异性分析

资料来源：笔者绘制。

望较低，因此在视觉平衡方面的需求更易被满足；女性对该小程序打分为"满意"的占比最高，为 44.12%，女性在产品界面设计的色彩和形态等的视觉平衡方面有较高的审美追求，特别是针对女性设计的网站在视觉平衡方面产生同质化竞争，从而导致女性审美疲劳，因此女性打分"一般""不满意"或"非常不满意"的占比较高。

第二，感官体验。如图 5 所示，男性和女性在对上海建筑可阅读小程序的感官体验方面存在显著差异，表达出"一般""不满意"的女性人数高于男性，女性在浏览界面时则更加注重明快、便捷易识别的形象化设计。而该小程序存在信息"视频介绍"等功能区闲置、图片介绍较少等的问题，因此女性在感官体验方面打分偏低；男性则喜欢操作感强的小程序，此款小程序设置地图导航、打卡等新颖功能，在功能完整性方面仍比其他公众号更全面，因此受到了更多男性的青睐。

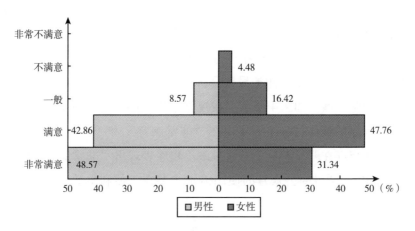

图 5　上海建筑可阅读小程序界面感官体验满意度男女差异性分析

资料来源：笔者绘制。

第三，界面友好性。如图 6 所示，对上海建筑可阅读小程序感官体验评分为"非常满意"的男性和女性人数占比存在显著差异，评分为"满意"的女性占比大于男性（女性为 48.53%，男性为 36.11%）。男性对该小程序的界面友好性体验感更佳。由此表明，该小程序给男性带来的乐趣和传染力较大，从视觉和情感方面都能够激发男性的浏览兴趣；女性对这类资源全面性权重更高于体验感的功能性小程序的界面表达吸引力和传染力提出了更高的要求，大多同类建筑可阅读软件在内容划分方面都力求面面俱到，从而出现大量同质化内容，大幅降低小程序的表达吸引力，因此她们对于上海建筑可阅读小程序的体验感评分偏低。

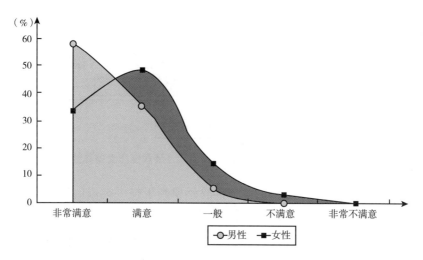

图6　上海建筑可阅读小程序界面友好性满意度男女差异性分析

资料来源：笔者绘制。

第四，易读性。如图7所示，上海建筑可阅读小程序在易读性方面体验感较佳，且男性的满意度比女性更高。超过50%的男性对该小程序的易读性感到"非常满意"，而女性的评分主要集中在"满意"的分值。对女性而言，信息的表达较为简洁直观，图文并茂是易读性的基本要求，在此基础上她们更为偏好使用色彩鲜艳、内容丰富的小程序，以增加其易读性的体验感，若界面没有足够的吸引力，她们甚至会选择不访问此网页，而此小程序以概述信息为主要表达内容，因此不符合女性对于此小程序的期望；对男性而言，该小程序的排版和可视化表达方式只需简洁明了即可，功能方面的全面性比界面的易读性更为重要，因此对易读性提出的要求较低，因此男性认为上海建筑可阅读小程序的易读性体验感较佳。

第五，资源全面性。如图8所示，在上海建筑可阅读小程序资源全面性感知方面，对于该小程序资源全面性体验感为"非常满意"的男性占比52.78%，女性占比29.41%。男性整体体验感高于男性，表明该小程序所提供的信息较为符合男性对于旅游景点信息检索的需求，小程序的信息表达方式比公众号更

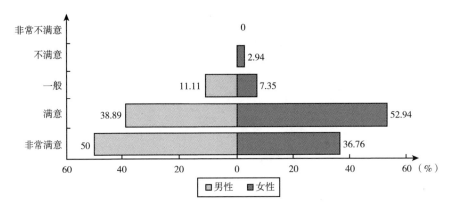

图 7　上海建筑可阅读小程序界面易读性满意度男女差异性分析

为直观且全面，因此该小程序的整体体验感要高于提供类似信息的公众号；女性的体验感略低于男性，从游客提供的建设性意见中也可侧面体现出，小程序的资源全面性会受到操作便捷性的影响，部分功能使用界面的操作不便导致女性失去耐心，从而影响资源全面性的体验感。

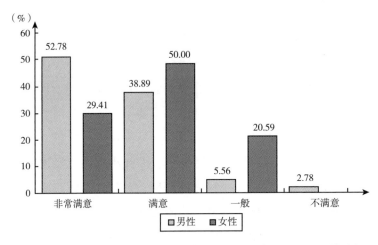

图 8　上海建筑可阅读小程序界面资源全面性满意度男女差异性分析

第六，语音导览。如图 9 所示，对上海建筑可阅读小程序语音导览功能表达出"非常满意"和"满意"的男性高达 77.78%，女性占比 76.47%。大多数的女性对该小程序的满意度未达到"非常满意"的主要原因是不是所有建筑都有优秀专业导游解说有关。女性在浏览信息方式的选择上更趋多元化发展，更偏好于语音导览与文字介绍相结合的方式。她们认为语音导览既可以保证所宣讲信息的权威性，又可以结合图文和视频的表达方式加深游客对于景区景点的了解程度；而男性更倾向于自然的信息接收状态，通常不会根据现有信息而深入探寻相关资讯，因此男性接收信息时的体验感并未受到文字介绍替代语音导览的影响，男性的评分会略高于女性。

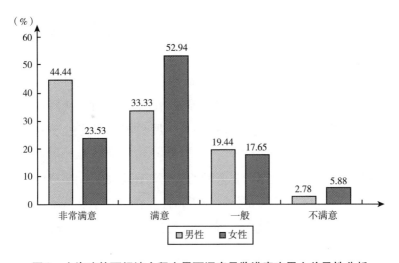

图9 上海建筑可阅读小程序界面语音导览满意度男女差异性分析

（四）优秀历史建筑保护数字化应用需求体验梳理

课题组对优秀历史建筑应用公众号和小程序从满意度和男女差异性两个方面开展了问卷调查，并应用层次分析法（AHP）确定指标权重，计算得到综合测度指数，其中上海建筑可阅读小程序综合得分最高，其次为青岛文物保护建筑公众号。调查结果显示，用户对于优秀历史建筑信息的咨询及投诉的需求要求较高。首先，用户认为能够及时了解优秀历史建筑所在景点的运营情况或及时反馈对景点的意见和建议至关重要。5个样本平台中只有上海市建筑可阅读小程序和青岛文物保护建筑公众号给出了联系及投诉方式，便于用户进行游前景区信息查询及游后景区投诉服务；其次，平台提供的优秀历史建筑信息的有效性、全面性和时效性对用户体验感产生较大影响。这5个平台建筑收录齐全，信息资源介绍非常丰富，优秀历史建筑信息的更新也非常及时；最后，用户认为界面美观性也非常重要，5 个公众号或小程序在页面设计方面都有自己的特色，其中上海建筑可阅读小程序、青岛文物保护建筑公众号和名城杭州微信公众号的视觉平衡和界面友好性方面评分相对较高。而兴化历史建筑公众号和营口市历史建筑小程序虽然形式丰富，可以涵盖更多内容，但用户查找操作比较麻烦，各板块内容也不便区分，因此在易读性方面较小程序差一些。

在此基础上，进一步梳理优秀历史建筑保护数字化应用需求体验，发现如下方面有待提升。

在视觉平衡方面，由于受到网站同质化发展的影响而出现审美疲劳，小程序或公众号需在图形、留白和色彩搭配等方面提高协调性，所罗列的建筑分类能够从视觉角度很好地突出建筑主体特色，展示图片不能过于老旧、需时常更新。

在感官体验方面，小程序或公众号的互动性还需提升，部分板块，如"视频介绍""打卡"等区域并未充分被利用，且存在图片不够清晰、小程序浏览卡顿、界面略显杂乱等的问题，从而导致在浏览界面的过程缺乏流畅度和舒适感。

在界面友好性方面，现有小程序或公众号侧重优秀历史建筑的单体介绍，推荐游览路线较少，且所介绍的建筑信息吸引力和传染力较低，存在景点方向性导向不明确的问题，因此导览不足以吸引游客亲自前往目的地开展游览活动。

在易读性方面，现有小程序或公众号虽然图文并茂、简洁直观，但是缺乏双语介绍，且大片的文字并没有突出属地建筑的特色所在，从而使读者在获取关键信息的过程中造成一定的阅读困难。

在资源全面性方面，现有小程序或公众号所提供的信息和功能较为分散，无法快速找到人口客服的服务窗口，且并非所有的建筑都配备视频和语音导览解说，导致缺失部分建筑信息，无法满足深入了解建筑历史文脉的需求。

在语音导览方面，小程序或公众号的语音导览解说词缺乏生动性，仅重复文字介绍，无法激发游客的代入感，在帮助游客通过建筑阅读来读懂城市丰富维度和深刻内涵方面未充分发挥作用，更难以吸引游客实地游览所介绍的建筑。

（五）优秀历史建筑保护数字化管理供给情况梳理

数字经济与旅游产品和服务的深度结合，有助于促进旅游业发展质量的提升，深化旅游业供给侧结构性改革。只有从不同的角度完善产业的数字生态、调整产业运行模式、改善产业管理理念，才能提升产业的发展能力。然而从当前优秀历史建筑保护及数字化管理供给来看，还存在诸多不足。

1. 保护难度的增加

在党中央、国务院的高度重视下，我国文化遗产保护事业取得了显著成就。全社会保护文物的意识进一步增强，保护状况明显改善。然而随着经济社会快速发展，历史建筑保护与城乡建设的矛盾日益显现，随着数量大幅度增加，保护任务日益繁重，保护工作面临着一些艰巨的问题和困难。一些历史建筑和文化街区因自然和人为因素遭到破坏，部分红色革命遗址的保护没有得到足够重视，尚未核定公布的文物保护单位正在加快消失，历史建筑监管压力巨大，亟须提升历史建筑安全方面的科技水平和监测效率。

面对当前历史建筑保护的严峻形势和突出问题，需要利用科技创新手段，采取切实有效措施，进一步加强新时期的历史建筑保护工作。基于高分辨率遥感技术开展文物执法监测具有监测精度高、工作覆盖面广、动用人力少且工作成本低的明显优势，可以大幅度提升建筑监测效率与执法监管效能，满足日常监管及应急监测需求，客观、真实地发现问题、反映问题。历史建筑及文化街区保护是一项长期、科学、严谨的工作，其中监测是其重要组成部分，监测结论为保护计划提供决策依据。建设相关数据库，将历史建筑本体、保护范围、建设控制地带的空间范围信息、历次监测信息以及空间位置梳理入库，并汇聚在一张底图上，以网络形式进行信息共享，便于各级管理人员直观了解全市重点不可移动文物保护现状，并逐年归档形成珍贵的档案资料。

2. 管理方法的滞后

多数旅游经营者和管理者已意识到数字技术在历史建筑保护及活化利用中

的重要作用，并积极应对。在街区数字化改造过程中，要注意不同设备之间的互联互通，多个建筑乃至一个街区的数字化管理需要打通多个子系统，用统一标准来实现数据联通。同时大部分线上的文旅数字化产品是由旅游经营者自主开发，作为对实体文旅活动的一种补充，其市场导向不足、商业模式不明确，制约了旅游消费功能的发挥。利用 5G、大数据、物联网等数字化技术打造全面的数据监测平台，充分利用自身业务优势和专业能力，深耕大数据价值挖掘。通过数据采集、分析实现数据应用与预测，将历史建筑或文化街区核心数据（游前、游中、游后）进行可视化呈现，为景区发展、决策提供数据支撑和理论依据。对接互联网舆情、游客画像等外部商业数据并进行展示，针对不同游客提供个性化的文旅数字化服务和产品，使景区的管理步入以信息带管理、以信息促保护、以信息增效益的良性循环轨道，从而达到提升景区整体发展水平。

3. 体验方式的单一

目前建筑可阅读平台多为微信小程序和微信公众号，平台上供游客体验建筑可阅读的方式较为单一，多通过文字、图片、视频资料等常规方式对历史建筑进行介绍和描述。在选取的 5 个历史建筑公众号或小程序中，除兴化建筑公众号外，其余或缺少视频介绍或缺少 VR 体验，可供游客选择的功能不够多元化，对于游客或市民的体验感和临场感有较大的局限性。平台要充分发挥科技创新的引擎作用，深化历史建筑活化利用的数字化改革，丰富文化表现、发掘文化含量，从而提升游览品质，开发数字化体验产品，打造沉浸式体验新场景，让文化和历史建筑借助数字技术激发新活力、展示新魅力。

4. 虚拟社区的缺乏

游客进行游览的决策，愈加倚重其他游客的评价分享，景区做好口碑、提升旅游服务质量也愈加重要。在选取的微信公众号和小程序中，普遍缺乏游客或市民真实的游览评价、游后感想等内容，不具备信息交流渠道，没有形成具有良好互动的虚拟社区。虚拟社区是重要的信息平台，承载着社区成员之间互动交流，互动常伴随着大量的信息交换、情感交流，对游客的认知、情感、行为会产生潜移默化的影响，对顾客体验乃至盈利能力等也会带来显著影响。虚拟社区的构建可以增强游客或居民的黏性，带来游览打卡的趣味性，提升历史建筑公众号或小程序的开放性，从而吸引更多游客。

三、优秀历史建筑保护中的新型数字技术

数字经济的关键生产要素是数字化的知识和信息，以现代信息网络作为重要载体、以信息通信技术的有效使用作为效率提升，以经济结构优化的重要推动力。数字经济发展的核心驱动则是应用场景。新兴技术应用和推广不仅需要强调技术的逻辑，更需要考虑发展的前景价值及适用的社会场景。优秀历史建筑的保护与利用作为文旅融合标杆性的场景体验，更需了解新型数字技术在优秀历史建筑的保护与利用中的应用场景和发展前景。为此，第三部分将基于历史建筑保护和利用的全流程，以需求为导向、以保护为前提，详述在历史建筑保护利用各主线环节的新型数字技术革新。

（一）数字经济背景下文旅产业的变革

伴随着5G、大数据、云计算、人工智能、物联网、区块链等数字技术和虚拟现实、增强现实等场景技术的飞速发展，数字经济成为全球经济创新发展的重要推动力。数字技术作为一种经济发展模式和思维方式塑造了经济社会形态，使产业融合成为产业发展的新趋势。2018年3月文化和旅游部组建，文化和旅游产业融合发展问题便成为社会各界关注的热点，也成为国家层面高度重视的问题。基于新形势与新问题，2019年国务院办公厅印发的《关于进一步激发文化和旅游消费潜力的意见》提出了促进文化、旅游与现代技术相互融合①。文旅产业数字化是利用数字技术对文旅产业进行全方位、多角度、全链条的改造，打破文化和旅游产业的边界。2021年两会期间发布的《中华人民共和国国民经

---

① 国务院办公厅关于进一步激发文化和旅游消费潜力的意见 [J]. 中华人民共和国国务院公报，2019（25）：28 – 31.

济和社会发展第十四个五年规划和 2035 年远景目标纲要》中也明确提出，借助数字化等高科技手段推动文化和旅游融合发展，深化文化体制改革①，数字技术已成为助力旅游全产业链高质量发展的重要突破口。数字经济重构了文旅产业供应链，能有效开发文化旅游资源，催生文旅融合新业态，开拓文旅发展新空间。

我国是文化遗产大国，早在 1985 年 12 月 12 日就正式加入了《保护世界文化与自然遗产公约》②，并在国际社会中发挥越来越重要的作用，中国的世界遗产保护也成为真实性和完整性的典范。在国务院于 2008 年通过并实施的《历史文化名城名镇名村保护条例》③ 中明确提出，在历史文化名城、名镇、名村保护范围内从事建设活动，不得损害历史文化遗产的真实性和完整性，不得对其传统格局和历史风貌构成破坏性影响。之后在 2015 年，住房和城乡建设部、国家文物局公布了第一批中国历史文化街区，督促各地做好中国历史文化街区保护工作。历史建筑和文化街区是城市集体记忆贮存并流传的容器，城市中矗立至今的建筑背景中都隐藏了相关的历史事件，组成了城市文旅休闲密码。2021 年 9 月，上海发布《"十四五"时期深化世界著名旅游城市建设规划》④，着力将上海打造成"国际数字旅游之都"，并开发城市微旅游产品，构建城市"15 分钟旅游圈"，为市民提供更多"家门口的好去处"。上海作为中国历史文化名城，拥有 1058 处优秀历史建筑、44 片历史风貌保护区，具有独特且丰富的历史文化旅游资源。技术赋能，注重数字内容与文旅场景的互动发展，"建筑可阅读"便是其重要实践，现已成为上海最为亮丽的城市名片和旅游品牌之一。数字化技术对于文化遗产的保护和再利用工作的展开具有高效性和便宜性，能产生积极且深远的社会效应和经济效应。

---

① 中华人民共和国国民经济和社会发展第十四个五年规划和 2035 年远景目标纲要 [N]. 人民日报，2021 - 03 - 13（001）.

② 保护世界文化和自然遗产公约 [J]. 文明，2015（Z1）：332 - 335.

③ 历史文化名城名镇名村保护条例 [J]. 中华人民共和国国务院公报，2008（15）：27 - 33.

④ 上海市人民政府办公厅关于印发《上海市"十四五"时期深化世界著名旅游城市建设规划》的通知 [J]. 上海市人民政府公报，2021（14）：20 - 30.

（二）新型数字技术在优秀历史建筑保护领域的应用

数字经济的关键生产要素是数字化的知识和信息，将现代信息网络作为重要载体、以信息通信技术的有效使用作为效率提升，是经济结构优化的重要推动力。数字经济发展的核心驱动则是应用场景。表9列举了相关新兴技术在优秀历史建筑活化利用中的应用场景和发展前景（冯琳等，2019；杨訢，2021；陆珏等，2014）。

表9　　　　新兴技术在优秀历史建筑活化利用中的应用场景和发展前景

序号	信息技术名称	优秀历史建筑活化利用的应用场景和发展前景
1	三维激光扫描	采用非接触式高速激光测量方式来获取历史建筑的几何图形数据和影像数据，将现实场景1∶1以点云形式呈现在计算机中，建立结构复杂、不规则场景的三维可视化模型
2	倾斜摄影测量	通过在同一飞行平台上搭载多台传感器，同时从一个垂直、四个倾斜等五个不同的角度采集影像，获取建筑物顶面及侧视的高分辨率纹理。它不仅能够真实地反映情况、高精度地获取纹理信息，还可通过先进的定位、融合、建模等技术，生成真实的三维模型
3	360°全景影像数据采集	通过干涉和衍射的原理在透明的介质上呈现出三维立体的虚拟图像。全息投影不仅能够呈现出幻象，还能够让观看的人与之产生互动，使呈现出来的场景绘声绘色，虚幻莫测
4	无人机摄影	在鉴定评估阶段，对建筑遗产进行全方位拍摄扫描，获得建筑表面纹理图像，识别并定位历史建筑破损部位，对历史建筑病害肌理进行程度判定，对破损区域进行特征提取，并对历史建筑进行有效评估
5	BIM	在保护设计阶段，借助 BIM、VR 三维建模软件，构建历史建筑数字化模型、形成平立剖面三维数据、历史建筑周围环境渲染，再现历史建筑的真实面貌；在历史建筑修缮阶段，BIM 协同可管控工程进度、人员安排、施工过程、经费执行等内容，还可以提供相似案例分析，从而执行最优方案
6	数字孪生	在保护设计阶段，应用数字孪生技术就建筑物本体及构件的结构、维护、饰面、装饰、环境等多因素构建多组保护涉及策略，对生成的方案进行快速、准确的模拟与测试，并形成可视化结果，并经反复比较与优化，生成最佳保护设计方案

续表

序号	信息技术名称	优秀历史建筑活化利用的应用场景和发展前景
7	GIS	在修缮施工阶段，GIS 以其强大的空间分析功能可对管线碰撞、新旧结构体系融合等方面进行测试，力求弥合实际施工与保护设计方案之间的差异，减少因施工而造成对历史建筑的二次伤害
8	物联网技术	在运维管理阶段，物联网的智能监控系统可以对历史建筑及其所在的历史街区进行全天候监控，为智能分析系统提供数据支持；智能监测温度、湿度、人口密度等历史建筑的空间环境，以便随时排查安全隐患；对历史建筑或文化街区实现物—物联通监控，同时实现游览过程中的人—物连接；在大众传播阶段，游客也可通过扫描二维码获得历史建筑的详细信息
9	大数据	由大数据支持，深入比对分析历史建筑的状况及周边环境的变化，为历史建筑的运维保障与发展思路提供技术支持；在大众传播阶段，也可利用大数据对优秀历史建筑相关历史信息进行解读并进行创新化和抽象化处理，协助文创人员设计既有历史建筑特点又具有审美价值的文创产品
10	5G	在运维管理阶段，5G 互联万物，帮助实现景区物联网监控管理；在大众传播阶段，5G 与语音技术结合，可在游览中提供多语种在线翻译服务。5G 与 VR、AR 等结合带来身临其境的沉浸式体验感
11	扩展现实（XR）	XR（扩展现实）技术包含了 AR（增强现实）、VR（虚拟现实）、MR（混合现实），利用硬件设备结合多种技术手段，将虚拟的内容和真实场景融合，再现无法复原或不易复原的历史建筑遗址，或者将真实的环境和虚拟的物体实时地叠加到同一个画面，使虚实空间并存，进而为历史建筑故事性和趣味性提供技术支撑

资料来源：笔者整理。

鉴于此，这些新型数字技术可全面应用到优秀历史建筑的保护及活化利用的各个工作阶段，主要包括建筑物本体的调研测绘、建筑历史人文信息的收集、更新修缮与建筑本体的材料构造融合，以及历史建筑风采再展示、再利用，面向公众开放等。基于历史建筑保护的操作流程，以需求为导向，以保护为前提，在历史建筑的调研测绘、鉴定评估、保护设计、修缮施工、运维管理、大众传播等主线环节进行技术革新（冯琳等，2019），充分挖掘智能数据采集、BIM 全生命周期管理、视觉识别、GIS 空间分析、人机协同操作、虚拟现实智能建模、大数据用户画像等新一代数字技术在城市历史建筑保护领域的应用点，如图 10 所示。

图 10　新型数字技术在优秀历史建筑保护领域的应用点

资料来源：笔者绘制。

在调研测绘阶段，经全站仪进行基础测绘，可应用三维激光扫描、倾斜摄影测量、360°全景影像数据采集等测量技术，快速获取建筑物主体与构件的三维点云数据和真实纹理信息、历史建筑周边环境，再通过点云数据拼接、影像校正、坐标转换等内业数据处理完成历史建筑踏勘测绘。这些非接触性测量具有高采样率、高分辨率、高精度、实时动态、自动化程度高等特性，可实现对历史建筑保护现状真实性完整记录，实现对现状的检测分析和变形观测。就历史建筑文化遗产的相关资料，则由文献、图档、照片、影像、口述史料等多源数据构成，整合图文检索、视觉识别、语音识别、自然语言处理等多项技术，进一步对这些非结构化数据进行汇总、清洗、入库，由此完成历史建筑保护数字化的基础核心工作。

在鉴定评估阶段，通过无人机摄影和车载三维激光扫描可对建筑遗产进行全方位拍摄扫描，获得建筑表面纹理图像，通过视觉识别、深度学习，识别并定位历史建筑破损部位（Wang et al.，2019），对历史建筑病害肌理进行程度判定，对破损区域进行特征提取（高杨，2021），并将结果进行数据标定可作为大数据训练集。对于历史建筑可利用性的评估，以人工标定作为机器学习奠定基调，训练机器通过大数据对建筑再利用进行评估打分，再对偏差进行调整和优化，进而得到相对可靠的可利用性评估结果（冯琳等，2019）。

在保护设计阶段，有别于常规方案制订，基于二维图纸思考、三维模型进行表达模式，将 VR、BIM、数字孪生等技术结合使用。首先，基于整理后的三维点云数据、纹理影像、基础测绘数据，借助 BIM、VR 三维建模软件，构建历史建筑数字化模型、形成平立剖面三维数据、历史建筑周围环境渲染，再现历史建筑的真实面貌（孟卉等，2019；沈维莉和张克纯，2017）。应用数字孪生技术就建筑物本体及构件的结构、维护、饰面、装饰、环境等多因素构建多组保护涉及策略，对生成的方案进行快速、准确的模拟与测试，并形成可视化结果，并经反复比较与优化，生成最佳保护设计方案（曹盛盛和王超逸，2021）。

在修缮施工阶段，在修缮施工前期准备、修缮施工协作、修缮施工管理等方面，BIM 协同、GIS 空间分析等技术可起辅助作用（李培，2021；石若利，2020）。BIM 协同可管控工程进度、人员安排、施工过程、经费执行等内容，还可以提供相似案例分析（冯琳等，2019）；GIS 以其强大的空间分析功能可对管线碰撞、新旧结构体系融合等方面进行测试，力求弥合实际施工与保护设计方案之间的差异，减少因施工而造成的对历史建筑的二次伤害。

在运维管理阶段，需对历史建筑的安全与性能进行监测。通过物联网的智能监控系统负责对历史建筑及其所在的历史街区进行全天候监控，为智能分析系统提供数据支持；智能监测温度、湿度、人口密度等历史建筑的空间环境，以便随时排查安全隐患；由大数据支持，深入比对分析历史建筑的状况及周边环境的变化，为历史建筑的运维保障与发展思路提供技术支持。

在大众传播阶段，XR 作为 VR/AR/MR 等相关技术的下一代体验革命和计算平台，是数字世界和物理世界融合的进阶，是算力、连接和显示的革命性升级。这不仅是显示的变革，还是人机交互方式的革命。现如今，线上生活已是常态，已经成为与现实平行的一个世界，它复制了现实世界的底层逻辑，运用5G、现实拓展技术、云计算等技术为用户展示丰富的内容和沉浸式的交互体验。历史建筑可以复刻，其中蕴藏的故事与人物也可以在元宇宙中复活、重生。回溯历史，可以是在烟雨江南的白墙黛瓦中体会小桥流水人家的宁静平淡；也可以回到枪林弹雨，革命先辈踽踽独行却热血沸腾的艰难时代。让游客成为故事的亲历者和传播者而不仅是聆听者和旁观者，真正走进历史建筑，追寻它的前世今生。同时利用大数据，对优秀历史建筑相关历史信息进行解读并进行创新化和抽象化处理，协助文创人员设计既有历史建筑特点又具有审美价值的文创产品，增强优秀历史建筑的附属价值（蒋骊驹，2021）。

（三）新型数字技术在优秀历史建筑保护领域的发展路径

依托数字技术赋能优秀历史建筑高效健康开发和活化利用，首先要完成思维理念的转变，从人本角度出发，讲求协调可持续的发展观念，落实到共生发展、协同融合、体验经济、创新试验4个方面。

共生发展：历史建筑重新焕发光辉，真正融入新环境中，要打破历史建筑与现代社会的壁垒，提升历史建筑与文化遗产的人文价值。战略上实行共生逻辑，不断挖掘优秀历史建筑蕴含的故事与文化中的时代新价值和新内涵，叙说精彩生动的故事，开发与时俱进的文创新产品和新业态。同时，让游客参与价值的创造和共享，形成共生环境。

协同融合：如果只是对现有的优秀历史建筑进行修复和还原则难以维持它的可持续性，当地居民的需求和对于历史的包容和重视程度是有限的。因而，历史建筑和文化街区要实现长远发展需要注入新鲜活力。植入面向游客和市民的商业新功能，将历史建筑与现代商业进行融合，使游客和居民的生活产生适当的交集，游客能够更好地体验风貌故事，同时丰富居民的日常生活。

体验经济："4E"体验理论即娱乐、教育、遁世及美学，让人感觉最丰富的体验，是同时涵盖4个方面。跨越界线的体验可以吸引游客或市民花费最多的时间来享受产品、服务，对产品、服务的销售有最大的促进作用。因此，历史建筑及文化街区的决策者与历史建筑及文化街区的建设者、运营者都应将关注的重点转移至消费者：一是外来游客；二是以本市居民为主的城市游憩者。"体验"的结果将决定这些消费者是否成为域内文旅产业的"埋单者"和"推动者"。

创新试验：主动求新求变，关注文旅行业发展的风向标。旅游市场发展的新趋势、新格局愈加鲜明，拥抱数字经济带来的新的消费浪潮，在打造沉浸式体验、迎合互联共创时代、提升精益服务管理、引入人工智能化等方面做出深度变革。

思维理念转变之后，着力进行历史建筑及文化街区的数字化技术应用，注重保护及活化利用不同阶段的规划，把握全面性、前瞻性和落地性。既要充分考虑现有的数字化基础，明确已有系统的改造路径和新建系统的建设路径，重在"强基础，补弱项"，又要着力促进新基建中5G、数据中心、人工智能等技术在无人监控、科学分时预约、虚拟浏览平台等方面的应用，"力求固长板，谋突破"。同时要重视网络安全体系的建设，保障网络畅通、信息安全，并在抓好顶层设计的同时做到数据的集成和共享，减少信息化烟囱。

四、文旅融合时代优秀历史建筑数字化保护利用转型升级策略

文旅融合时代，数字文旅发展进入新阶段，抓住"网络强国、数字中国、智慧社会"政策契机，通过提升优秀历史建筑的文化内涵、科技含量、生态元素，聚焦应用，服务国家战略，以优秀历史建筑数字化保护利用转型升级助推文旅高质量发展，将政策红利转化为发展实效。通过资料梳理、对比分析、实地调研，针对现有优秀历史建筑数字化保护利用的问题，第四部分从供给和需求两侧出发，就提升市民游客便利性、互动性体验，优化历史建筑数字综合管理功能，推进文旅高质量发展等方面开展文旅融合时代优秀历史建筑数字化保护利用转型升级策略，如图11所示。

优秀历史建筑保护
数字化管理功能
{
框架构建：优秀历史建筑保护数字化管理总体框架
管理功能：优秀历史建筑保护数字化管理具体功能
时空拓展：长三角优秀历史建筑数字化综合管控"一张图"
}

从历史建筑单体保护到
历史文化街区综合管理
{
智慧治理：大数据应用于历史文化街区管理治理
智慧安防：基于新安法的历史文化街区全生命周期管理
智慧场景：构建游人与场景互动打造历史文化街区共生记忆
}

深挖优秀历史建筑和历
史文化街区的红色精神
{
讲好红色故事：打造历史街区内生红色旅游品牌效应
传播红色文化：创新历史街区红色数字文旅产品
延续红色文脉：发掘长三角区域历史建筑红色文化遗产资源
}

文旅融合时代优秀历史
建筑数字价值共创
{
价值共识：协调历史建筑的公益属性和私益目标
价值共筑：构建科学共筑生态和数字化管理体系
价值共递：创新表现形式和定制个性化产品
价值共享：探索多元化盈利模式和公平分配机制
}

图 11 文旅融合时代优秀历史建筑数字化保护利用转型升级策略

资料来源：笔者绘制。

（一）优秀历史建筑保护数字化管理功能

新型数字技术呈现出引领产业变革的效力，其应用实践对优秀历史建筑保护的转型升级提供了有效的技术支撑，进一步科学化、完整化、系统化、精细化管理则需要构建优秀历史建筑保护数字化综合管理平台来实现。

1. 框架构建：优秀历史建筑保护数字化管理总体框架

将上述新型数字技术综合，基于历史建筑保护数字化管理相关规范标准，通过调研测绘、数据清洗整理，将照片图纸、史料文档、音视频、点云数据、遥感影像等非结构化数据整理建库，构建汇集通用基础库、建筑物本体库、构件库、档案库、项目库及其他资料的基础层；依托 BIM 软件、GIS 平台、互动虚拟现实引擎、统一身份认证、统一消息服务等技术支撑层，实现历史建筑时空数据管理、泛终端综合展示、房屋安全管理、辅助规划审批等功能，从而面向职能管理部门、施工作业单位、建筑遗产研究机构、社会大众等不同用户群体进行城市历史建筑保护数字化综合管理；此外，还需通过平台运维管理体系、安全保障体系有效保障优秀历史建筑保护数字化综合管理总体框架正常运行，如图 12 所示。

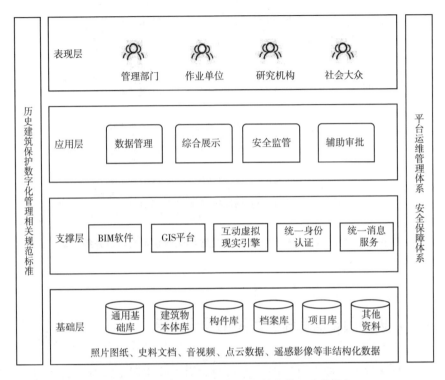

图 12 优秀历史建筑保护数字化综合管理总体框架

资料来源：笔者绘制。

2. 管理功能：优秀历史建筑保护数字化管理具体功能

着眼于优秀历史建筑保护的综合效应，把新型数字技术、综合管理与创意展示有机融合，集数据管理、综合展示、安全监管、辅助审批等功能于一体，从而对城市历史建筑资源提供保护能力，对公众提供展示宣传功能。

历史建筑时空数据管理功能：经过数据采集处理、模型构建与建档，进而构建历史建筑的时空数据库，进行历史建筑概况、全景管理和场景管理等功能。由此将历史建筑纸质档案资源转化为精确可靠的数字化档案信息库，实现历史建筑现状资料、认定资料、产权产籍资料、技术资料、文史资料等基础信息的管理和资源关联，以便实现历史文化资源的共享与传承；将历史建筑的空间位置与属性信息有机关联，实现纸质档案数字化、建筑可视化和信息可查询化，并可按时间分类的建筑状态情况、建筑修缮过程、建筑历史人物与大事件，为日后历史建筑的研究、修复和活化利用工作提供科学依，并对所涉及的国家政策及标准规范、省市政策及标准规范、成果标准、项目技术设计书、属性调查表等文档资料进行分类管理。

历史建筑泛终端综合展示功能：基于泛终端，运用阐释与展示形式的多样性，将历史建筑的转换、再现、复原为可共享再生的数字形态。在大屏或 PC 终端上，以图像、音视频、二维平面地图、三维虚拟仿真等形式，多角度全方位再现历史建筑的文史资料、历史变迁、建造工艺等相关信息，使用三维 GIS 引擎与互动虚拟现实模拟仿真引擎，实现二维平面地图与三维虚拟仿真之间的切换，以全新的视角加以解读和利用，以满足用户沉浸式体验的需求。并借助移动终端，基于轻应用、社交平台、简便三维可视化设备等多媒体媒介实现历史建筑综合展示数字化内容互动和价值传递。从历史的"旁观者"变成"参与者"，主动了解、感受优秀历史建筑的魅力，并切身体会时代的发展和历史的变迁，对历史建筑的保护和利用具有跨时代的重要意义。

历史建筑房屋安全管理功能：（1）历史建筑安全综合评定：依据鉴定评估阶段的数据分析结果，基于房屋承重系统、非承重围护及建筑附属物、设施设备三大指标构建多层次的房屋安全综合评价指标体系（王英，2017），对历史建筑安全进行安全等级评定，构建历史建筑安全综合评定库。（2）历史建筑安全预警：设定时间超限的预警、施工相邻影响的预警、结构构件安全预警、火灾隐患和自然灾害的预警，通过与物联网远程监控相关联，当历史建筑出现破损、沉降、倾斜迹象时，传感器及时将监测信息回传，一旦触及预警阈值，自动发出警报（黄辉，2017）；并对预警信息发布、反馈、上报进行查询、统计、汇总，可按时间粒度自动生成报表；进一步应用 BIM 技术将空间展示及预警提示进行融合，把具体预警点信息动态标绘在三维模型中，以便根据建筑物生命周期理论，在修缮施工、运维管理阶段基于历史建筑 BIM 系统协同处理。（3）历史建筑地理信息基础功能：包括基于 GIS 历史建筑地图定位、地图浏览、图形量算、空间查询统计等。（4）移动端安全巡查功能：利用网格化管理理念，基于 LBS 技术在移动端历史建筑安全巡查管理、施工安全管理，并对历史建筑隐患警情和突发情况进行上报。

历史建筑辅助规划审批功能：对于各个城规、房地管理部门，结合现有的规划审批系统，应用 GIS 管理功能，进行图层管理、导入项目、项目管理、指标查看、建筑属性查询；深入应用空间分析功能，进行控高分析、红线分析、阴影分析、视野分析、视域分析和天际线分析等（谭均铭，2019）；应用 BIM 协同进行方案比选，从而形成历史建筑保护的空间分析报告，提高规划项目审批效率，增强对历史建筑保护实效性。

3. 时空拓展：长三角优秀历史建筑数字化综合管控"一张图"

进一步拓展区域空间，基于所获取的长三角区域内优秀历史建筑各类数据，借助大数据分析，依托地理信息系统技术，以现状信息为基础，以数据挖掘为核心，进行长三角优秀历史建筑综合展示，勾画长三角优秀历史建筑数字综合管控"一张图"。在空间上，长三角优秀历史建筑数字综合管控"一张图"是基于统一地理坐标系的、空间连续的全市域景区信息集合，在信息系统中可进行叠合显示、分析和检索；从时间上，是具备动态更新机制，能够及时、准确、全面反映长三角区域优秀历史建筑监测维护动态演变的"过程图"和"对比分析图"，并能基于模型形成分析"预测图"。

在长三角优秀历史建筑数字综合管控"一张图"中除了实现地图缩放、平移、图层管理、视图切换、测量等功能之外，还可在地图上进行点选、框选、缓冲区等多模式查询，可以按照保护等级、所属省市县、建筑类型等维度进行展示。同时还设置了卷帘操作，通过选择两个年份，将对应年份的影像左右展示，拉动中间的卷帘来回切换同一个地方不同年份的变化情况，效果更加真实可靠。建立历史建筑监测成果数据库，基于高分辨率卫星影像监测与航空影像辅助监测，数据库既包括优秀历史建筑的空间位置静态和监测动态数据，根据监测情况定期进行更新，并保留历史数据，形成完整全面的、动静结合的、新老覆盖的历史建筑监测数据库，再挂接上历史建筑的相关属性要素和文档资料，这样可以通过信息检索的方式进行属性和图形的相互查询，还可将根据遥感影像监测所获取的监测成果以地图可视化和监测报告的形式进行展示。

长三角优秀历史建筑数字管控"一张图"还将与视联网"一朵云"进行集成，查询景区视频监控摄像头的地理定位、运行状态，调取监控点的实时视频，以及在节庆活动期间建立重点区域内的视频预案管理，对突发应急情况进行视频联动追踪。

这"一张图"将成为长三角优秀历史建筑数字综合管理平台的中枢，有助于将分散基础数据合起来、活起来、动起来，将思维重心从事后妥善前移到如何实时掌握、综合研判、提前预警、精准指挥，从而将被动应对扭转为主动防控，从人工管理走向智慧管控。

（二）从历史建筑单体保护到历史文化街区综合管理

一座城市的历史建筑、街道等，代表着该城市的各个阶段的历史文化，反映出不同的文化底蕴和独特的民风民俗，日积月累最终形成历史文化街区，体现了城市的整体风貌特色。然而，随着城市的发展趋势，从增量规划到存量规划的转型，旧城改造运动的大力推进，大拆大建的"建设性破坏"方式，使得许多历史城区中未来得及"挂牌"的具有重要历史、艺术和科学价值的历史建筑甚至是文物建筑被拆除，多片具有独特风貌、积淀丰富人文信息的传统街区被夷为平地。随着城市有机更新改造方式的推进，对现存文物建筑、优秀历史建筑的保护迫在眉睫。中央全面深化改革委员会第二十二次会议指出，要加强文物保护总体规划，统筹抢救性保护和预防性保护、本体保护和周边保护、单点保护和集群保护，维护文物资源的历史真实性、风貌完整性、文化延续性，筑牢文物安全底线。

建筑的本体保护应在遗产价值判定基础上，提倡"应保尽保"，但并不是城市里所有的老建筑都要"一刀切"地保存。通过建筑的历史、建筑年代、建筑风貌和结构价值等完成历史建筑名录认定、挂牌和测绘建档工作。对搭建、侵占街巷及对文物保护单位和历史建筑产生不利影响的建筑进行整改；对需要修复的建筑，研究建筑的"延年益寿"，考虑结构耐久性和补强修复技术、房屋材料的退化机理，对其进行必要的预防性干预和保护等；对于可再利用的历史建筑，遵循"先保护后利用"的原则，处理好保护、传承、扬弃、发展之间的关系，活化利用历史建筑，既要传承文化，做好今天，也要拥抱未来。

我国建筑往往凝聚了历史文化的优秀成果，政府在规划、企业在设计时都应更加关注历史文化的运用，尽量保留原有的文化风貌，注重对地方性、历史性文化的尊重和理解。将历史建筑及相关的环境脉络整体保存下来，让人们触摸到城市的历史，感受到城市发展中"岁月留痕"的历史信息。充分挖掘街区原有物质条件之外的有利于提升项目价值的历史文化基因，并将基于历史积淀的特色文化作为街区的发展亮点，由历史文化赋能街区发展，让有代表性的历史文化街区在城市中更具有连接城市根脉的典型意义。

《历史文化名城保护规划规范》（GB 50357 - 2005）规定了历史文化街区可根据实际需要划定环境协调区的界线。其目的在于，在历史文化街区和城市现代空间之间加入过渡区域，环境协调区不仅应该保证历史街区的完整性，还应该与城市现代空间相协调。在尊重历史文脉的基础之上，充分考虑街区周边人群特征，利用新型数字化技术，完成历史文化街区智慧管理、打造智慧安全平台，构建智慧场景，由点成线，由线成面，完成历史文化和现代城市空间的有机结合，着力推进历史文化街区产业、功能和业态的综合提升。

1. 智慧治理：大数据应用于历史文化街区管理治理

互联网科技预言家凯文·凯利（Kevin，2015）说过，"大数据时代没有旁观者"，历史文化街区也不例外。移动互联网、物联网、云计算产生的大数据应用，为历史文化街区的保护与发展带来了新的机遇。作为城市历史文化传承的主要载体以及存量规划的典型地区，包括历史建筑在内的历史文化街区，正是创新地探索多源数据融合、智慧管理系统构建以及复杂城市问题应对的绝佳实验地。

通过前期对各个历史建筑单体梳理入库，根据《历史文化风貌区保护规划》，将街区内的建筑分类分级评估后分为优秀历史建筑、保留历史建筑、一般历史建筑、其他建筑和应当拆除建筑，挖掘一批潜在历史建筑，作为后续申报历史建筑的资源库。并参照建筑风貌、建筑年代和建筑质量等数据，采取整修、保留、拆除等方式，依次对街区内的建筑进行保护与整治，把控各栋建筑的保护修缮措施，使历史遗存得到严格全面的保护。

对于现有的街巷肌理，不应局限于研究街区内部肌理，应构建智慧管理系统，借助互联网与物联网获取的大数据，对历史文化街区进行实时动态的监测，并通过相关的分析模型实时获得量化指标，分别在历史文化街区层面、城市层面对该街区的演变形态进行研究分析，将建筑与周边区域、历史文化街区与城市空间有机结合起来，以文化脉络为基础，打造历史与现代融合共生的城市空间体系。尊重历史街区原有的院落空间格局，通过 GIS 数据库对比，做到对新建建筑外观、高度等要素的控制，在历史建筑比邻环境内合理地插建新建筑，整修建筑边界，修复原有建筑，还原历史院落肌理。尊重历史街区的传统空间布局，通过数据生态系统，读取历史遗存中保留的历史信息，在保持城市环境历史延续性的基础上进行有机更新，保持街区风貌的协调统一。

社会是发展的，历史文化街区也应与时俱进。开放空间是人与人、人与自然进行信息、物质、能量交流的重要场所。利用位置大数据统计的人流数量，划分"人流密集区"的范围，与历史保护建筑范围内的业态特征进行比较，利用历史建筑周围的街头绿地、小型广场及步行街道等营造开放空间，将历史建筑、开放空间、游览线路三元素叠加，形成街区游览开放空间结构。通过分析人流聚集、业态使用、人群画像等因素的空间分布，发现各类历史文化名街的设施分布规律，挖掘蕴藏其中的场所精神和街区固有的社会生活，适当地扩建历史建筑，进而对设施配置进行引导，合理制定业态比例，维护历史文化街区功能的延续和历史文化的传承，优化历史文化保护与大众消费之间的关系，完成智慧管理，实现街区功能再造，避免过度旅游和商业开发导致其"原真性"的丧失。

通过集成传感设备网络布局，对历史文化街区的温湿度、光照度、噪声、$PM_{2.5}$、PM_{10} 等城市环境感知数据及人车流、街景画面等城市行为感知数据进行实时监测，方便政府对历史建筑和历史文化街区进行规划和改造，促进建立政府引导、社会参与、共同保护、共同受益的体制机制，进而培育并形成多方参与、通力协作的智慧管理体系。辅助历史文化名街推进精细化管理，充分挖掘互联网技术在文化管理和公共服务上的潜力，加快智慧街区建设。通过数字学习平台、微信公众号、移动 App 等智慧公共文化服务平台，构建多终端、立体化的数字文化服务空间，实现信息、资源、服务的互通共享，构建新兴的公共文化服务模式。

2. 智慧安防：基于新安法的历史文化街区全生命周期管理

随着经济的发展，历史文化街区在发展旅游、繁荣经济方面取得了明显成果。同时随着历史街区内商业经营的蓬勃发展，街区内业态复杂，人员密度也越来越大、游客及居民的公共安全问题难以得到保障。历史文化街区一般都位于城市老城区的核心地段，建筑多为砖木结构，耐火等级低，改造难度非常大，建筑防火措施、消防设施的设置在历史街区中难落实，造成了历史街区内火灾隐患长期存在的尴尬局面；结合历史文化街区现状，将传统的安全管理技术与物联网、云计算、大数据、移动互联网等技术相结合，用以实现各种信息的采集、处理、传输、显示和高度集成共享，给历史文化街区营造高度安全、舒适的生活和工作环境，是当下历史文化街区保护面临的一项重要工作。

《中华人民共和国安全生产法》（2016 年修订版）中提出，在每个历史文化街区需打造智慧安全平台，使整体信息可视化，巡查标准化，管理规范化。

结合建筑形态及构成类型，人员、车辆的通行方式及活动区间，由外至内进行周界、出入口、通道、区域等安全防范设施的建设，及时地对防范区域的人员、车辆等进行感知、探测及数据采集，并实现有效的识别认证、入侵报警、联动控制、管理监控等应用，及时上传至安全平台，方便工作人员统一进行管理。

构建建筑物安全监测系统对街区内建筑物的沉降、倾斜、水平位移、裂缝、振动、风速风向、温湿度等参数的高频自动化采集，通过无线网络上传到街区安全平台，实时掌握街区内建筑物的健康状态。当监测数值达到阈值时，平台会在中控平台预警，提醒相关人员对建筑安全及时有效处理，预防建筑工程安全事故的发生，紧急时刻提醒现场人员撤离危险区域，保障历史文化街区居民及游客的生命财产安全。

全方位部署智慧用电终端，24 小时预警电气的火灾隐患；搭配安装便捷的无线烟感探测器实时监测火灾烟雾，进一步提升预防的效率，并且能避免对历史建筑造成破坏，大幅降低施工成本。对消防设施、器材、人员等状态进行智能化感知、识别、定位与跟踪，实现远程视频监控、智慧用电、消防用水监测等的统一管理，及时消除火灾隐患。通过对历史文化街区内消防水箱的水位、水池的水位、消火栓水压等数据的实时采集和监测，根据预先设定的安全阈值，当发生异常情况时，及时提示、通知单位相关部门进行隐患排查和整改，保障历史文化街区消防水系统的正常运行。

安全问题向来是预防大于补救，以"智慧安全"建设为抓手，形成整体安全的闭环，并且组成相应的安全方案矩阵，进而通过整体智慧安全的平台实现对历史建筑及历史文化街区的精细化管理。由此形成整体安全措施的组合拳，狠抓安全基础设施建设，不断推动安全工作科技化、信息化、智能化，逐步从死看死守向物防技防转变，切实做好历史文化街区安全保卫工作。

3. 智慧场景：构建游人与场景互动打造历史文化街区共生记忆

历史文化街区是时代的见证者，记录了市井民俗，承载着历史记忆。历史文化街区的更新与活化，是近年来社会关注的热点。特色历史文化街区是城市记忆的重要载体，它既承载着城市的过去，也助力城市的新一轮发展和提升。依托街区的文化和历史，带活创意产业、特色产业的发展，已经成为一种街区活化利用的核心策略。文化与商业、旅游的"破圈"携手，正在不断塑造新业态、带来新消费、树立城市的新形象。这些文旅融合新产品、新样式的诞生背后，是"城市空间再发现、城市传统再连接、城市元素再结合"的表现，它代表着城市更新背景下经济和文化供给侧市场的再平衡，有力地拉动了消费的创新和升级。

2019年8月23日国务院办公厅发布了《国务院办公厅关于进一步激发文化和旅游消费潜力的意见》，鼓励开展夜间游览服务。丰富夜间文化演出市场，优化文化和旅游场所的夜间餐饮、购物、演艺等服务。夜间游览服务背后是文化、旅游和商业三者的结合。发展夜游的重要目的是延长游客在当地的滞留时间，以此刺激消费、拉动内需。除了要营造活色生香的夜景，还得想办法把游客和商家连接起来。以数字技术、智能灯光等科技手段创新演出，打造虚实结合、日夜融合、传统与现代糅合的智慧场景，吸引更多的游客。夜间经济所具有的社交属性，是施行历史街区活化利用的最终目标；夜间经济的文化特色和精神特色，又是历史街区活化利用的价值体现。可以说二者相辅相成，为历史街区的游客提供了24小时不间断的游玩体验。2021年10月19日，文化和旅游部发布《关于第一批国家级夜间文化和旅游消费集聚区名单的公示》，上海"外滩风景区""新天地·思南公馆"等六个街区上榜。这六个街区不但打造了时尚化、亲民化夜间文旅体验项目，还根据自己不同的文旅资源，形成了自己独特的旅游消费场景。因此，根据街区的历史及文化特色，利用互联网、云计算、大数据等先进技术，创造虚拟的城市空间或虚实结合的空间、打造独特的智慧场景，从形韵上营造沉浸式氛围，将城市空间发展的历时性与共时性融合，在变幻的光影中营造体验化、交互性、场景化的历史文化与生活情境，从而在场景与心灵的交汇中实现古今的对话，为游客提供"共情"的场所，增加游人与场景的互动性，可赋予街区保护更新的"原真性"以新的内涵和新的表现形式（陶丽萍和葛佳慧，2020）。

"场景化"的魅力在于把商业面向的主体从"普罗大众"变成了"每一个个体"，个体的心理、情感需求在这里得到了充分重视。以沉浸式智慧场景为渠道、以历史文化记忆为基础，促成消费者的情感互动与文化认同，触碰人的心灵深处、唤起深度的精神共鸣和体验，甚至以此净化自我、陶冶人格，才是现代文旅追求的目标。

（三）深挖优秀历史建筑和历史文化街区的红色精神

在城市发展进程中，历经区域内自然、地理、政治、社会、经济等环境嬗变和时代变迁的综合作用，形成了带有一定地域性、时代性的综合文化遗产形态的一个个历史文化街区。它们是城市传统生活场景和时代文化氛围的人文再现与时空标识，是城市发展的产物，更是城市文化的缩影。在历史文化街区中，也有一批极具代表性的红色文化街区，如依托丰富的红色故事、红色旧址遗迹打造红色文化品牌的多伦路、拥有"一条愚园路，百年近代史"美誉的愚园路等，经过红色文化的浸染，这些承载着地方集体记忆的红色历史街道为游客带来了别样的文旅体验，从而赋予其一定的景观价值。

红色文化是中华民族的精神命脉，是无数革命先烈用鲜血和生命谱写的，这些红色资源不仅在当时激励民族奋进，在现代社会也将起到警醒作用。虽然城市更新是城市永恒的主题，然而在城市更新的过程中由于过度开发和不合理利用，一些重要红色文化遗产正在逐渐损毁或消亡，因此红色资源的充分挖掘和保护刻不容缓。如何利用好优秀历史街区红色文化资源，讲好红色故事，传承红色基因，延续红色文脉是一项重大的时代课题。

1. 讲好红色故事：打造历史街区内生红色旅游品牌效应

作为一座拥有深厚历史的红色之源城市，红色文化是上海文化最有价值的核心基因，上海的红色渗透在城市的每一处。渗透在繁华都市的血脉里，因此红色文化也成为上海鲜明的城市标志。然而在谈及红色文化时，游客对于上海红色文化的认知只停留在上海拥有深厚的红色文化积淀，无法指出上海独特的红色旅游品牌。而上海作为中国共产党的诞生地，已认定的革命历史遗迹和遗址多达 600 多处。面对如此丰富的红色文化资源，如何将孤立分散的红色文化资源串点成线，打造有深度有内涵的红色旅游品牌已成为目前亟须解决的一大问题。2021 年 8 月 4 日，上海推出提升城市文化软实力和竞争力建设重磅文件——《全力打响"上海文化"品牌深化建设社会主义国际文化大都市三年行动计划（2021—2023 年)》①，启动关于红色资源传承弘扬和保护利用专项行动，指出深化红色资源保护利用、加快红色旅游创新发展、建强长三角红色文化旅游区域联盟等合作机制的目标。对于中国共产党留给上海的红色资源、红色传统和红色基因，不仅要保护好、管理好，更要开发好、利用好。

在红色旅游大力发展的浪潮下，地域特色不强、品牌意识薄弱是历史建筑红色品牌塑造现状，历史建筑所拥有的丰富红色旅游资源并未被充分挖掘，更未充分突出历史建筑所独有的红色旅游文化特色，难以建立起历史街区的红色文化资源之间的关联性。针对此问题，红色旅游品牌的打造应深入挖掘红色旅游资源的精神文化价值和时代意义，充分运用这些弥足珍贵的革命遗址财富，以史鉴人，生动讲好一部部历史故事。同时，确立红色品牌差异化定位将助力历史街区红色旅游美誉度及知名度，充分发挥历史街区独有的红色文化底蕴优势，探索并深度开发地方特色红色旅游线路，传递独特历史街区红色文化精神和红色地域风貌。根据社会需求提供新产品、新服务，在满足游客多样化旅游需求，加强游客对于历史街区红色文化的深入体验感的同时，更是寓教于乐，

---

① 上海市人民政府网. 全力打响"上海文化"品牌深化建设社会主义国际文化大都市三年行动计划（2021—2023 年）[EB/OL]. 2021 - 07 - 30，https：//www.shanghai.gov.cn/nw12344/20210730/999a70 f5b0ad438da219325461b00e03.html.

促进当地红色文化的传播，提升当地红色旅游品牌知名度，实现红色旅游品牌塑造的文化价值及社会价值（张磊，2021）。

2. 传播红色文化：创新历史街区红色数字文创产品

红色文创作为传播红色文化、发展红色旅游的重要途径，经过多年探索和市场实践，已经成为我国文创开发的重要领域。各地依托红色文化资源开发了大量富有特色、受到消费者欢迎的红色文创产品。在数字信息时代，数字技术的发展正不断丰富文创产品形态，红色文创产业要紧跟时代发展，利用数字技术来释放传统文化的活力。在建立红色信息历史真实性的基础上，将红色文化遗产价值进行数字化深度阐释是历史街区红色文化遗产活化利用的必然发展方向。

文创产品设计成功的案例层出不穷，其持续火爆程度已反映出消费市场对文创产品的需求日趋强烈，但是红色文创产品仍面临着诸多挑战。例如，产品表现形式单一化，不能针对当下文化消费和文化接受的多样化趋势对红色文化进行表现，作品叙事能力不足、红色文化产品传播渠道的狭隘化等问题。历史街区的红色数字文创应加强红色文创产品与历史街区红色故事的关联性，拓展历史街区红色场景描述题材，建立现代消费者与历史街区红色文化的关联性，有效开发历史街区红色数字文创产品。在此基础上，在产品设计中可灵活运用媒介承载的转化关系，从虚拟到现实，鼓励游客全程参与转化设计，技术与艺术的耦合效应由此得到高效提升。在游客依据自身喜好提取红色元素完成个性化设计的过程中，以数字信息技术为载体让文创产品活态化，加深游客对于历史建筑红色故事的认知和情感共鸣，从个性化定制过程获得愉悦感受的同时，充分利用线上线下融媒体形式，拓展历史街区文化传播渠道，进一步传递和延伸红色文化价值（纪志晴，2021）。在体制机制方面，应基于多样化市场需求，升级现有红色文化资源的保护利用方式，强化历史建筑红色数字文创产品创新体制机制，促进历史建筑红色文化供给从同质化转向精品化发展的飞跃，从根本上助力历史建筑红色文化传承（邵明华和刘鹏，2021）。

3. 延续红色文脉：发掘长三角区域历史建筑红色文化遗产资源

长三角地区拥有丰富的红色旅游资源，是我国重要的红色旅游资源集中分布区，且在经济、文化、交通等方面优势突出，具有红色文化旅游一体化发展的先天优势。为满足游客日益增长的出游需求，长三角各地文旅企业大力拓展"红色＋绿色""红色＋乡村""红色＋研学""红色＋科技"等旅游新业态，促进红色文化与红色旅游深度融合，共同致力于长三角区域红色文化旅游一体化发展。随着长三角红色旅游资源不断扩充，在整合区域红色资源、深入挖掘红色文化遗产价值、创新红色文化遗产展陈方式等方面与市场需求逐渐显现一定差距。

2019 年 4 月 28 日，《长三角地区"红色文化服务示范合作"协议》的签署，意味着长三角红色文化资源协同发展进入密切合作与深度融合进入的新阶段。长三角地区一体化不仅局限于经济层面，更是要实现文化领域的深度区域合作。长三角地区被公认是国内最具经济活力、开放程度最高、创新能力最强的区域之一，为不断深入挖掘红色文化遗产内涵，助力红色旅游目的地的数字化、智慧化发展，应当充分发挥长三角科技创新优势进行合作与协同，释放并提升长三角地区历史街区红色文化资源的潜能，丰富红色文化的价值塑造和现实转化手段。

针对长三角地区历史街区红色文化展示与传播，在以一定保护为前提下，长三角地区应充分利用网络技术实现跨时空传播，将革命历史运用声音、动画、数字互动等科技手段还原，使红色旅游由静态向动态转型，重现红色历史建筑风貌；推广历史街区红色旅游资源数字展示平台，助力游客在立体化场景中真实体验历史场景，唤醒旅游者红色记忆，增强历史街区红色旅游的感召力和吸引力，让游客在互动、体验中接受红色文化的熏陶；建立红色建筑数字化管控平台，有效整合长三角区域历史街区红色文化资源，明确长三角地区历史街区红色旅游发展重点，串联区内优质旅游资源，推出长三角红色旅游精品线路，加强区域联动，形成区内互惠合作、区外联合竞争、内外共生发展的历史街区红色文化合作系统。

（四）文旅融合时代优秀历史建筑数字价值共创

2021 年，文化和旅游部印发的《"十四五"文化和旅游科技创新规划》要

157

求以科技创新提升文化生产和内容建设能力，提高文化产业数字化、网络化、智能化发展水平①。在这一宏观政策指导下，构建多主体价值共创格局成为持续推进历史建筑数字化保护及活化利用的战略选择。在社会结构日趋多元化的当下，急需引入各类社会主体，充分挖掘游客和市民对于优秀历史建筑深层次、个性化的需求，科学运用新型数字技术支撑历史建筑及文化街区的保护、监测、管理、宣传、评估等各项事宜，真正推动文化遗产活化发展。

价值共创是不同主体间通过互动为彼此创造价值的过程，主体间的良好互动是共创价值实现的前提。随着社会分工的细化，价值创造的主体趋向多元化，各利益相关者积极参与，协同彼此创造价值，成了一个联动共生体。在文旅数字化建设方面，参与主体不仅是旅游经营者和游客之间的互动，还包括与数字化供应商、投资管理机构、政府等众多利益相关者之间。数字价值共创是联合多方利益相关者，利用数字平台进行多维互动，并通过融入数字平台产生联合代理体验来共创价值（朱良杰等，2017）。

人工智能等新型技术的兴起及政府和社会资本合作等商业运作模式的发展，让优秀历史建筑数字化保护利用在技术环境还是商业环境上都具备了达成价值共创的条件。因此，数字价值共创通过价值共识、价值共筑、价值共递、价值共享四维路径，让参与方能各尽其能、各取所需（邹振宇和王鹏涛，2021）。

1. 价值共识：协调历史建筑的公益属性和私益目标

价值共识是指价值共创各参与方就历史建筑及文化街区的公益属性和各自利益诉求达成一致意见。在城市快速现代化的同时，一批批历史建筑频频被拆或作为文物保护单位而静置多年最终难逃被废弃的命运。具有政治、文化和人文价值的历史建筑及街区具有重要的文化、精神传承功能，对于游客和市民，其不仅具有美学、体验价值，更具有潜移默化的教育和宣传作用。正如红色文化遗产往往在建筑本体上的特色并不非常突出，其重要的价值在于其意义的明确和内涵的丰富。由于对红色遗址保护、利用的重要性认识不足，部分红色遗

---

① 中华人民共和国中央人民政府网．文化和旅游部关于印发《"十四五"文化和旅游科技创新规划》的通知［EB/OL］．2021 - 04 - 26，http：//www.gov.cn/zhengce/zhengceku/2021 - 06/11/content_5616972. htm.

址"改头换面"被淡忘，人为侵占或拆毁红色遗址的情况也偶有发生，在城市动迁和开发中没能得到有效保护、开发与利用。

避免执行方缺乏对历史建筑数字化改造的宣传教育属性的认知，或在推进中因利益驱使而逐渐改变其公益属性，对历史遗产造成破坏，要创新政府管理体制，加强专业引导，同时从顶层设计上调和逐利性与公益性之间的冲突，遵循的私益、公益并重的原则，出台历史建筑活化利用的相关政策、法律法规以及其他配套政策，明确相关参与方的主体责任。为了使各主体能及时、便捷、有效地表达自己的诉求，统筹不同政府部门、企业、市场以及公众之间的沟通协调机制，可以指派专门的沟通人员定期收集整理各方的诉求与建议，让多主体具有有效的对话渠道，通过集体讨论和决策，保证尽可能满足各方核心利益诉求。还可以建立互联互通的信息交流平台，提升参与方之间沟通效率，降低沟通成本。围绕此类历史建筑开发的游览观光产品既要挖掘符合时代特征的精神内涵，也要掌握数字经济发展潮流，不断创新产品形态，传承文化基因。

2. 价值共筑：构建科学共筑生态和数字化管理体系

价值共筑指各方围绕价值共识对历史建筑及相关平台服务进行协同维护和整合，这是价值共创的核心环节。在共筑过程中，多方参与容易导致混乱局面，从而带来难以预测的风险。因此，需融入现代化管理思路，让各方在一个整体有序的管理体系中发挥作用。可借鉴文物检测信息系统，将区域内所有的国家级和市级文物保护单位的空间位置、矢量地图和影像地图之间无缝切换，让文物管理单位人员清晰地了解文物保护单位分布情况；建立空间属性库和成果资料库，以便通过信息查询检索的方式进行查询。此外，需摒弃过去繁杂交错管理结构，将部分管理权限下放至具体的办事人员，实现灵活高效管理的目标；利用数据资产的价值来创新运营管理及决策制定，深入分析数据表象后的隐含规律，最大限度发挥数据这一新型生产要素的功用；激发用户的参与热情，除了采取传统的物质激励方式外，还可以采用专家带动和活动牵引等办法，吸引游客和市民进行共创。例如，2021年上海建筑可阅读活动提出"五个民"的数字体验化，其中基于"全民创"活动，举办了首届"建筑可阅读"伴手礼创意设计大赛，评选出十佳"建筑可阅读"伴手礼创意设计，在视频平台进行线上展示，以此增强趣味性和游客黏性，从而营造良好的共筑氛围。

3. 价值共递：创新表现形式和定制个性化产品

以科技与文化深度融合为基础，在技术与形式上对历史建筑与街区的保护及更新利用进行大胆创新。采用三维激光扫描、无人机倾斜摄影、BIM 等先进勘测以及高质量施工的前沿技术，对文物建筑进行科学修缮和功能改造，融合时尚的设计于街区独特的历史与文化之中。对文物建筑的外部色彩、景观和灯光进行现代创意设计，使老建筑与周边环境呈现出一种传统与现代的对话和协调融合，构建符合城市发展需要的独特空间氛围。深入挖掘和提炼街区的特色文化内涵与符号，运用网络、数字技术以及文化创意，对"海派文化""红色文化"与"民间文化"等特色文化故事进行文艺作品和文创产品的创新开发、制作和传播。利用互联网、云计算、大数据等先进技术，创造虚拟的或虚实结合的建筑空间，将城时间性与空间性融合，让市民和游客在交互中体验场景化生活情境，感受独特的历史文化。基于大数据、云计算技术搭建游客数据管理平台，搜集游览者游览过程中客观行为数据和主观倾向数据，精准把握个体差异化需求，利用个性推荐、定制服务等方式为游客和市民以不同的数字化表现形式为不同年龄层游客或不同兴趣点的游客提供个性化产品服务，使供给与需求相匹配，提升游客的接受意愿和主动参与意愿。

4. 价值共享：探索多元化盈利模式和公平分配机制

社会价值、文化价值和政治价值在历史建筑数字化保护利用转型过程中会自然而然地被实现和分配，故价值共享路径主要围绕经济价值展开。参与主体希冀获得符合自身价值诉求的收益，前提是能够持续产生效益。因此，围绕商业化获益探索行之有效的多元盈利模式，才能让历史建筑在数字化保护及活化利用中，持续健康地发展。基于历史建筑数字化保护的数据支持，建筑、旅游与游戏领域的结合可以形成全新模式的文创产业和历史建筑保护产业。在文创领域已经有故宫文创这样的成功范例。但中国历史悠久，历史建筑更是遍布各地，有许多具有历史文化价值的建筑却限于传播范围不广、知名度不足、地理位置偏远、缺少经济来源进行持续的修缮和维护等现实条件的约束而无法效仿故宫的文创产业模式。但通过与游戏领域的结合可以实现历史建筑知名度和文化内涵的提升，打造以历史建筑为核心的 IP，赋予历史建筑万物互联时代下的新的历史记忆和文化内涵，使其影响力进一步提升并转化为经济效益。此外，历史建筑与多个领域跨界合作应用能加强社会各界对历史建筑保护的关注，有效地吸引社会资本注入历史建筑的保护当中，减轻历史建筑保护的经济负担。历史建筑在多个领域的普及应用更容易促成以中国传统文化为基础的审美的普及，并且在游戏、影视、文学等领域可以产生更多非建筑领域的反馈，对中国优秀历史建筑所包含的文化及精神内涵的传播也具有积极意义（谢礼珊等，2019）。

价值共享的基本要求是公平合理，这里包含两个层面的意思，既要公平地对待每一位体验历史建筑及街区数字化的居民和游客，也要将经济效益公平合理地分配给共创主体。其一，除了以多样化的数字技术让游客获得丰富的、个性化体验外，还要借助现代科学技术，对历史街区进行环境整治，塑造新的街区形象，创造宜居宜业的城市品质生活，提升居民的生活质量。以未来之城建设为目标，科学治理，加快现有基础设施的改造。其二，在分配机制方面，需要根据历史建筑数字化共创方的贡献量公平分配收益。首先，以绩效方式来评估各方工作量，制定出协调各方意见的绩效评估方案；其次，利用区块链技术公开透明的特征对每项分配事项准确记录，保证价值分配结果实时更新、便捷查询和不被篡改，并实时生成时间戳，可以随时追溯原始记录状态，这使项目的考评能够始终保持客观公平；最后，组建各方代表参与的监督反馈部门，对财务数据、资金流向、绩效方案、分配方案等关键环节着重监察，保证实施过程的公正合理。

五、结语

数字化技术是推动文旅产业在更广范围、更深层次、更高水平上实现深度融合的重要抓手。随着数字技术的进一步渗透，各类诸如历史建筑及历史文化街区的传统文化资源和旅游资源能够借助数字技术得以"活起来"。利用好数字技术，开发文旅产业新资源，催生文旅融合新业态，推动形成数字文旅新生态和数字化新型产业链，同时推进文旅产业需求侧及供给侧结构性改革，不断改善文旅产业发展的硬件设施，改变文旅产业发展的商业模式，从而开拓文旅产业发展新的空间，满足人民日益增长的文旅新需求。优秀历史建筑作为城市特色和历史文化的重要载体和集中体现，不仅是打造城市品牌形象、重塑文化自信的重要基石，更是焕发文化产业生机、开启城市复兴之路的文化触媒。以数字技术使历史建筑得以活化，在保护中更新、在更新中保护，使得处处见历史、处处显文化，更好塑造城市软实力的神韵魅力，彰显高质量发展、高品质生活、高效能治理的生动图景。

参考文献

[1] 曹盛盛，王超逸．还原与活化——人工智能在建筑文化遗产保护中的应用［A］// 同济大学、国家社科重大项目"中华工匠文化体系及其传承创新研究"课题组．中国设计理论与国家发展战略学术研讨会——第五届中国设计理论暨第五届全国"中国工匠"培育高端论坛论文集［C］．2021：160 – 173.

[2] 常悦，赵天澍．互联时代下历史建筑数字化更新设计的跨界应用策略刍议［J］．建筑与文化，2021（9）：35 – 37.

[3] 方圆．城市微信公众号用户使用动机、行为与满意度的关系研究［D］．南京：南京财经大学，2018.

[4] 冯琳，李康，胡子楠．人工智能在建筑文化遗产保护与利用领域发展对策初探［J］．城市建筑，2019，16（25）：16 – 18，22.

[5] 高杨．三维激光扫描的文物破损区域修复研究［J］．激光杂志，2021，42（1）：187 – 191.

[6] 高益忠，陈明辉，黄燕．东莞市历史建筑数字化保护研究［J］．测绘通报，2021（7）：140 – 143，149.

[7] 耿蕊．基于 WCI 的新疆那拉提景区微信公众号营销现状及优化策略研究［J］．中国集体经济，2021（25）：67 – 68.

[8] 谷桔，成青．保护革命遗址　传承红色基因［N］．湘潭日报，2019 – 09 – 30（12）.

［9］呼和．新时代美好生活需要怎样的文化建设［J］．人民论坛，2019（4）：138－139.

［10］胡宇齐．守护好"老房子"里的城市文脉［N］．北京日报，2020－09－30（3）.

［11］黄辉．重庆市城镇房屋使用安全管理信息系统建设［J］．国土资源信息化，2017（2）：23－27.

［12］黄利军．让历史建筑"活"起来［N］．沈阳日报，2021－08－24（1）.

［13］纪志晴．场景理论视域下红色文化遗产风貌区的构建与展望——以上海市为例［J］．上海城市管理，2021，30（6）：81－88.

［14］蒋驷驹，卢章平，李明珠．基于大数据挖掘的赛珍珠文化元素提取与应用［J/OL］．包装工程，2021－08－23：1－11.

［15］赖璨，欧石燕．移动图书馆 App 可用性测评研究［J］．图书馆学研究，2020（10）：46－57.

［16］李佳霖．数字技术让历史记忆重回当代［N］．中国文化报，2018－09－18（6）.

［17］李美萱．基于数字媒介技术的历史文化街区重点建筑活化利用研究［D］．北京：北方工业大学，2021.

［18］李培．基于 BIM 技术的历史建筑修缮及再利用研究［J］．住宅与房地产，2021（4）：43－44.

［19］历史文化·01｜数字化技术谱历史建筑保护新篇［EB/OL］．http：//zrzyj. zhuhai. gov. cn/zwgk/gzdt/content/post_2486237. html.

［20］林紫霞．场景视阈下微信小程序用户使用意愿研究——基于感知价值理论［J］．今传媒，2019，27（12）：79－81.

［21］刘航宇．UI 设计中用户视觉体验的探究［J］．大众文艺，2017（15）：154.

［22］刘慧蒙，武传表．旅游景区类微信公众号的优化策略研究——以河南省5A级旅游景区为例［J］．企业科技与发展，2021（1）：107－109.

［23］刘涛．虚拟现实技术在古建筑数字化复原设计中的研究与实践［J］．收藏与投资，2021，12（3）：98－100.

［24］刘志峰，王盈，徐新杉．数字化技术在历史建筑保护与开发中的应用［J］．河南科技，2015（10）：23－25.

［25］陆珏，郭戈，杨阳．基于三维激光扫描技术的土遗址逆向重建研究——以上海广富林 F12 房址数据处理为例［J］．住宅科技，2014，34（11）：38－41

［26］孟卉，李渊，张宇．基于 BIM＋理念的建筑文化遗产数字化保护探索［J］．地理空间信息，2019，17（3）：20－26，29.

［27］秦祖明．非物质文化遗产微信公众号服务质量评价体系研究［J］．山西档案，2018（4）：79－81．

［28］邵明华，刘鹏．红色文化旅游共生发展系统研究——基于对山东沂蒙的考察［J］．山东大学学报（哲学社会科学版），2021（4）：84－94．

［29］沈维莉，张克纯．基于 BIM 技术的古建筑数字化保护研究［J］．四川建材，2017，43（12）：63－64．

［30］石和平．微信导游客服小程序应用设计研究［D］．桂林：广西大学，2020．

［31］石若利．BIM 技术、三维扫描技术、GIS 技术在古建筑修复保护中的运用研究［J］．软件，2020，41（9）：123－126．

［32］史甜甜，关燕琴，翁时秀．中国 5A 级旅游景区微信公众号功能建设水平空间特征研究［J］．旅游科学，2021，35（3）：100－119．

［33］谭均铭．城市规划三维辅助决策系统关键技术研究［D］．武汉：武汉大学，2019．

［34］陶丽萍，葛佳慧．文化与科技融合视角下武汉历史街区保护与更新的对策［J］．武汉轻工大学学报，2020，39（5）：79－83，114．

［35］王英，蔡乐刚，陈洋．多层次的房屋安全综合评估模型及应用［J］．建筑结构，2017，47（S1）：987－992．

［36］武传表，刘慧蒙．基于 WCI 的旅游景区微信公众号影响力与受众偏好研究——以河南省 5A 景区为例［J］．辽宁师范大学学报（自然科学版），2020，43（4）：543－551．

［37］夏子清，刘唱．历史文化街区更新现状、政策研究［J］．建设科技，2021（6）：41－44．

［38］谢礼珊，赵强生，马康．旅游虚拟社区成员互动、感知利益和公民行为关系——基于价值共创的视角［J］．旅游学刊，2019，34（3）：28－40．

［39］杨訢．数字技术在历史建筑保护与修复中的应用研究［J］．中国房地产，2021（21）：74－79．

［40］张磊．上海红色文化遗产的协同发展初探［J］．上海艺术评论，2021（3）：87－89．

［41］赵雪芹，王少春．微信小程序用户持续使用意愿的影响因素探究［J］．现代情报，2019，39（6）：70－80，90．

［42］中华人民共和国中央人民政府网．文化和旅游部关于推动数字文化产业高质量发展的意见［EB/OL］．2020－11－18，http：//www.gov.cn/zhengce/zhengceku/2020－11/27/content_5565316.htm．

［43］朱良杰，何佳讯，黄海洋．数字世界的价值共创：构念、主题与研究展望［J］．经济管理，2017，39（1）：195－208．

［44］邹振宇，王鹏涛．价值共创视角下公益性数字图书馆运作模式与路径创新研究［J］．图书馆学研究，2021（2）：48－57．

［45］WANG N N，ZHAO X F，ZHAO P，et al. Automatic Damage Detection of Historic Masonry Buildings Based on Mobile Deep Learning［J］．Automation in Construction，2019，103：53－66．

乡村振兴背景下推进乡村文化和旅游的运营路径和机制研究

漳州职业技术学院　曾　咪

一、研究背景

　　党的十九大报告中首次提出"乡村振兴"，乡村发展问题上升至国家战略高度。2018 年中央"一号文件"《关于实施乡村振兴战略的意见》全面部署实施乡村振兴战略，明确提出"实施休闲农业和乡村旅游精品工程"，标志着乡村旅游已经成为乡村振兴战略的重要建设领域。2021 年中央"一号文件"《关于全面推进乡村振兴加快农业农村现代化的意见》对新发展阶段优先发展农业农村作出总体部署，指出"充分发挥农业产品供给、生态屏障、文化传承等功能，走中国特色社会主义乡村振兴道路……开发休闲农业和乡村旅游精品线路。"挖掘乡村文化和旅游特色，高质量发展是实现以上发展目标的重要环节。在国家政策推动下，我国乡村旅游发展迅速，乡村旅游行业市场规模不断扩大，已经成为农村产业融合的重要载体。乡村旅游与文化的融合发展成为旅游业的一种创新发展形式，为旅游业注入了活力和生机。乡村振兴背景下乡村文化和旅游的发展创新相关问题也成为国内外学者关注的热点和焦点。国内外研究人员围绕乡村文化的旅游开发利用、乡村文化保护与传承、乡村文化和旅游产业融合等内容展开了大量的研究；从研究成果来看，既有科学的乡村文化保护利用理论，也有可行的实践指导方案，积累了较为丰富的研究成果。但总体来看，

2018 年 3 月才正式组建文化和旅游部，统筹文化事业、文化产业发展和旅游资源开发，且乡村振兴战略提出的时间较短，很多理论和机制的形成和付诸实施还处于探索阶段。

随着乡村振兴战略的实施，新农村建设、供给侧结构性改革及美丽乡村建设的深入，从中央到地方密集出台了一系列支持乡村旅游发展的政策，处理好乡村文化和旅游协同发展关系，构建符合中国乡村特点的运营机制和可持续发展路径，已然成为亟待解决的重要论题。"乡村振兴背景下推进乡村文化和旅游的运营路径和机制研究"项目，在对国家乡村振兴和乡村文化旅游政策要点梳理的基础上，研究旅游和文化协调发展相关理论，国内外先进的旅游和文化协调发展相关理论以及成功个案，结合前沿理论和指导性案例，通过科学系统的论证，运用整体思维分析推动、调节、制约乡村建设、旅游发展、产业定位、文化保护利用、利益分配等要素的运转与配合，探索转变乡村文化和旅游发展方式的内在动力机制，突破传统的路径依赖，提出推动乡村社会和经济的可持续发展的有效运营路径和运营机制。一方面为国内学者进行乡村文化和乡村旅游研究提供科学借鉴和启示，另一方面为乡村振兴、乡村文化和旅游持续发展提供理论支撑和实践依据，以便更好地让百姓和企业享受乡村振兴实施战略的"政策红利"，并通过乡村文化和旅游的发展品质提升发展助力乡村振兴战略的深入实施。

二、乡村振兴背景下推进乡村文化和旅游发展的历史机遇

（一）近年来乡村振兴背景下乡村文化和旅游政策要点

乡村文化和旅游发展涉及乡村产业、人居环境建设、乡村治理、生态与文化保护、城乡融合发展等诸多领域，近年来文化和旅游、自然资源、城乡建设等多部门强化了"旅游+"的产业融合和行业协同，推动了农业休闲、乡村风景道、特色景观村、森林人家等一批乡村旅游新业态的快速发展。这与国家实

施的一系列支持乡村文化和旅游发展的政策离不开。

实施乡村振兴战略是党的十九大作出的重大战略部署,是新时代"三农"工作的总抓手。2018 年中央"一号文件"是历年中央"一号文件""三农"重要思想的继承和升华,聚焦乡村振兴,在新时代背景下对"三农"工作进行了全面部署,明确提出了"培育乡村发展新动能""繁荣兴盛农村文化""推进体制机制创新""开拓投融资渠道"等重要指导性意见。《国家乡村振兴战略规划(2018—2022 年)》更是具体提到了相关政策,如乡村文化保护政策、乡村文化产业政策、乡村公共文化服务政策、文化传播政策、乡村生态资源开发利用政策、乡村人才政策、金融财政政策等。

"十三五"时期,在乡村振兴战略的推动下,乡村旅游被确定为乡村新兴支柱产业,乡村旅游政策数量急速增长,2016 ~ 2018 年中央"一号文件"、《全国乡村旅游扶贫工程行动方案(2016)》、《关于大力发展休闲农业的指导意见(2016)》、《贫困地区发展特色产业促进精准脱贫指导意见(2016)》、《促进乡村旅游发展提质升级行动方案(2017)》、《促进乡村旅游发展提质升级行动方案(2018—2020)》、《关于促进乡村旅游可持续发展的指导意见(2018)》等相继颁布,政策从产业定位、发展模式、资金筹集、行业标准、市场准入、服务设施建设等不同角度全面引导休闲农业和乡村旅游发展,将休闲农业和乡村旅游作为新兴支柱产业,提出乡村旅游要绿色、特色、多元、品质发展,并给出具体措施,更加注重乡村旅游可持续发展及对乡村生态环境的保护。其中,农村文化产业是农村文化建设的经济支撑,也成为中央"一号文件"的亮点。早在 2006 年国家就鼓励农民兴办文化产业,2016 年甚至还在相关文件中指出了重点产业门类,依托农村绿水青山、田园风光、乡土文化等资源,大力发展休闲度假、旅游观光、养生养老、创意农业、农耕体验、乡村手工艺等产业。

(二)乡村文化和旅游政策的共同点及主要内容的变化

以上乡村文化和旅游政策具有以下的共同点:一是强调发展乡村特色,完善乡村旅游基础设施设备,建立旅游示范点;二是积极探索农业与旅游、文化等多业融合发展模式，推动农业与文化、旅游产业有效融合；三是注重培育乡村人才；四是开发休闲农业和乡村旅游精品工程或线路；五是推动乡村公共文化服务建设，提升乡村公共文化服务水平，创新实施文化惠民工程；六是注重挖掘乡村历史、特色文化，同时注重保护历史文化古迹；因地制宜，根据乡村实际情况进行规划建设（如用地规划），在乡村规划中注重保护生态环境和历史文化，注重人居环境整治；七是支持农户利用乡村自然和文化资源发展特色利用，拓展增收渠道；八是在发展乡村旅游过程中，要注重保护乡村优秀传统文化；九是加快推进乡村优秀文化资源数字化，保护与传承乡村优秀传统文化；十是发展培育乡村特色文化产业和乡土文化本土人才；十一是注重品牌建设，挖掘品牌故事，做好宣传工作；十二是发展生态旅游产业，打造乡村生态产业链。

中国乡村旅游政策中主要内容多次提到，在产品开发方面要依托绿水青山、生态优势，依托乡村生态生产生活深度挖掘乡村文化开发文化产品，注重产业融合，发展创意农业、养生养老、休闲度假、房车露营、民宿等"旅游＋"新产品；在资金方面，中央财政资金支持力度不断加强，提出多渠道筹集资金，落实税收优惠政策；在人力资源方面，鼓励旅游志愿者、毕业生、艺术和科技工作者等各类人员到乡村从事旅游相关创业、帮扶和培训活动；在实施角度方面，提出利用示范带动手段，并采用建设乡村旅游示范园区、示范村和示范县、创客示范基地以及农旅产业融合先导区等方式促进发展；在相关服务支持措施方面，提出大力支持旅游设施建设、加强基础设施建设；在发展形式方面，要引导和扶持发展具有历史、地域、民族特色的旅游村镇，注重推动以乡村旅游为载体的三产融合发展，加快培育和丰富乡村旅游的发展形式。

中国乡村文化和旅游政策为乡村振兴、乡村文化和旅游持续发展提供理论支撑和实践依据；在中国乡村旅游政策指引下，探索如何处理好乡村文化和旅游协同发展关系，构建符合中国乡村特点的运营机制和可持续发展路径，以更好地让百姓和企业享受乡村振兴实施战略的"政策红利"，并通过乡村文化和旅游的提升发展助力乡村振兴战略的深入实施。

三、乡村文化和旅游实施和运营现状分析

（一）乡村振兴下文化与旅游融合、运营模式

乡村振兴应该体现居住环境与生活内容相一致。在乡村振兴实践中，首先需要创造更好的乡村环境，这样才能吸引人才、资本和技术等要素流向乡村，也能够留住现有人口，提升乡村自身的生活活力。其次，从内容来看，乡村振兴要有相应的产业支撑，除了创意现代农业、文化旅游等项目外，也应该有依赖当地资源禀赋支持的新兴产业。最后，两者的融合还在于配套设施和服务的完善，解决教育、医疗和文化等困境。

各个区域的文化建设都丰富了乡村振兴的内涵，根据区域不同的文化资源和特色，形成了自己的独特模式，见表1。从文化到旅游，从农业到多产业融合，从特色小镇到美丽乡村，这些推动了乡村振兴战略的有效推进和实施。

表1   乡村振兴背景下区域文化与旅游融合典型模式

代表模式	文化内涵	发展目标	实现路径	特色
江苏江宁	特色文化模式，农业＋文化，推进农业与其他产业融合	以休闲农业为核心，融合多种形式农业产业与文化要素，形成产业集聚	延续以农产品为基础的传统农业，打造"互联网＋"模式现代农业	南京江宁"文化＋旅游＋体育"休闲乡村旅游路线
四川青川	生态文化模式，坚持绿色发展，实现因地制宜的产业建设	依托地域及自然环境优势，以特色茶业推动文化和乡村旅游产业发展	保护传统茶业文化遗产，将特色传统文化融入农业旅游业，打造特色农业品牌	"川北一绝"休闲农业及"青川绿茶"旅游品牌
山东烟台	乡村文化模式，复兴传承传统村落文化	以胶东地区历史文化为核心发展特色乡村文化产业建设，形成乡村文化主导模式	以非物质文化遗产为展示平台，积极推进胶东特色文化工程，建设农村公共文化设施	"乡村儒学"文化工程，胶东剪纸、潍坊核雕等非物质文化遗产体验项目

续表

代表模式	文化内涵	发展目标	实现路径	特色
浙江文村	传统文化模式，文化配套＋文化自信，通过对传统设施改造重拾乡村文化自信	通过对当地传统建筑改造，重拾文化自信，带动以生态民宿模式发展的特色乡村文化产业	吸引城市资本技术进入文村，改造传统建筑，建成生态民宿，展示传统与现代并存的特色文化，构成特色文化旅游业发展	文村生态民宿，形成民宿品牌，带动产业链联动发展

资料来源：周锦，赵正玉．乡村振兴战略背景下的文化建设路径研究［J］．农村经济，2018（9）：9–15.

1. 江苏江宁模式

江苏省提出了"强富美高新江苏"和"两聚一高"的目标，形成了现代农业产业的合理布局，包括以农产品为基础的传统产业、"互联网＋"背景下的现代农业、创意休闲农业等新兴产业。江苏省依托现代农业技术，增加现代科技在农业生产中的使用，推广优质的农业方法，创新特色农产品的生产技术，使得传统农产品质量和特色效益值提升，打造传统农产品品牌带来巨大销售收益。江苏农业电子商务近年来迅速发展，农业品牌积极通过电子平台进行产品营销，休闲观光农业等也依托互联网进行宣传。休闲农业方面，江宁的"美丽乡村"，开创"文化＋乡村旅游＋体育"的独特路径，凭借地理位置和生态环境优势，打造休闲旅行美丽乡村，并围绕其特色农业产品延伸产业链，开设生态园，发展乡村休闲旅游。

2. 四川青川模式

四川省青川县位于四川北部边缘，该地区利用自身优越的地理位置和气候水温条件以及传统文化背景，发展"川北一绝"的特色休闲农业。青川县推进绿色发展路线，加强本地生态建设，坚持因地制宜的发展思路，以传统茶叶产业和特色茶文化为抓手，进行茶业供给侧改革，保护当地茶业农业及文化资源。同时将茶业文化融入旅游业，建造体现川北风情的传统茶车间等休闲设施，弘扬"七佛贡茶"等传统历史文化，打造"青川绿茶"品牌，形成旅游特色村落。

3. 山东烟台模式

山东省烟台市作为历史文化名城，在乡村振兴过程中传承弘扬其丰富历史文化资源,打造胶东文化品牌。烟台市积极推进乡村儒学计划等文化工程,以重新激发其乡村文化活力,突出文化特色,凸显文化品牌内涵。以非物质文化遗产(胶东剪纸等)为切入点,推进以胶东传统民俗文化为亮点的乡村旅游,打造具有胶东风情的手工艺产品和旅游专属符号,促进城市游客与乡村文化的接触互动,从而不断深化特色乡村文化产业道路建设。烟台市同时积极完善农家网络书屋等公共文化服务设施,将城市文化资源引入农村精神文明建设,提高村民文化素养,形成乡村文化主导的产业集聚模式。

4. 浙江文村模式

浙江省杭州市富阳区文村在以政府为主导的乡村振兴过程中,积极引入社会资金、信息、技术等。城市建筑团队对文村基本环境设施进行升级改造,打造干净舒适的乡村环境。同时对文村明清及民国时期的江南传统农居房进行保护性改建,在江南历史文化中融入现代元素打造生态民宿,以文化风格的对比冲击塑造独特的文村文化风貌。伴随城市风格进入和生活环境的改善,文村依靠传统和现代结合的独特风格重现文化自信,形成以民宿为特色的旅游业,并利用其溢出效应推动文村文化建设的创新和保护。

仅从乡村旅游运营来看,国内乡村旅游主要有四种典型经营模式:一是周庄宏村模式,企业为主,居民为辅,其中,周庄是国企,宏村是民企;二是成都"五朵金花"模式,居民为主,企业为辅;三是乌镇模式,企业经营,居民不参与;四是西递模式,居民为主,集资成立村镇公司,没有外来企业参与。周庄宏村模式是一种值得推广的模式。只有企业进驻,才能真正解决资金和经营能力问题,大手笔运作。宏村与西递各方面都相似,宏村因为有企业经营和宣传,游客量和收入多很多。当然,选择企业也很重要。不论是国企还是民企,一定要有投资实力、有投资诚意、有建设品位、有经营能力。在乡村文化和旅游运营中,强调无论投资建设主体是什么身份,都应采取市场化的方式运营,建设模式的选择跟投资主体的成分以及政府在其中的参与程度有很大的关联。

(1)政府成立国有企业。由政府出面成立专门的国有企业,对乡村文化旅游进行统筹管理和建设。这种建设模式既满足了市场化运作的要求,又能保证政府在乡村文化、乡村旅游、特色小镇建设过程中的主导地位。在项目建设的初期一般是由政府投资，待乡村文化旅游进入运营阶段再交由相应的国有企业来负责建设。这其实是对事业单位"事转企"改革的思想延续，新建的文化旅游则可以在建设之初就开始完全企业化运作。由政府成立的国有企业进行管理建设，可以构建产权明晰的完全独立的企业法人，在财务上也执行企业会计制度，乡村文化与旅游的管理权和经营权不再牢牢掌握在政府手中，企业拥有更多的话语权。此类模式既有文化旅游系统自行组织并管理的公司，也有脱离了文化旅游系统隶属国资委管理的模式，还有多家公司参股从而形成伙伴关系公司等类型。这种由政府直接管理改革而来的管理模式，其在文化旅游特色村镇的运营中有以下几个特点：一是行业管理部门不参与旅游特色乡村、小镇的直接管理，只是作为政府的职能部门，履行统筹监督、组织协调等调控职能，政府通过组建国有企业对小镇实施直接管理建设。二是政府与企业实行政企分开、权责分离，赋予该企业对小镇的市场经济活动实行建设管理的权利；企业通过内部建设管理体制的改革，在扩大企业经营自主权的基础上，统筹管理整个小镇的经营服务事项。三是此模式是纯粹的市场化运作模式，把小镇的经营管理权完全交给一家独立自主、自负盈亏的企业。

（2）民营企业独立自主建设。民营企业管理模式就是私人投资建设和运营文化旅游乡村和特色小镇的模式，以具有独立法人资格的企业来管理小镇。相对于国有企业，民营公司一般具有更为专业化的建设经营手段和渠道，能在日常经营管理中带来更加规范的服务流程和价格体系，有利于提高乡村旅游项目的管理效率和服务质量。民营企业化建设模式的特点是完全由社会资本或个人投资负责小镇的建设和运营。其重点是开展多元化经营，项目包括酒店、餐饮、购物等主题商业，以及竞赛表演、会展经营等。民营企业模式与完全国有企业模式的特征基本一致，只是投资建设方的主体有所不同。私营场馆在开展公益服务与持续运营中面临的主要问题是高额成本，税收和土地成本已成为小镇获取收益的主要障碍。其不足之处在于容易忽视乡村、旅游小镇的公益性和服务性而成为完全的商业项目，公共资源和社会效益无法得到有效保障。民营企业以盈利为首要目标的，为了追逐更大的利益，往往会压缩成本从而忽视了公益性。强迫企业运营的乡村与特色小镇提供无法盈利的公共服务，只能使恶性循环继续加剧。政府可以采取向小镇购买公共服务的方式，保证小镇在社会公益服务中有所收益。

（3）混合建设模式。在运营模式上，混合经营主要包括委托经营、合资经营、承包经营三种模式。委托经营主要是指通过依托地方政府构建文化旅游特色乡村的建设主体，采取公开招标的方式，合同委托第三方组织进行运营。政府作为服务的提供主体和监管主体，企业作为产品与服务生产单位，构建产权清晰，主体明确的责任机制。以特许经营为原则，更多地发挥市场机制。这种管理机制主要特点是通过出让文化旅游特色乡村的部分或全部经营权来引进社会资本并进行经营管理。实行此种机制的目的是希望利用社会资本和运营经验，对文化旅游特色乡村进行一定程度的改建，提供更加专业规范的服务并获得相应的经济回报与社会效益。合资经营是文化旅游特色乡村吸引民间资本投资的重要手段，以其自身的文化、土地等多种资源与民营机构进行合资合作，由民营机构投入相应的资金或其他资产，双方共同经营与开发，共担风险、共享收益。该模式拥有产权与经营权分离、减轻政府财政压力、缩减事业编制、提高运营效率等诸多优点，也存在一些缺陷，诸如风险划分不清、合作双方权利不明、监管体系不完善和监管机构缺位等，这都是在实际操作过程中难以避免的问题。承包经营指政府拥有乡村文化旅游项目的所有权，按照所有权与经营权完全分离的原则，通过招标、谈判、协商、聘任后，旅游特色乡村的管理和经营权在一定时间内移交某一公司、社团或个人全权管理。以承包经营合同的形式以确定乡村所有者与经营者各自的责、权、利关系，使承包人能根据其自身经营能力和对市场发展的基本判断，做到自主经营、自负盈亏。国内乡村文化和旅游运营模式比较参见表 2。

表 2　　　　　　　　　　　　国内乡村文化和旅游运营模式比较

运营模式	主要特点	优点	缺点
国有企业运营	项目建设的初期一般由政府投资，待乡村旅游进入运营阶段再交由相应的国有企业来负责建设，行业管理部门不参与旅游特色乡村、小镇的直接管理	政企分开、权责分离	政府投资额大

续表

运营模式	主要特点	优点	缺点
民营企业独立自主运营	由社会资本或个人投资负责旅游乡村、小镇的建设和运营，往往开展多元化经营	运营管理专业，效率高，服务规范	以盈利为首要目标，忽视公益性
委托经营	合同委托第三方组织进行运营，出让文化旅游特色乡村的部分或全部经营权，来引进社会资本并进行经营管理	利用社会资本和运营经验，提供更加专业规范的服务	政府和企业利益冲突；注重当前利益忽视长远利益；建设投入不足
合资经营	乡村以其自身的文化、土地等多种资源与民营机构进行合资合作，民营机构投入相应的资金或其他资产，双方共同经营与开发，共担风险、共享收益	吸引民间资本投资，产权与经营权分离、减轻政府财政压力、缩减事业编制、提高运营效率	风险划分不清、合作双方权利不明、监管体系不完善和监管机构缺位
承包经营	旅游特色乡村的管理和经营权在一定时间内移交某一公司、社团或个人全权管理	自主经营、自负盈亏	监管体系不完善和监管机构缺位，注重当前利益，忽视长远利益

资料来源：龙井然，杜姗姗，张景秋．文旅融合导向下的乡村振兴发展机制与模式 [J]．经济地理，2021，41（7）：222-230．

（二）存在的问题及原因分析

1. 资源开发缺乏整体规划

目前，一些乡村文化与旅游发展盲目性明显，缺乏总体规划，缺乏乡村旅游的系统规划和考量，对文化与旅游资源的挖掘与整合力度不够，没有形成乡村旅游产业发展的完善体系，没有拓展乡村"旅游+"的潜在价值。许多地区是简单点式开发，呈现出一种小而散的自由发展状态，与传统旅游景区（点）之间没有建立起有机联系和互补组合，缺少产业化思维，没有形成规模效应，各区域发展尚未形成合力。另外，旅游发展缺乏全域思维，没有实现乡村旅游与精准扶贫、环境治理、美丽乡村及生态修复的深度融合。

2. 乡村文化旅游开发同质化，开发缺乏内涵

首先，乡村文化旅游产品开发方式单一，同质化现象严重（张奇志，2015），缺乏文化精品。许多乡村旅游活动局限于农家乐活动或特色小镇观光游览的模式，

产品特色不突出，项目重复较多，导致游客重游率低。其次，乡村旅游产品深度开发不足，没有与本地的特色文化结合，未深入挖掘区域特色旅游资源和民俗文化内涵，将现有的民居、农田果园或养殖场加以美化和修饰，多数仅停留在游览观光、鱼塘垂钓、果园采摘等表层开发项目，缺乏深度体验项目，缺乏创新性的文化旅游产品，难以满足游客多层次多样化与高文化品位的旅游需求。

大部分乡村会利用当地文化开发出旅游节庆活动，如展演婚嫁丧娶习俗、乡风或当地传说，举行并非时节的丰收庆祝等，将其转变为"文艺汇演"，或者安排游客前往农家乐参观村民劳作表演。这些展演和活动没能让游客真正参与其中去亲身体验和感悟，也就难以促使游客认真思考乡村文化的真正内涵，难以产生共鸣，会导致游客始终沉浸在旅游的幻象之中，认为所谓的"原生文化"就是这些缺乏厚度的事物和活动，这不利于乡村旅游的长远发展。由于深度旅游消费几乎不存在，也减弱了乡村旅游经济的效益。

3. 乡村文化和旅游服务水平较低，专业人才匮乏

乡村旅游市场满意度方面，在安全卫生、服务水平以及市场监管等方面均普遍较低。受限于较偏僻的地理位置和乡村的生活水平，目前我国乡村文化旅游行业较难吸引到专业型人才。农村严重的"空心化"，让乡村缺乏乡村旅游的新生力量。多数乡村旅游管理人员对乡村旅游的运营和发展普遍缺乏专业认知与培训，往往凭借经验和主观感觉自我运作，得不到科学和长远发展；一般从业人员基本为当地村民，大多没有受过专业的教育和训练，服务技能水平普遍不高，导致乡村旅游经营水平较低，从而影响经营效益。

4. 品牌宣传力度不够、营销渠道单一

文化与旅游产业的发展，宣传推广的作用不能忽视。尤其在乡村文化旅游产业的发展过程中，更需要突出特色，进行大力的宣传推广。我国的乡村旅游在知名度、资金实力方面相对于风景名胜区都处于弱势，存在旅游特色不突出、旅游形象不够吸引人、乡村文化旅游品牌辨识度不高、影响力有效等现象。

在"互联网＋"的时代背景下，乡村旅游的营销渠道存在重宣传、轻营销和渠道建设、营销渠道单一等问题；在乡村旅游的经营方面，以现场售卖乡村

产品、商品为主，乡村产品的销售渠道单一且传统，且乡村旅游商品的品质化保障缺乏诚信监督（贺剑武，2021）；农户们和经营者不了解、不重视市场容量，重复建设，由于缺乏规划、经营者各自为战，无法形成区域乡村旅游整体市场营销合力，更缺乏有力的营销策略。

5. 行业管理力度不够，立法管理体系有待健全

乡村文化旅游容纳量有限，管理和服务水平较低，不能满足乡村旅游发展的硬性需求。目前，不少文化旅游产品开发和经营行为不规范；卫生和环保没有引起足够的重视，也缺乏有效的解决办法。乡村旅游管理方面，存在碎片化、不系统、缺乏监管和质量审查机制等问题。缺乏专门规范乡村旅游服务的行业标准和乡村旅游地方性法规及规章，无法对乡村旅游景区（点）的经营、场地、安全、消防、环保、卫生、食品、厨房、厕所、客房和服务等方面进行规范和管理。在开发经营过程中缺少对生态环境营造和传统文化保护的意识，对破坏行为也缺乏相应的管理手段和政策依据，立法管理体系有待健全。

6. 资金投入不足

资金投入方面，受文化旅游资源较为分散或者需要大力挖掘影响，需要较大资金量进行投入和挖掘整合。但目前乡村旅游开发过程中，农村金融发展落后，缺乏乡村旅游专业融资机构，乡村旅游业与资本市场结合松散，政府依然是融资主体、融资总量小，乡村文化振兴专项管理经费不足，每年仅靠政府对一些示范点给予一点补助，难以满足乡村旅游文化振兴中的各项建设需求。

四、推进乡村文化和旅游的运营路径和机制对策建议

（一）乡村文化和旅游的运营的关键路径

1. 拓宽资金投入渠道

建立多元可持续的投融资机制，鼓励社会资本参与乡村文旅建设。优化农

村营商环境，引导好、服务好、保护好社会资本投入乡村的积极性。借助社会力量完善农文旅融合发展的重点项目资源，打响乡村文化旅游项目的知名度，打造一批乡村文化和旅游产业振兴的示范区。

强化财政保障，拓宽经费来源。针对当前乡村文化振兴专项管理经费不足的情况，一是将运维服务经费、活动经费、工作经费一并纳入各级财政经常性预算；二是设立乡村文化振兴专项资金，为补齐乡村公共文化资金提供资金保障；三是通过乡村自筹、单位帮扶、社会募捐等方式吸纳民间资金参与；四是整合乡镇文化、旅游、农业、教育、体育等资源，加强管理，提高资金使用效率。从经费上保障农村文旅资源强起来、特色亮起来、人气旺起来。

2. 推动文旅产业融合发展

强化多产业融合发展顶层设计。鼓励文化、旅游与工业、农业、会展、科技、体育、影视等相关产业深度融合，推动旅游业供给侧结构性改革，提高产业资源利用率，优化文旅空间布局，发展全域旅游，培育新兴业态，提炼文旅线路，打造文旅精品，逐步构建现代文化产业和旅游业体系，推动乡村产业振兴和文化振兴高质量发展。

健全现代文化产业体系。坚持把社会效益放在首位，社会效益和经济效益相统一，深化文旅体制改革，完善文化产业规划和政策，加强文化市场体系建设，将文化遗产保护、传统技艺传承、文化旅游和产业开发融为一体，推动"文化＋旅游""文化＋科技""文化＋创意""文化＋互联网"等新兴业态创新发展，加强文化旅游、文化服务、民间工艺加工、民俗风情展演等资源开发利用。规范发展文化产业园区，推动区域文化产业带建设。发挥重大项目带动作用，扩大优质文化产品供给，依托地方传统特色文化等文化旅游资源和自然、历史资源，重点打造休闲农场、乡村庄园、乡村博物馆、艺术村落、农园果园、民宿等文化旅游产品，打造具有地方特色的文化旅游创意产品。利用推进农业、林业与旅游、文化、康养等产业深度融合，大力发展各具特色的农村生态旅游、乡村休闲旅游、民俗旅游和农业传统体验游，促进第一、第三产业融合，做好做强现代休闲创意产业。加大文化产业的科技投入，引进高端人才，利用云技术等方式形成文化产业化的科技支撑。利用新兴技术及互联网平台，改造传统文化产业,培育新兴业态,发展文化电商服务,推动互联网与公共文化服务融合发展。

3. 打造特色文旅品牌

大力推动农村地区实施传统工艺振兴计划、戏曲振兴计划,开发民间艺术、民俗表演项目,培育有地域特色的传统工艺品,推动传统工艺提升品质,形成品牌、带动就业。重点在文化遗产、节庆赛事、养生文化、民俗文化、名人文化等方面进行创意开发。鼓励引导社会力量参与古民居的保护和活化利用,引导利用古民居、古遗址、古村落、古街发展文化产业项目,培育一批特色文化产业乡镇和文化产业特色村。着力培育乡村文化产业领军人物,发掘和培养一批扎根基层的乡土艺术家、乡土文化能人、非遗传承人和民间艺术传人。依托特色化、多样化、差异化乡村文化产品,推出具有乡村特色的文化旅游体验活动。深挖乡镇、村办的历史典故、民间传说,让产自该地的农产品、工艺品变得"背后有故事"。在产品设计、制作包装过程中厚植非遗文化技艺元素,赋能商业价值。通过深入挖掘乡村文化,建设有温度的美丽乡村,提升乡村旅游的文化软实力。许多传统村落已经认识到优秀村落文化是村落的核心生命力之一,要深度挖掘和传承村落传统文化的内涵和精髓,将之融入乡村发展之中,保持村落的生命力。例如,福建屏南县在对其传统村落的保护过程中,逐渐走出了一条充满文化底蕴的独特振兴道路。屏南县政府首先对当地特色物质文化遗产(木拱廊桥)和非物质文化遗产(四平戏、棍术等)给予高度重视,在屏南县传统单一的旅游模式基础上融入文化遗产元素,打造文化亮点,使旅游业突破瓶颈,同时积极引入相关人才进行传统文化的再发掘。在拥有竹制品文化历史的屏南县前洋村,村民与下乡的艺术家一起创作传统竹木弓箭制作,打造特有乡村手工制品品牌,推动竹编文化的复兴。相关传统村落改造的举措让屏南县的传统文化再次焕发生机,表现出乡村文化特有形态,对于其他传统村落的振兴具有借鉴价值。

4. 提升乡村公共文化和旅游服务品质

完善乡村公共文化和旅游服务供给体系。坚持政府主导、社会多元参与的原则，在保证公共文化服务公共性和公益性的同时，将政府推动和市场驱动有机结合，加快实现公共文化和旅游服务社会化和供给主体多元化。充分利用多种社会资源，对接市场主体需求，实现资源要素有效供给和高效配置，提升公共文化旅游产品和旅游服务的供给质量和服务水平。

推进公共文化和旅游服务供给侧结构性改革。正确认识和妥善处理公共文化和旅游服务标准化与多样化的关系、公共文化机构与市场主体的关系。找准百姓和游客的文化需求，特别是在内容资源上提高公共文化服务供需的匹配程度，打造"智慧"文化机构或场所，实现公共文化和旅游服务的"精准供给"。丰富乡村文化产品供给。指导县镇村各级公共图书馆、文化馆充分利用网站、微博、微信、文化云、数字图书馆、共享工程等平台，相继策划推出各类线上文化活动，免费为广大群众提供包括电子书、慕课、线上展厅、文娱节目、线上培训等海量在线数字文化旅游资源。对农村文艺人才进行传帮带，帮助他们提高创作水平和表演能力，带动当地群众文化活动开展。深化拓展"我们的节日"主题活动，打造特色乡村民俗文化活动品牌，常态化组织开展系列节日民俗以及乡村大舞台、乡村摄影展等活动，以活动带动乡村文化传承。提升基层文艺团体和文艺工作者素质和旅游服务水平。将乡村旅游的发展纳入乡风文明建设中来，促进乡风文明建设与乡村旅游同步运营、同步发展。通过提升农村人居环境、保护传承民俗文化、涵养民风乡风等措施，为乡村游插上"隐形的翅膀"，将软环境、软实力转化为良好的社会效益和经济效益。

（二）乡村文化和旅游运营的重点措施

针对乡村文化和旅游发展运营过程中存在的问题，结合当前国内外发展乡村文化旅游方面的做法，研究符合我国国情的乡村文化旅游发展运营实际的创新性和可操作性方法。

1. 培育乡村旅游目的地社区居民参与度，保障社区居民获益

我国乡村旅游开发实践，主要以政府主导型、社区居民主导参与型和多利益主体参与型的模式为主，多元主体形成一个错综复杂的利益网络，各主体之

间不仅是协作配合的关系，还普遍存在利益博弈。乡村旅游开发涉及乡村社会、经济、文化、生态等层面结构的重塑，社区居民作为旅游地最核心的利益相关者，也是自然、生态和社会环境改变的长期承受者，可能会面临游客带来的生活资料、公共设施使用的紧张和环境污染的问题。除了政府主导驱动外，乡村旅游发展还能采用旅、农、工、贸联动发展、农旅结合、股份合作、公司＋农户、社区参与等经营模式来激发不同利益主体的动力。

首先，政府需要做好自身定位，实现由主导、引导角色到协调、服务角色的转换，要解决好政府（权力）、市场（资本）和居民（社区）三者之间的关系，涉及政府、企业和居民等众多的利益分享者如何协同发展、利责的合理分配时，应创造良好的法律和政策环境，提供科学合理的制度安排，保障相对公正的利益分配，以提高当地居民对旅游业的支持度。同时还要鼓励社区居民深入参与，使他们主动成为目的地环境生态、文化生态的维护者和创造者，促使他们以更负责的精神、更积极的态度关心社区旅游发展，使乡村文化旅游最终形成依靠当地的发展能力，将更有利于乡村文化旅游获得长久持续的发展。例如，福建省漳州市华安县新圩镇的官畲村作为畲族村落，畲族群众占80%以上，该村于2016年引入国企漳州市旅游投资集团有限公司开发"七彩官畲"景区，拓展文化创意元素，融合畲族风情、自然及人文景观，集旅游观光、度假、民俗文化、文化研学为一体。官畲村倾力打造既融入畲族传统文化又极具现代气息的多功能大型舞台，以畲族古老精神图腾凤凰取名为凤凰台，将畲族传统民俗故事精心编排成歌舞，由村民上台表演展示给远道而来的游客；对村民给予人文关怀，增加村民对景区的归属感，带动村民端起旅游饭碗，鼓励村民开办民宿，该村有90%的村民从事旅游相关工作。由于景区的发展和村民利益息息相关，物质文化遗产和环境保护观念在村民中深入人心。"七彩官畲"景区既保留了原生态的自然风光和文化传统，又让村民从旅游发展中得到真正的实惠，改变村落贫穷落后的面貌，使畲乡走上乡村振兴道路。

其次，政府和社区要用心扶持乡村精英投资创办的旅游企业。地方政府和社区可通过减免税收、资金扶持、技术知识支持、完善基础设施等手段支持乡村精英投资创办的旅游企业。与大中型旅游企业相比，小微旅游企业对乡村发展的带动能力相对有限，但是其能满足部分中低端旅游市场需求，能够为村民提供家门口的就业岗位，通过搭建旅游产品销售平台，扩大村民生产的农副产品销路，还能够吸收部分村民入股，以收益分红的形式回报村民，带动村民增收致富，这就使本地小微旅游企业具有很强的社区嵌入性。因此，在引入大企业大项目的同时，政府的指导政策需要统筹兼顾小微旅游企业的发展，适当保护本地旅游经营者的利益，对于提升乡村社会的文化环境和生态环境具有一定积极的经济文化意义。

2. 促进乡村文化旅游业态和产品创新，提升旅游吸引力

供给侧结构性改革背景下，乡村旅游逐渐由资源依赖向结构调整和创新转变。2018 年，国家决定组建文化和旅游部，"文旅融合"开始迈入实践性操作。乡村旅游产业与农业、康养、文化、服务业等产业融合，新型业态不断涌现。旅游者消费能力上升以及需求转变是乡村文化旅游新业态成长的基石。乡村旅游新业态本质上是一种产业边界扩融的结果，围绕产业融合展开。但并非所有开发者对乡村文化旅游新业态的打造和开发都能够遵循科学的规划和指导，往往技术化、人工化和城市化的痕迹明显，大众化旅游产品泛滥。乡村特色是乡村旅游的生命，乡村性的退化会缩短乡村旅游地的生命周期。这就需要经营者在充分了解当前产业环境和竞争格局的变化后，基于市场需求，转型旅游业态，通过创新，升级文化旅游产品，主要从管理模式和产品上着手。

首先，发挥区位优势，因地制宜，深挖区域文化的内涵，加强对本地乡村旅游资源核心吸引力的认知与保护，整合产业优势，制定融合模式与机制保障，将相关产业链、资金链、政策链与乡村旅游产业要素深度融合，创新业态。近年来，国内一些比较著名的葡萄酒产区开始打造葡萄酒乡村文化旅游，北京葡萄酒产区的酒庄和宁夏贺兰山东麓葡萄酒长廊为乡村文化旅游的业态创新树立了榜样。北京葡萄酒产区的酒庄开发出葡萄酒科普观光、美酒美食、亲子研学等特色旅游方式；贺兰山东麓葡萄酒长廊是贺兰山国家级风景道的重要组成部分和宁夏全域旅游发展核心，已建成的几十家列级酒庄中，有半数以上具备一定的旅游接待功能，有几家酒庄还被评为 A 级景区。游客在贺兰山脚下能感受葡萄酒文化、酒庄建筑景观和田园风光。以上案例中的葡萄酒乡村文化旅游是以旅游度假为宗旨，将地域文化与葡萄酒产业的自然景观、人文景观、社会精神文化等有机结合，通过第一产业、第二产业、第三产业融合发展，相互促进、协同共生、向高附加值提升，形成活态化和主题性，体现了乡村旅游高品质可持续发展。

其次，做好乡村文化旅游产品的原真性和精细化的升级，形成产品优势和品牌优势；精准营销，精心服务，并利用云旅游等现代科技手段扩大推广旅游产品途径。2021 年 3 月 3 日，四川成都岷江村的民宿"九坊宿墅"首次登上飞猪逛吃团的直播间，通过直播售卖当地的桂花糖和桂花酒等农货，让网友云旅游观赏桂花种植基地等乡村景观。近年来，国内游客呈现分散化和年轻化特征，对传统意义的旅游产品进行迭代升级已经成为趋势，形成多种多样的旅游产品和旅游体验，强化产品的乡村性和真实性。求真的同时亦要求异，使产品具有独特性和多样性，利用高新技术从产品设计、软件产品开发到消费体验上给消费者带来更好的体验，增加消费者的认同感和对产品品牌的黏性，实现价值增值。还可运用 VR 技术提供虚拟场景帮助游客做出购买决策，通过旅游直播打破传统旅游营销的距离感，结合旅游线路和景点推广，更好地应用数字技术展现旅游目的地的历史文化风貌，创造感性、智慧的文化旅游体验。

3. 积极发展数字经济，以"乡村旅游 + 互联网"提升乡村旅游运营效率

在"互联网 +"遍及大众生活方方面面的时代背景下，乡村旅游产品信息的全面化、消费体验的前置化、消费过程的便捷化以及消费权益得到充分保证越来越受到游客重视，直接影响着游客的旅游消费预期，进而对游客消费意愿产生影响。但就目前乡村旅游现状而言，数字化、网络化、信息化水平较其他旅游形式差距明显，乡村旅游因技术、人才、资本、观念等限制普遍存在运营效率低、信息统筹弱、部门协调差以及营销方式和渠道单一、营销内容传统等现象，碎片化、缺监管、低效率的乡村旅游运营管理模式给游客带来的不便不仅显著影响了游客旅游体验和对乡村旅游的整体感知体验，还极大地增加了游客乡村旅游的心理成本，成为阻碍游客产生乡村旅游意愿的重要原因，而加上乡村旅游整体较为落后的营销水平对社会公众乡村旅游及其价值传播宣传，进一步阻碍了游客对乡村旅游的认知与认同程度。

对此，需要加快构建乡村旅游和农业的互联网智慧平台，通过积极推进乡村旅游发展与互联网、大数据、云计算、物联网、区块链等新技术的融合，实

现乡村旅游各环节、全方位、多要素的全面"触网"。具体可通过以下策略：如以"互联网＋乡村旅游"的模式实现"线上线下"的互动营销、融合营销、精准营销，实现旅游产品的在线展示、在线预定以及和游客的在线互动，形成线上乡村旅游信息展示、营销、互动、决策、预定、支付以及线下个性化、多元化、品质化旅游体验的完整闭环；以大数据、云计算和物联网等技术实现对乡村旅游客流量、物流量的实时监控和综合调控，提高乡村旅游应急处理能力、运营调度能力，以物联网、区块链等技术加强对乡村旅游产品业态、食品安全的高效管理与智能监控。

总之，从乡村文化旅游管理模式、产品创新升级和利用数字信息化技术上着手，有利于解决乡村文化旅游供给侧中存在的乡村环境质量下降、乡村文化受损、产品品质不高、运营模式落后等实际问题。

（三）推进乡村文化和旅游运营的机制对策

乡村文化和旅游的可持续发展不是一蹴而就的，需要一个持续的过程，需要系统、科学与专业化的运营机制保障乡村文化和旅游运营正常，从而提升各地乡村文化旅游综合竞争力。

1. 引导机制

（1）坚持统筹协调，政府职能部门牵头，文化、旅游、财政、交通、建设等部分参与，通过部门协作，理顺乡村文化和旅游运营管理体制，提高行政效率，推动文化旅游管理职能由行业管理向产业促进和综合协调方向转变；引领组织规划乡村文化和旅游发展，打造村镇特色文化旅游品牌，坚持"循序渐进、特色布局、示范带动、全域开发"的路径，指导农村的文化旅游发展方向。

（2）针对文化产业和旅游产业不同属性的差异，如事业属性与产业属性，强调经济效益与市场经济规则、教化育人功能和娱乐体验功能，旅游资源的本体价值和现实价值等改革服务策略，实施产业定制化开放策略，对文化和旅游特定产业体系进行有针对性的政策制度设计，聚焦影响产业高质量发展的深层次问题，主动作为，积极对接财税、国土、发改委等相关部门改革举措，推动一些重大改革举措在文化和旅游领域率先突破；有效激发市场主体活力，确保社会效益与经济效益的协调发展。打破制约文化与旅游融合发展的瓶颈，制定并颁布促进文化旅游发展的优惠政策和奖励机制，加强引导，发挥文化旅游投资公司的作用，协调金融机构，加大对文化旅游项目的资金支持。鼓励民间资本以投资、参股、控股等方式参与文化旅游项目的开发，鼓励多元化的资本投资和多元化的经营方式，建立财政、社会资本等多渠道投融资机制，做大做强一批具有核心竞争力、水平高、特色鲜明的文化与旅游相结合的企业。

（3）强化制度体系建设，通过培训村级文化干部，树立文化保护的整体理念。加强旅游领域立法，尤其是加强诚信体系建设，提升旅游服务质量，完善旅游政策服务保障体系，规范旅游服务产品提供者的行业行为。

（4）建立乡村旅游的专业评价体系。乡村的"吃、住、行、游、购、娱"管理标准化，取得相应的资格认证，要素的开发要因地制宜，不可只顾短期经济利益。

（5）完善乡村文化和旅游考核机制。例如，成立县区主要领导任组长的乡村振兴领导小组，各相关部门及乡镇主要负责人为领导小组成员，每个乡镇配备 2~3 名文化、旅游专干，每个乡村确定至少 1 名文化管家（或文化志愿者）或旅游管家，专职负责文化和旅游工作。完善目标考核机制，把乡村文化和旅游振兴工作目标任务细化、量化，并将考核结果作为各单位各部门年终评优评先的重要依据。

2. 融合机制

（1）构建以文化或旅游产业为主导的互相融合机制，建议形成以"党委统筹 + 政府主导 + 企业运作 + 村民参与"文旅融合运营机制。

（2）传统乡村旅游产品面临转型升级，在乡村振兴的当下，旅游发展的思路应要迎合休闲与度假市场深入体验的需要，挖掘乡村文化要素，做好乡村文化的旅游利用与开发，通过"经典景区带动 + 村镇文旅品牌 + 村镇旅游带动"的"文旅互融"主导模式，实现乡村旅游产品转型升级，提升产品竞争力和影响力。

（3）出台区域性文化遗产和非遗文化的旅游利用体制，建设文化旅游项目的文化评估体系，做好公共文化机构和旅游公共服务机构绩效考评机制。

（4）进一步鼓励技术创新与旅游产业的融合。各级政府和旅游企业都要重视旅游产业融合中技术创新的支撑作用。政府要出台相关的政策，从实际行动上鼓励和扶持企业进行技术创新，尽快将研发的各种现代新技术运用到旅游产业发展中，为乡村文旅产业间或与更多产业的融合发展提供技术平台。旅游企业也要注重知识和技术的学习，加大技术研发的力度，精准对接消费者旅游需求，同时注重引进相关的先进技术研发特色鲜明的旅游产品，向旅游市场提供更多个性化旅游产品。

3. 协同机制

（1）将乡村文旅发展和人的发展联系在一起，协调好农村集体、旅游企业和农民的利益分配问题，使乡村旅游发展惠及村民，让村民在旅游发展中获得收益。村民对发展旅游业有积极的态度，亦可展现目的地良好的服务形象。

（2）乡村文化和旅游与生态文明建设协调发展。在发展乡村旅游的过程中，以美丽乡村为建设目标，实现乡村旅游与生态环境的可持续发展，坚持生态环境保护、绿色发展的模式，以良好的旅游景观环境为旅游者休闲度假提供基础。

（3）以全域化、特色化、精品化为乡村旅游的发展理念，拓展与开发休闲农场、乡村庄园、乡村博物馆、艺术村落、农园果园、民宿等新业态类型。

（4）打造完善的游客体验和服务系统。在智慧旅游的概念和技术基础上，通过多元的信息化手段进一步满足游客多元化的信息需求和体验需求。

（5）改革旅游教育机制。从优化学生的知识结构和提高学生的实践能力着手，与市场需求接轨，尽量多培养知识结构完善、创意思维强、实践能力强的复合型旅游人才。

4. 利益机制

乡村文化旅游融合发展中涉及很多利益相关者，既需要基层政府的行政管理，又需要众多的社会组织、企业及各类居民游客的共同参与，是一个涉及乡村基层组织、城镇社会自治组织和政府职能的多重交叉的特殊空间。乡村文化和旅游运营的利益相关者包括乡镇政府及其各职能部门、各种社会团体，生产和服务性企业、投资者等私人部门和机构，乡村的基层组织和农业合作社等组织、村民联合自治组织，城镇乡村居民和游客，等等。在当前以"政府引导、企业主体、市场化运作"为主导的乡村文化与旅游运营模式下，引入经营主体，关键是建立合理的利益机制。有了合理的利益机制，才能够健康持续地发展。而这个利益机制，要做到"四个满意"，首先是居民满意，其次是政府满意，再次是游客满意，最后是投资者、生产和服务企业满意。

（1）居民满意。居民满意是基础。发展乡村旅游，居民有两个利益诉求：一是增加收入；二是改善生活质量。我们要努力满足这两个诉求。乡村管理薄弱已成为导致乡村发展弱化的主要原因。只有健全乡村自治组织和农民组织，才能将分散的农民和农村经济联合起来，形成竞争力。其中，村民委员会是基层群众性自治组织，其应该在一定程度上实现村民自我管理、自我教育和自我服务。但目前的村民委员会并不能完全参与到乡村文化发展中，因此需要强有力的农村自发性的自治组织，才能彻底解决乡村文化旅游发展参与能力弱化的问题。一些地方的农村合作社就是很好的例子，这些自发性组织除了组织村民、整合资源以外，还充分利用城镇的发展机会和城镇资源。

（2）政府满意。在我国目前的行政体制下，政府是决定利益关系的主导者和决策者。决定利益相关者关系的工具是规章制度、各方实力对比和信息对称三个方面的内容。因此，政府的作用是制约强势群体，保证利益分配过程尽量公平；通过放权等方式削弱强势群体的谈判能力、增强弱势群体的实力，为利益公平创造条件；通过制定信息披露规则，确保信息公平、公正、公开，并通过企业等机构公布信息，增强个体对信息的掌握程度，强化信息对称度。政府也可以采用多种方式，如建立网络化治理，对政府工程实行承包和转包制以及开展PPP模式①，为小镇的私人部门更好地参与建设和经济发展创造条件。尤其是，政府要将农民作为弱势群体，纳入乡村旅游、特色小镇运营过程中的利益相关者，通过管理工具增强农民在利益交易中的谈判实力和信息透明度，同时在公共服务方面向乡村倾斜，以期通过增强腹地的发展能力为小镇提供支撑。

（3）游客满意。随着人们对乡村的认知程度深入，乡村旅游市场需求得到

---

① PPP（Public-Private-Partnership）模式即公私合营模式，指政府与私人组织之间，为了提供某种公共物品和服务，以特许权协议为基础，彼此之间形成一种伙伴式的合作关系，并通过签署合同来明确双方的权利和义务，以确保合作的顺利完成，最终使合作各方达到比预期单独行动更为有利的结果。

更大释放。拥有优美的田园风光、优质的生态环境、淳朴厚实的社会氛围、便捷灵活的出游方式以及较低的人口密度的乡村成为热门的旅游目的地。因此，游客将在未来很长一段时间内保持对乡村旅游产品的强劲需求，且会因对健康需求的激增更加关注乡村旅游产品的卫生、安全、健康和生态，对乡村提供智能化、人性化、便捷化的高水平优质服务的预期也将相应提升。从市场需求角度看，发展乡村文化旅游最终落点在于游客满意。

（4）投资者、生产和服务企业满意。资本的趋利性决定了投资者和企业都以经营利润为目标，在建设运营乡村文化旅游、特色小镇时都把资本回报率作为重要考量。但同时应该意识到民营企业在运营管理上的专业性，能够更好地调动各方资源，为区域的经济发展和产业结构转型做出贡献。

五、结论

乡村振兴是中国特色社会主义事业进入新时代，我国农村发展的一场伟大的社会变革，迫切需要推进乡村振兴发展路径的研究与探索，以此不断丰富乡村振兴的理论创新，同时，好的研究成果将有力指导各地乡村振兴的实践。乡村振兴背景下乡村文化和旅游运营机制和路径面临改革，需要探索新的发展路径，探寻转变发展方式内在动力机制，突破传统的路径依赖，才能实现乡村经济、社会的可持续发展。本文围绕乡村振兴发展目标，着重探讨乡村文化和旅游在融合发展中的运营机制与路径，并结合各地乡村建设的实践，提出针对性的对策和建议，以期提供全国从事乡村振兴理论研究、乡村振兴战略规划与各地推进乡村振兴实践创新的借鉴与参考。

参考文献

［1］促进乡村旅游发展提质升级行动方案（2018—2020 年）［EB/OL］．2018 - 10 - 17，https：//www. ndrc. gov. cn/xxgk/zcfb/tz/201810/t20181015_962295. html.

［2］关于促进乡村产业振兴的指导意见［EB/OL］. 2019 – 06 – 28，https：//www. gov. cn/zhengce/zhengceku/2019 – 06/28/content_5404170. htm.

［3］关于全面推进乡村振兴加快农业农村现代化的意见［EB/OL］. 2021 – 02 – 21，http：//www. moa. gov. cn/xw/zwdt/202102/t20210221_6361863. htm？ivk_sa = 1024320u.

［4］关于印发《国家质量兴农战略规划（2018—2022 年)》的通知［EB/OL］. 2019 – 02 – 20，http：//www. moa. gov. cn/nybgb/2019/201902/201905/t20190517_6309469. htm.

［5］关于印发《"十四五"文化产业发展规划》的通知［EB/OL］. 2021 – 05 – 06，https：//www. mct. gov. cn/preview/whhlyqyzcxxfw/wlrh/202106/t20210611_925191. html.

［6］关于抓好"三农"领域重点工作确保如期实现全面小康的意见［EB/OL］. 2020 – 02 – 05，https：//www. gov. cn/zhengce/2020 – 02/05/content_5474884. htm.

［7］贺剑武. 智慧旅游对旅游型乡村振兴发展的影响作用与实现路径［J］. 农业经济，2021（3)：45 – 51.

［8］张奇志. 地域文化元素在乡村旅游景观表达中的运用［J］. 合作经济与科技，2015（5)：14 – 18.

［9］中共中央 国务院关于坚持农业农村优先发展做好"三农"工作的若干意见［EB/OL］. 2019 – 02 – 19，http：//www. moa. gov. cn/nybgb/2019/201902/201905/t20190518_6309486. htm.

［10］中共中央 国务院关于实施乡村振兴战略的意见［EB/OL］. 2018 – 02 – 04，https：//www. gov. cn/zhengce/2018 – 02/04/content_5263807. htm？eqid = f55ab0c600056b6200000006645a1138.

［11］中共中央 国务院印发《乡村振兴战略规划（2018—2022 年)》［EB/OL］. 2018 – 09 – 26，https：//www. gov. cn/zhengce/2018 – 09/26/content_5325534. htm.

"十四五"时期文旅融合高质量发展研究

——以四川省成都、德阳地区为例

四川工程职业技术学院　范洪军

一、研究背景及意义

（一）研究背景

文化和旅游承载着新时代人民美好生活和精神文化需求的重要内容。党的十九届五中全会通过的《中共中央关于制定国民经济和社会发展第十四个五年规划和二〇三五年远景目标的建议》，明确提出了"十四五"时期经济社会发展要以推动高质量发展为主题。"十四五"期间，如何将文化和旅游有效融合、深度融合、加快融合，是四川省成都、德阳地区（简称"成德地区"）推进文旅融合高质量发展必须要着力解决的一大课题。

随着成德区域协同发展战略的提出，协同发展为成德旅游创造了新环境，也提出了新要求。"文旅＋多产业"是助推县域经济高质量发展的重要模式，也是激发县域经济活力、推动县域经济转型升级的具体要求。目前，县域发展存在特色文化资源低效开发、文旅产业和三产融合程度低、各产业链条不够完整等问题，因此，本课题基于文旅融合以及"十四五"规划中提出的高质量发展的国家战略背景，以成都、德阳两地为研究对象，从成德地区文旅融合高质量发展的现状、现实困境及深层原因等方面深入探讨，试将成德地区文旅融合高质量发展的路径进行优化，从而有效促进"十四五"时期四川省文旅融合，以期尽快实现高质量发展。

（二）研究意义

1. 理论意义

从理论方面来看，"文旅融合"内容还有待完善，机制还有待建立，模式还有待健全，现目前成德地区文化旅游产业融合发展缺乏细致的实践考察研究。本文选取成德地区 26 个区县作为文旅融合高质量发展研究的样本点，探究文旅结合战略背景下，文旅产业深度融合发展的具体路径，在相应的细分领域提供更多理论基础。

2. 实践意义

（1）为成德地区文旅融合高质量发展提供相应的实践指导。通过系统性的量化分析评估成德地区文旅融合产业的发展潜力，对成德地区 26 个区县的文旅融合产业协调发展的优势与不足进行对比分析，有助于明确区域内部各地区的自我定位与发展现状。通过系统性的量化分析明确各地区的自身短板与发展潜力，才能在区域整体层面的文旅融合产业发展实践中凸显创新潜力。通过对条件性、主体性、发展性维度的资源发展能力评价，从而为成德地区区域整体以及各区县地区未来的文旅融合产业的市场主体培育、资源要素分配、管理体制创新提供相应的实践指导。

（2）为成德地区文旅融合产业高质量协调发展提供依据。作为成德地区服务业"创新驱动，促进产业转型升级"的重要组成部分，文旅融合产业的协调发展的核心是要精准定位成德地区各区县不同地区之间，以及资源系统内不同要素维度之间的区域差异，从而提升区域整体的资源配置效率，实现区域内资源供给结构的优化调整，切实提高成德地区文旅融合产业的整体竞争力。

（3）为同类地区文旅融合高质量发展提供战略性参考。本文是对"成都平原经济区"内成德地区的文旅融合高质量协调发展及优化路径的应用性研究，为成德地区区域文旅融合高质量发展提供战略性指导意见。通过分析成德地区文旅融合发展存在的问题和不足，识别影响当前成德地区文旅融合发展的限制性因素，促进区域文旅融合产业高质量协调发展，为同类地区的文旅融合的进一步发展提供战略性参考。

（三）研究区选取及研究区概况

1. 研究区选取

本课题在详细了解成德地区文旅融合发展的基础上，选取成德地区 26 个区县作为文旅融合高质量发展研究的样本点，通过探索成德地区文旅融合高质量发展存在的问题，提出相应的优化路径及策略，形成具有一定实践价值的研究报告《"十四五"时期成德地区文旅融合高质量发展研究——以成德地区为例》。

2. 研究区基本概况

成都共下辖 12 个市辖区、3 个县、代管 5 个县级市，德阳下辖 2 区、1 县，代管 3 县级市。成都和德阳地区各自有各自独特的旅游资源，成都各类资源组合好、分布广，高品位、高等级的旅游资源众多，但文化旅游资源在空间圈层上呈现出不平衡状态，现目前核心圈层和第三圈层旅游资源富集，资源价值和资源品位高，而第二圈层的旅游资源相对贫乏，资源等级相对较低。德阳地处成都平原腹地，是成德绵高新产业带的重要组成部分。但总体来说，A 级景区总量偏少，仍缺少 5A 级龙头性精品资源；4A 级景区均为人文类旅游资源，以观光游览为主，缺乏可供度假体验游憩的旅游地，尽管三星堆、绵竹年画村等旅游资源品质很高，但尚未形成旅游精品，龙头效应的联动作用显现不足。

（四）研究思路与方法

1. 研究思路

国内外相关研究大多是在国家战略背景下、国家层面研究文旅融合高质量发展建设，关于起点低、起步晚、经济基础薄弱的西部地区文旅融合高质量发展的研究较少。党的十九届五中全会提出，"十四五"时期经济社会发展要以推动高质量发展为主题，本文基于此背景，探索构建"十四五"时期文旅融合高质量发展的逻辑框架，以成德地区为研究对象，以所辖 26 个县域单元为最小研究单元进行调查，分析文旅融合高质量发展的现实困境及深层原因，提出路径优化思路，持续探索高质量发展的推进路径，不断推动供给侧改革、优化要素供给、完善合作机制、培育发展动能，以期为"十四五"时期成德地区文旅融合高质量发展提供决策参考，对于有效促进"十四五"时期四川省文旅融合尽快实现高质量发展兼有方法创新与指导价值。

2. 研究方法

本文拟根据研究目的和内容的需要，分别采用理论推演、实证研究、问卷调查和数理统计等方法开展研究。具体而言，首先，利用国内外现有研究成果，运用理论推演法，开展"十四五"时期成德地区文旅融合高质量发展研究，构建文旅融合高质量发展逻辑框架；其次，以四川成德地区为研究尺度，以所辖 26 个县域单元为最小研究单元，运用实证研究法、问卷调查法、数理统计法和定性与定量分析相结合的方法，分析该区域文旅融合高质量发展的现实困境及深层原因；最后，通过综合研究、比较研究和相关性分析，总体性研究与典型分区分类研究相结合，得出研究结论，提出促进成德地区文旅融合高质量发展的对策建议。

二、国内外研究进展

（一）文旅融合

随着文化产业与旅游业在各个国家中产业地位不断上升，文化与旅游融合发展在全球成为区域经济发展的新亮点。为推动我国文化产业与旅游业的进一步融合发展，2018 年 3 月，原国家旅游局和原文化部合并，组建文化和旅游部。国家政策的推动以及文化产业与旅游业互动融合发展的生动实践使学者们高度关注文旅融合研究。

国外乡村旅游大致经历了乡村旅游初始阶段的官方主导的管理模式、乡村旅游发展阶段的政府管理与市场竞争的有机联系模式、乡村旅游完善阶段的市场主导管理模式。派恩和吉尔莫（Pine & Gilmor，1999）最早提出在传统旅游业中融入文化创意元素。埃万盖洛斯（Evangelos，2005）、休和艾伦（Hughe & Allen，2005）以及童艳清、山（Shan，2018）认为文化是促进旅游整体发展提升积极因素。大量国外文献探讨了物质性文化遗产保护以及具体乡村文旅产品实践。格鲁内瓦尔德（Grunewald，2002）、巴赫莱特纳（Bachleitner，2002）在将文化旅游进行细分分类之后，关注到了宗教与文化遗产旅游的突出优势，认为独特的文化传承能够更多吸引前往旅游人员。理查德（Richards，2004）从产品供需情况出发，以欧洲的文旅产品为研究对象，认为虽然需求端的教育水平以及收入水平能显著影响文旅需求，但是文旅需求本身主要受到供给端的显著影响。克来姆理德（Klmllid，2013）从可持续发展、价值内在要求等方面详细阐述了文旅融合的重要性，同样认为文旅产业将成为未来发展的主要趋势。通过对国内文旅融合相关文献的梳理来看，2006～2010 年是我国文旅融合研究的发展期，2011 年至今是我国文旅融合研究的迅速成长期。文旅合研究具有突出的时代特征和中国特色，议题演进转向多元主题，研究方法的实证取向鲜明，研究文献归纳起来，主要集中在对于其机制、路径以及具体实践模式等。在机制方面，张海燕和王忠云（2013）通过实证分析，认为政府指引、市场配置、企业驱动力以及需求端多样化等是影响文旅融合的显著因素；杨霞等（2014）同样采用量化分析的方式研究了广西的文旅融合情况，认为政府、市场和产业综合影响新业态的创新；丁友林（2018）在对泉州市旅游产业进行研究时，提出文旅融合的细分机制主要包括推动、拉动以及支持路径。在模式方面，李洋洋（2010）提出了延伸型、重组型和渗透型三种；袁俊（2016）提出了文旅融合的新产品、新营销以及新景点模式；李珂（2018）则阐释了文创旅游化，旅游文创化及文创节等概念。在路径方面，付瑞红（2014）提出了建立文旅融合示范园区和培养人才两条重要路径以实现文旅融合。马林（2016）基于产业价值链体系具体分析了四要素即政府、企业、市场和消费者角度如何促进文旅融合。段兆雯（2018）提出多元化文化旅游产品、加强文化技术创新、丰富产品内涵层次。文旅融合将是乡村建设和乡村旅游发展的主要方向和实现乡村振兴的重要途径（张舒宁等，2009；李勇军等，2016；张彩虹等，2018）。在实证方面，汪珍等（2019）都通过对样本数据的实证分析讨论了文旅融合对乡村振兴的助推作用。张赞（2019）认为文创产业与旅游产业相融合是我国乡村振兴战略的重要落脚点之一。

如上所述，2018 年 3 月文化和旅游部的成立，为文化和旅游融合奠定了体制基础，同时也为优化融合机制创造了组织条件。但总体来看，在融合体制机制方面还存在不少问题，亟待"十四五"时期逐步加以解决。

（二）县域经济

党的十六大第一次提出了"县域"这个概念，党的十六届三中全会又进一步强调"要大力发展县域经济"，县域经济是一种行政区划型区域经济，是中国区域经济发展中的特殊形态。对于县域经济的研究，多集中于国内，国外的文献多借助于对区域经济的研究来探索。从我国县域经济发展情况来看，呈现出不平衡性，在地形、气候、文化等方面表现出巨大的差异性。从地理角度，可将把我国的县域划分为传统农业县、山区县、城郊县和开放县等。在我国县域经济发展模式方面，可以追溯到 20 世纪 80 年代，主要示范代表有当时的"温州模式""苏南模式"及后来的"义乌模式"等，对我国县域经济发展都起到了推动作用，是我国探索县域经济发展的重要成果，对我国发展当今县域经济依然有积极的借鉴作用。

县域旅游在旅游产业发展格局中，已经成为不可或缺的重要组成部分。国内学者对于县域旅游的研究始于 20 世纪 80 年代，经过近多年的研究，内容逐渐丰富，视角逐渐多样。研究内容方面，主要集中于县域旅游经济、县域旅游产业、县域旅游规划及县域旅游开发等方面。张毅（2010）根据 180 个 2008 年县域统计数据，以农民人均纯收入为主体，从绝对差异和相对差异两个方面对中国县域经济差异的变化情况、差异构成因素等进行了系统的分析；李欣等（2012）以沈阳经济区 23 个县为研究单元，基于 BP 神经网络方法和 ESDA 方法，选取人均 GDP 等指标建立评价体系，研究了县域经济空间分异的特征和驱动因素；蒙莎莎等（2017）山东省 103 个县域单元为研究对象，利用标准差椭圆、空间变差函数以及动态面板数据等对山东省县域单元经济空间格局演化特征和地域分异驱动机制进行研究，最后提出未来经济发展中山东省应从县域经济空间结构优化、升级、重组等方面采取不同措施来促进区域协调发展。在研究视角上，王丹阳（2016）认为还需要与经济学、社会学等学科相结合，以更好地把握县域旅游发展中存在的复杂问题及隐性问题。在研究方法上，需引入社会调查法、定量分析法等方法，以客观准确评估县域旅游对经济的拉动作用，制定科学合理的县域旅游发展评价体系。

（三）研究评述

综上所述，虽然部分学者对于机制、路径进行了研究，但主要集中在较为宏观的策略讨论及大类综合产业发展上，缺少实证性研究来进行量化分析与数据支持，成德区域协同发展战略背景下的文旅融合探究更是匮乏。文旅融合发展需要乡村广阔的平台和创新的思路，通过挖掘整合文化资源，以促进农村旅游业和其他相关产业发展，从而促进农业产业现代化，进而带动农居环境提升，农民经济水平提高，解决就业问题，从多角度实现乡村振兴。文旅融合也充满许多风险和挑战，只有把各种风险充分预估到，才能对未来发展作出正确的预判。

三、"十四五"时期成德地区文旅融合高质量发展的现状分析

四川是旅游资源大省，成德地区更是四川省区域旅游高质量发展的代表。截至2020年，成都市文创产业增加值达1805.9亿元，GDP占比突破10%；接待游客2.04亿人次，旅游总收入达3005.18亿元；音乐产业产值达501.71亿元，同年12月，成都被文化和旅游部、发改委、财政部授予首批"国家文化和旅游消费示范城市"称号①。2020年，德阳市接待国内游客3546万人次；实现

---

① 数据来源：四川省人民政府，https://www.sc.gov.cn/10462/12771/2021/4/8/35f489a2f205433887d5102b91fa2af0.shtml。

国内旅游收入 269.61 亿元；接待入境游客 963 人次；实现旅游外汇收入 19.08 万美元①。

（一）成德地区旅游资源丰度分析

成都市、德阳市作为我国历史文化名城和优秀旅游城市，文旅资源丰富，文化产业和旅游产业发展水平在我国名列前茅。成德地区旅游资源储量丰富，资源类型丰度较好，26 个县域旅游资源总数见表1。

表1   **成德地区县域旅游资源总数**

地区	旅游资源分类								旅游资源总数
	地文景观	水域景观	生物景观	天象与气候景观	建筑与设施	历史遗迹	旅游购品	人文活动	
德阳市旌阳区	15	28	48	8	338	90	26	49	602
德阳市广汉市	12	24	152	7	487	193	68	61	1004
德阳市罗江区	27	45	42	6	783	57	22	31	1013
德阳市绵竹市	23	62	146	12	635	88	62	32	1060
德阳市什邡市	24	35	142	6	504	242	39	34	1026
德阳市中江县	23	60	129	6	653	101	48	51	1071
成都市锦江区	0	19	15	3	1340	61	167	96	1701
成都市青羊区	3	3	108	6	447	1275	123	44	2009
成都市武侯区	0	26	53	3	675	645	49	323	1774
成都市金牛区	1	29	29	3	803	73	341	106	1385
成都市成华区	1	5	64	1	340	397	65	130	1003
成都市温江区	2	64	82	2	684	236	143	119	1332
成都市郫都区	2	60	69	2	795	215	82	146	1371
成都市龙泉驿区	23	82	159	9	759	211	40	46	1329
成都市双流区	30	99	80	6	1112	99	48	63	1537
成都市新都区	2	112	70	7	883	265	31	9	1379
成都市青白江区	3	39	39	5	689	153	42	44	1014
成都市金堂县	36	64	109	21	604	247	82	101	1264

---

① 数据来源：德阳市人民政府，https：//www.deyang.gov.cn/gk/gsgg/bmgg/1532902.htm。

续表

地区	旅游资源分类								旅游资源总数
	地文景观	水域景观	生物景观	天象与气候景观	建筑与设施	历史遗迹	旅游购品	人文活动	
成都市简阳市	56	149	173	1	826	79	48	35	1367
成都市彭州市	91	83	383	22	538	200	143	106	1566
成都市都江堰市	59	63	275	20	929	433	93	199	2071
成都市崇州市	76	74	134	6	892	689	82	70	2023
成都市新津区	14	62	110	7	615	69	51	79	1007
成都市大邑县	78	57	190	12	863	199	59	78	1536
成都市邛崃市	86	139	259	16	1171	187	104	74	2036
成都市蒲江县	22	37	163	4	656	173	71	77	1203
合计	709	1520	3223	201	19021	6677	2129	2203	35683

资料来源：笔者据四川省文化和旅游资源云数据（http：//zyy. tsichuan. com/zypc/generalScreenWidget/listNoLogin）整理。

成德地区旅游资源储量丰度构成如图 1 所示，建筑与设施（53.31%）、历史遗迹（18.71%）、生物景观（9.03%）类资源丰度较好，人文、生态优势明显，可供观赏的生物景观类型丰富。其次是人文活动（6.17%）、旅游购品类（5.97%），可供体验的人文景观底蕴深厚，同时为满足游客购物的旅游商品最

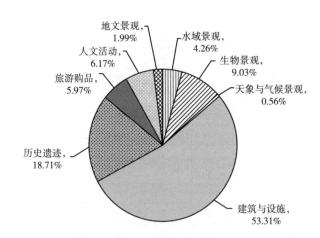

图 1　成德地区旅游资源储量丰度构成比例示意图

资料来源：笔者据四川省文化和旅游资源云数据（http：//zyy. tsichuan. com/zypc/generalScreenWidget/listNoLogin）整理。

为丰富，能最大化地满足游客食、购的需要；而水域景观（4.26%）、地文景观（1.99%）、天象与气候景观（0.56%）类资源丰度相对较弱。

（二）成德地区文旅融合高质量发展的现状分析

1. 旅游资源储量丰富、类型多样

成德地区旅游资源储量丰富、类型多样。成德区域有大熊猫国家公园、都江堰—青城山旅游区、成都乐山（峨眉山）旅游区、国家级云湖森林公园、省级剑南春森林公园、崴螺山森林公园等，这些景区在国内有较高知名度，自然风光秀美、景物奇特、人文景观丰富。汶川地震灾后，映秀地震遗址、什邡市汉旺镇及地震纪念钟遗迹、东汽厂地震遗迹等黑色旅游资源在省内外也具有较高的知名度和影响力。

人文景观方面，成德地区历史悠久，人文旅游资源极为丰富，其中古蜀文化、三国文化和民俗文化具有较高的开发价值。有全国重点文物保护单位金沙遗址、武侯祠、三星堆遗址、德阳文庙、孝泉大孝故里景区、罗江白马关三国文化旅游区、绵竹年画村、九龙山乡村旅游区等，这些景区历史悠久、科研价值极高，已成为国内较具知名度的综合性旅游景区。

2. 精品资源数量少，旅游品牌不突出

成德地区人文类旅游资源较多，部分景区，如杜甫草堂、三国城、三星堆、绵竹年画村等旅游资源品质很高，但尚未形成旅游精品，龙头效应的联动作用显现不足。

成都市于 1998 年获"中国优秀旅游城市"荣誉，德阳市于 2007 年被授予"中国优秀旅游城市"荣誉，但在对成德区域旅游产业发展进行调研后证明，部分旅游主题形象不鲜明，旅游品牌不突出。例如广汉三星堆古蜀文化，这一国家级重点保护文物的知名度并未深入千家万户，更谈不上家喻户晓；又如，庞统祠墓虽然是四川省三国遗踪旅游线上的重要观光点，但由于规模小，没有充分挖掘配套资源的潜力，游人在此停留的时间短，经济效益不佳。

3. 文化旅游资源品质较高，但文化内涵挖掘不够

成德地区古蜀文化、三国文化、民俗文化、红色文化等文化旅游类资源较为丰富。其中以三星堆、金沙遗址为代表的古蜀文化极具历史价值和科研价值，对重识巴蜀文化研究具有重要意义。三国文化旅游资源数量较多，分布地域较广，有着极其深远和广泛的影响，对研究三国文化、开展三国文化旅游具有重要的价值，其中以武侯祠、白马关、庞统祠墓、广汉雒城、绵竹诸葛祠等遗迹为代表。成德地区民俗文化多姿多彩，如传统文化艺术川剧、绵竹年画、石刻艺术、剑南春酒文化等，灯会、花会、龙舟会、"祭孔"活动等节庆活动具有浓厚的民族和地方色彩。但现有的文化旅游产品仍存在文化内涵挖掘不够，特色不突出，吸引力不强的问题，参与性、休闲性、娱乐性、趣味性、民俗风情等旅游项目开发步伐缓慢，青铜文化、三国文化、德孝文化、川西民俗等优势资源尚未真正转化为产品优势和经济优势，已建成的景区同省内其他相同档次的景区相比，部分发展规模小，开发水平低，产品结构比较单一。部分地区依然是节点旅游产品，游客停留时间短，对周边旅游景区带动力弱。

4. 农业资源有效利用，乡村旅游发展势头强劲

成德地区充分利用农业资源，大力发展乡村旅游，并以灾后重建为契机，取得了重大突破。其中，成都市蒲江县甘溪镇明月村、德阳市绵竹市孝德镇年画村、成都市郫都区唐昌街道战旗村、成都市彭州市龙门山镇宝山村、成都市都江堰市柳街镇七里社区入选首批"全国乡村旅游重点村"。目前，成德地区共有 12 个"全国乡村旅游重点村"、1 个全国乡村旅游重点镇（乡），极大地推动了地区乡村旅游的发展，乡村旅游发展开始向品牌化、规模化方向发展。

以锦江区三圣花乡为代表的"都市休闲农业"模式、以郫都区妈妈农庄为代表的"体验式农业"模式、以崇州市道明竹艺村为代表的"农业＋文创"模式以及以大邑安仁古镇、绵竹年画村为代表的"农商文旅体融合"模式，都是成德地区乡村旅游发展的典型代表，深挖文化内涵，将乡村旅游要素由观光为主向商贸、文创、休闲、体验和度假转变，依托乡村特色文脉和遗址遗迹，改造利用乡村闲置资源，发展特色主题乡村旅游品牌。

四、"十四五"时期成德地区文旅融合高质量发展的现实困境及深层原因

通过梳理文旅融合高质量发展的内涵并结合成德地区实际情况,从政策支持(规划布局、资源统计、配套措施)、多元协作(区域协作、主体培育)、业态融合(产品开发、品质需求)、利益联结(居民参与、经济收益)四个维度对成德地区文旅融合高质量发展的现实困境进行总结,探索分析其深层原因。

(一)"十四五"时期成德地区文旅融合高质量发展的现实困境

1. 旅游改革政策红利未完全落地,统筹协调有待加强

2018 年 6 月,中共四川省委十一届三次全会召开,会议审议通过了《关于深入学习贯彻习近平总书记对四川工作系列重要指示精神的决定》以及《关于全面推动高质量发展的决定》。为实施全面部署,强化顶层设计,2019 年,四川省陆续出台《建设文化强省中长期规划纲要(2019—2025 年)》《关于大力发展文旅经济加快建设文化强省旅游强省的意见》以及《关于开展天府旅游名县建设的实施意见》《关于加强文物保护利用改革的实施意见》"1 + 1 + 2"政策,从 2021 年开始,四川省文化和旅游厅牵头编制《四川省"十四五"文旅融合发展规划》,为四川省大力推动文旅深度融合提供了明确方向和政策保障。

虽然四川省早已出台各项政策来保障文旅融合高质量发展,但各区县统筹协调的科学性、前瞻性和可操作性值得商榷。某些区县文旅融合发展伴随产业发展等政策刚性推进,对"文旅融合"本质认识不清、不充分,在对历史文化遗产、自然遗产等资源的挖掘开发中,多重视形式上的硬件打造,忽视了软文化中"触动人心"的精神力量和人文关怀,与文化资源禀赋不相适应,统筹协调持续推进困难,文旅融合高质量发展缺乏有效体现。部分区县虽然出台了相关政策文件,但是对当地特色文化旅游资源缺乏全面调研、系统梳理和有机整

合，没有通过集中规划实现融合打造。规划文旅产业融合发展时急于求成、贪大求全，项目建设盲目追求高标准，多数业态雷同，差异化、专注化、大众化程度不高，同质竞争、增长结构不合理等问题较严重。表面上看，文旅融合发展得如火如荼，但在具体案例中，经营低效、项目破产等时有发生，一些仿古街区和人造景观经营惨淡的同时，一些新的项目还在如火如荼的建设中，开发过密或将导致文旅融合发展陷入低水平重复、高投入低回报的困境。

成德地区现有相关法规体系中仍存在规章针对性不强、规章衔接性不强、扶持奖励办法申报程序复杂等问题，文旅融合高质量发展规范门槛过高、从事文化旅游生产经营活动生产许可证获取困难大，市场引导和激励机制相对缺失，以及有关政策协调不足、改革措施缺乏实施层面的配套，尚未健全文旅融合高质量发展常态化、便捷化、有效化的政策环境。

2. 缺乏统一调度，社会力量参与不足，多元联动机制不健全

地方政府是推动文旅融合高质量的主导力量，但在引导社会力量参与文旅融合高质量发展上明显不足。文旅融合涉及多个职能部门，不同程度地存在规章制度重复、职责界限不清、管理不规范的现象。各区县还没有充分调动起当地居民发展旅游、文化产业的积极性与参与性，没有进行市场化、专业化、产业化运作，同时缺乏专门的管理型人才，导致产业开发中文化、旅游产业融合度较低，产业联动性不强，影响产业集约化经营、标准化管理与品牌化构建，进而影响区域文旅融合高质量发展。

在宣传营销上，区域之间合作推介的力度较弱，普遍缺乏稳定专业的渠道和精准的市场定位，从业者受资金、能力、理念等条件制约，仅针对自身单一项目或单一产品开展营销宣传，其覆盖面、影响力和规模效应非常有限。某些从业人员经济实力有限、市场意识较弱，客观上限制了经营规模与水平，制约了发展动能，市场营销的思路仅停留在对现有资源的开发和包装方面，缺少以多元产业拉动旅游、实现多样化发展的营销理念，使文旅融合发展受到局限，部分区县文旅融合发展下并未形成相关配套产业。

文化、旅游专业人才匮乏，行业从业人员普遍存在专业水平不高、服务意识不强、系统培训不够等问题，只能提供一些必要的旅游接待服务，对当地的历史文化、风土人情等知之甚少。"文旅融合"需要多方协作才能更好地对接落地。

3. 资源转化低效，项目同质化严重，产业驱动不够

近年来，尽管文化、旅游产业呈不断融合的发展趋势，但文化、旅游产业仍集中在旅游观光、旅游体验等方面，对"吃、住、行"等基础要素关注较多，对"游、购、娱、养、情"等高附加值要素关注不够，休闲旅居、健康养生、数字文创等新业态互动不足，项目同质化明显。多地文旅融合都是借着成功范例，在急于求成的市场环境下，直接生搬硬套，徒有其表。例如成都龙潭水乡景区，占地面积达 220 亩，总投资 20 亿元，用时长达 4 年，建设风格融入江南水乡和川西民居，开放一年以后，游客罕至，经营惨淡。其缺乏的文化内涵也逐渐凸显出来，虽然冠名为成都的"清明上河图"，但是看不到任何与之有关的内容。另外龙潭水乡的建筑和成都周边古镇也没有太大区别，在业态上也十分混乱。虽然环境景观可以复制，但是缺乏独特的文化内涵，盲目模仿、复制独特文旅产品，终将在大浪淘沙下黯然退场。促进文化和旅游融合发展，就要善于开发区域丰富的旅游资源和多样的文化内涵，为文化和旅游的发展提供有利条件融合。

文旅融合势必促进文化和旅游产业边界的逐步模糊并深度渗透，加速改变两个产业范围内企业的业态布局和利益分配。市场领域的企业可优化公司治理结构，成立项目制股份公司综合运营项目，或通过项目合作运营、利益分成等模式实现共赢发展。在项目的开发建设和运营管理过程中，要树立利益共赢共享的理念，以促进形成融合发展的利好格局为重，积极消除融合的边界壁垒，降低企业间的交易成本，减少重复开发和无效竞争，避免浪费社会资源，集中精力、财力和物力发展文化和旅游产业，共同开发和扩大旅游市场份额，形成良性的竞争与合作关系。

4. 居民参与度不高，利益诉求不受重视，利益联结机制不健全

近年来，四川省文化旅游发展可谓"高歌猛进"。2018 年，四川省全年实现旅游总收入 10112.75 亿元，同比增长 13.3%，首次迈入旅游"万亿级"产

业集群俱乐部，成为全国 5 个旅游万亿产业省份之一①。不少地方政府和旅游经营者都从中受益，但与此同时，当地居民从中获得的好处却十分有限。部分区县文旅融合发展，主要依靠外来资本投资，忽视了当地居民的主体性，本地居民利益诉求不被重视，利益共享和激励约束机制不健全。研究区的 26 个区县大多通过成立合作社、入股公司、土地流转等方式带动当地居民增收，但仍然存在利益联结机制不健全等情况，制约了当地居民的参与性。文化、旅游产业在促进当地居民增收上发挥了积极作用，但大部分本地居民缺乏参与渠道。对当地居民来说，旅游业的开发给他们带来了冲击，使得生存环境恶化、生活成本提高，治安不稳定因素也同时增多。而且，要想趁着旅游业的东风发展，也并非易事：一是本地居民文化素质较低，得不到旅游业增长带来的就业机会；二是能靠当地旅游业增收的本地居民只是少数。地方经济发展水平与本地居民受益情况呈正相关，经济发展水平较高的地区，本地居民在旅游发展中获得的经济收益较高。由此可见，文旅融合会对当地经济产生了积极的正向推动作用，但在经济社会高质量发展环境下，文化融合如何突破发展困境，创新发展思路，优化发展举措，以高质量发展担负起助力经济社会发展的新使命是当前的重要议题。

（二）影响成德地区文旅融合高质量发展的深层原因

四川省文化和旅游资源普查工作自 2019 年 1 月启动以来，历时两年，共普查出六大类文化资源 305.7 万余处，旅游资源 24.5 万余处，其中新发现新认定旅游资源 6.5 万余处，评定五级旅游资源 1864 处、四级旅游资源 5250 处②。

四川省是我国极负盛名的旅游胜地，其中成德地区是文旅资源富集地。成德地区旅游产业经过几十年的发展，历史文化积淀厚重，旅游资源种类多样且各具特色，古蜀文化更是让各区域紧密相连。区域旅游产品文旅融合导向日益

---

① 数据来源：四川省人民政府，https：//www. sc. gov. cn/10462/10464/10797/2019/2/19/dd68d6c3 f3be4441b47bb857b8daa628. shtml。

② 数据来源：四川省文化和旅游厅，http：//wlt. sc. gov. cn/scwlt/hydt/2021/4/16/167d2c64f7af4b2f ae291246ca1d058d. shtml。

凸显,但也存在一些亟待解决的问题,如文旅融合业态整体开发质量不高,文化和旅游融合发展的力度、广度、深度等"化学融合"尚未全面实现的问题。这与文化和旅游业态的创新性和引领性不足、文化内涵挖掘不够深入,对文化、时尚等相关资源开发力度不够、融合不好等问题密切相关。因此,以区域文旅融合为切入点,依托成德地区现有文旅资源,分析影响其高质量发展深层原因,对打造特色化、差异化的文旅产品,推进文化和旅游的快速融合,实现四川省文化和旅游的高质量发展有重要的现实意义。

1. 含"新"量亟待提升,引领区域文旅产品创新发展驱动力不足

首先,缺乏文化和观念的创新。区域合作过程中缺乏合理分工,导致整体文旅融合水平不高,未能形成特色区域产业体系。产品的研发、设计、营销等方面仍采用传统思维、传统路径,产品设计未能坚持"以人为本"观念,缺乏体验性强和参与度高的项目,导致在现有的文旅资源中,外部 IP 与古蜀文化融合度不够,粉丝经济不突出,未能促进二次消费。

其次,科技创新、打造多媒体传播平台力度不够。区域内很多旅游资源官网的介绍和宣传是非常优秀的,但是目前国内游客普遍依赖微博、微信、抖音和小红书等 App 获取信息,这就导致游客不了解每年项目产品或是主题的变化,影响了游客的重游率。因此,未来要注重旅游资源地 IP 核心要素的打造,与省电视台、全国网媒以及自媒体等建立深入的合作,向全国游客推送成德文旅资源。

最后,高质量发展新动能注入有待提高。弘扬巴蜀文化引领非遗传承,在文旅资源区域合作中,对于抓好三星堆世界级文化 IP 保护开发,擦亮"三星堆"金字招牌,发挥其引领作用方面还有待提升。区域内很多文旅资源是非常有特色、非常优质的,但在提质增效、衍生周边产品和注入新动能方面仍有很大提升空间。在现有的区域文旅融合产品中,缺乏设计精品化、高端化、具有区域文旅特色的旅游纪念品,缺乏创设沉浸式、体验式特色文化主题项目。区域文旅融合产品中,《三星堆遗址考古新发现》《走进三星堆读懂中华文明》《三星堆荣耀觉醒》等优良影视作品的全球推介,使三星堆文化备受国内外关注。但是,区域其他文旅资源相关影视作品匮乏,使之无法成为无法复制、经久不衰的艺术殿堂。

2. 含"金"量有待加强，引领区域文旅产品文化下沉力度不够

景观之上是生活，文旅融合需要向上的宏观战略，更需要下沉的微观市场，既应当融入城市和乡村，也应当融入主客共享的日常生活，文化旅游是时代的，也是人民的。只有当文旅融合走入"寻常百姓家"，才能助力繁荣文化旅游下沉的市场。成德地区文化旅游全面融合既要抢抓成渝地区双城经济圈建设国家战略和省委实施成德同城化战略历史机遇，更要充分释放文旅经济活力，与成眉资共建世界知名文化旅游目的地，助推区域形成"遍地是风景、处处有故事、人人是导游、行行都受益"的文旅融合发展新格局。在区域文化旅游全面融合过程中，大多文化和旅游消费项目是为游客精心设计，而当地民众参与度不高，加上利益诉求不受重视，严重降低其参与地区文化旅游发展的积极性。此外，区域内旅游产品与传统民俗文化结合度也不够。丰富的节日习俗和特色饮食等都是宝贵的旅游资源，大型文化旅游景区可以尝试设立民俗体验区，向游客展示区域丰厚的民俗文化底蕴。

3. 含"绿"量有待改进，引领区域文旅产品绿色发展进程缓慢

随着成德两地文化旅游发展步伐加快，以成都、德阳为代表的古蜀文化中心区域开始不断加速文旅融合，德阳独特的自然生态之美、多彩人文之韵，正不断和成都的资源组团亮相。区域文旅融合要实现高质量发展，在深入挖掘区域古蜀文化、三国文化、年画文化、德孝文化等具有地域风格和气派的特色历史文化和精神，围绕食、住、行、游、购、娱的旅游六要素，开发红色文化旅游和民俗文化旅游等产品的同时，还应考虑依托自身的资源禀赋。例如山地、平原、丘陵、湖泊等，依据不同地域文化特点，形成鲜明的地域文旅特色景区。目前，区域文旅融合尚未形成"条块结合"推动全域文旅发展的工作格局，在国土空间规划、市场体系、基础设施、公共服务和社会管理上尚未实行一体化规划建设，构建以全区（域）是景区、处处是景观、村村是景点、户户是花园为目标的现代城镇与田园乡村错位发展、交相辉映的城乡文旅融合发展新格局还未呈现，区域文旅融合高质量绿色发展进程缓慢。

五、"十四五"时期成德地区文旅融合高质量发展的路径优化

（一）建立健全文旅融合的管理与支持体系

要进一步打破行政壁垒、区域壁垒，推动文化旅游发展要素在区域间流动。围绕成德双城经济圈区域建设战略，加快在区域内形成统一的文化旅游大市场，构建科学性、合理性、有效性的政策体系与制度框架。一是加大成德地区文旅融合的统筹规划力度。以"大统筹"理念推进成德地区的文旅融合发展，建立成德文旅产业发展联盟，凝聚域内各区县文旅融合发展共识、抱团协同发展，推动文旅产业布局全域化、联动全局化、融合全业化、参与全民化。产业发展联盟可由政府、景区景点、文旅企业、文化演艺、餐饮住宿、金融机构、非遗文创等联合组建，根据产业发展定期需要召开会议，制定统一规划，协调发展事务，资源整合、市场共拓，推动区域旅游"一盘棋"发展。二是完善相关的政策支持体系。牢牢把握《中共四川省委四川省人民政府关于大力发展文化旅游经济加快建设文化强省旅游强省的意见》，编制成德地区文旅融合发展规划，紧扣国家"十四五"规划编制并与之接轨，坚持集思广益、开门问策，立足实际、着眼长远，高标准编制符合中央精神、切合四川实际、成德特色、顺应人民期待的《成德地区文旅融合发展专项规划》，谋划推进更多强基础、惠民生、利长远的重大文旅项目，统筹流域文旅产业发展。三是完善成德地区文化和旅游公共服务机制。统筹考虑成德地区游客需求，整合打造公共空间，优化停车场、洗手池、垃圾桶、公共厕所等公共服务设施的供给数量和运行质量。同时，要加快"互联网＋旅游"在成德地区布局，开展智慧旅游试点，依托媒体中心建设文旅融合发展信息共享平台。

（二）构建成德地区文旅发展协作体系

成德地区各区县之间有着紧密的内在联系，应当形成区域竞争与合作机制，

注重统筹兼顾，协调发展，全面推进旅游与文化资源的区域共享。一是加大多元主体培育。以项目为抓手，通过外部招引、内部孵化、联合开发等方式，吸纳社会资本投资，破解旅游经营主体和经营模式单一的问题，激发市场活力。二是强化区域协作力度。在全域旅游框架下，探索推动成德地区文旅融合发展联合共建，建立健全文旅融合协作共享机制，推动文化与旅游要素双向流动，构建常态化的文旅融合关系。三是深化营销推广。加速成德地区文旅融合公共品牌建设，加大区域整合营销，协同开发客源市场。开展线上线下立体营销，加强线上内容生产，不断积累在线旅游资产，吸引潜力客群。四是夯实人才保障。建立健全层次衔接、优势互补、特色鲜明的旅游人才培养体系，探索产学研相结合的旅游人才培养模式；组织旅游从业人员开展常态化、专业化的教育培训，提升旅游从业人员的相关素质。

（三）推动成德地区文旅融合多元共性发展

准确识别和把握文旅融合发展的"切入点"和"着力点"，在根本上抓住文化和旅游在要素、市场、产业层面的共性，在"共同点"和"共通点"层面建立和优化文化和旅游的"融合机制"，推动文化旅游在各领域、多方位、全链条式的深度融合发展。一是要素共性。文化要素的"体验者"和"文化资源"与旅游要素的"旅游者"和"旅游资源"都具有紧密的关联性。在统筹规划和管理实践过程中，坚持"以人为本"和发挥具有共通性的"资源优势"是从要素共性上促进文旅融合发展的关键。二是市场共性。文化和旅游在市场上的"共性"表现在满足消费者的"差异性需求"方面。文化市场存在需求差异，需为体验者提供差异性的产品和服务，而旅游在行、食、住、游、购、娱六要素上，全方面为文化市场提供形成异质性产品和服务的载体。旅游市场同样存在需求差异，需为游客提供差异性的产品和服务，而不同的地域文化、民族文化、历史文化为形成"旅游目的地"的"差异化优势"提供了支撑。据此，文化和旅游具有"需求差异"的市场共性，且相互支撑形成"差异性优势"。在文旅市场优化供给、促进营销等方面，要特别重视在"差异性要素"上发挥二者的市场共性。三是产业共性。文化产业和旅游产业均具有"服务产业"的属性，通过提供"高质量服务"获得产业的新增长点，可发挥文化和旅游产业发展的共性。据此，在促进文旅产业融合发展方面，要特别抓住服务产业的特点，处理好产品的无形性和异质性、生产和消费的同步性、服务的易逝性等共性问题。在文旅产业的公共服务方面，要建设和进一步完善文化及旅游相融合的公共服务平台，落实在游客集中区域及主要城市设立"一站式游客服务中心"。

（四）创新成德地区文旅融合发展模式

一是促进文旅融合"业态创新"。促进成德地区市场主体以新的经营方式、经营技术、经营手段来运作传统或新创的业态，创造新形式、新产品组合的新型文化旅游产业形态，以满足不同市场消费需求。四川省重点文化旅游项目的新业态目前主要集中在生态旅游、乡村旅游、健康旅游和航空旅游等领域，建议推进成德地区爱国主义教育、国情教育、革命传统教育等"研学旅游"业态的创新性发展。二是加强文旅融合"模式创新"。文旅融合要聚焦文化和旅游在时间、空间上的"交汇点"，推动模式创新。文旅小镇、博物馆、主题公园、文化旅游综合体等模式本身汇集了文化和旅游的多元要素，具有极强的文化和旅游的集聚性、整合性、交融性。通过大力推动相关项目的规划建设，促进文旅融合的"模式创新"，如文旅小镇模式、文旅综合体模式、旅游演艺模式等。三是推动文旅融合"跨界创新"。在文化产业和旅游产业深度融合的基础上，加强文旅产业与其他领域融合的"跨界创新"，以"文旅＋"为主要发展模式，促进文旅与农业、林业、水利、气象、科技、教育、卫生、体育的深度融合，通过"跨界创新"促进文旅产业结构调整，构建和完善"创新型现代文化旅游产业体系"。

（五）准确定位消费需求，有效开发文旅产品

群众消费需求是推动"文旅融合"的基础。在现阶段的中国旅游市场，自然景观对旅游者的吸引力已经进入长尾阶段，传统旅游产品的单一性逐渐难以

满足人们日益增长的旅游需求。文旅消费行为本质上是个体在文旅消费中一个"自我"构建，个体通过旅行寻找个人与自然、个体与族群之间的联系，从而完成自我身份的建构。个体的主动自我身份建构行为必定是以一定的文化程度和经济水平为基础的；于是，文旅消费行为逐渐成为日益壮大的中产阶级进行自我完善、定位身份、表达诉求的标签性活动。而不同类型的人们对于文化、旅游和多业态融合型产品的消费诉求各不相同。需求方的变化直接对供给方文旅产品类型的细分和产品形式的多样化提出了新要求，形成文化、旅游与其他业态跨界融合动力。针对收入水平较高的城镇居民应将其定为文旅产业消费的主体，针对他们的独特的文化消费需求以文旅产品体验为依托，开发满足其心理需求的产品；从注重量的满足转向追求质的提升，从重复式、单一式、普及式的大众化消费转向个性化、多样化、精准化的文旅消费，不断提升文旅服务品质，形成独特的文旅产品品牌。同时，依据以中产群体的饮食习惯、住宿选择、购物偏好、娱乐取向为导向，建立起配套全面、定位合理、产品丰富的文旅产业综合体，整体提升文旅产业的发展空间，全面提高文旅产业的经济收益，最终实现全产业链的融合发展。

参考文献

[1] 曹辉，李正雄. 全域旅游背景下县域经济发展的研究综述 [J]. 中国市场，2018 (19)：3.

[2] 黄锐，谢朝武，李勇泉. 中国文化旅游产业政策演进及有效性分析——基于2009—2018年政策样本的实证研究 [J]. 旅游学刊，2021 (1)：14.

[3] 黄永林. 文旅融合发展的文化阐释与旅游实践 [J]. 人民论坛·学术前沿，2019 (11)：8.

[4] 李萌，胡晓亮. 长三角都市文旅融合一体化发展研究 [J]. 江苏行政学院学报，2020 (5)：7.

[5] 李欣，张平宇，刘晓琼，等. 基于BP神经网络的沈阳经济区县域经济空间分异分析 [J]. 经济地理，2012，32 (12)：79-84.

[6] 马波，王嘉青. 中国旅游发展笔谈——常态化疫情防控下文化和旅游发展的新问

题、新机遇与新方向 [J]. 中国旅游发展笔谈, 2021 (2): 1.

[7] 马波, 张越. 文旅融合四象限模型及其应用 [J]. 旅游学刊, 2020, 35 (5): 7.

[8] 马勇, 童昀. 从区域到场域: 文化和旅游关系的再认识 [J]. 旅游学刊, 2019, 34 (4): 3.

[9] 庞学铨, 彭菲. 反思文旅融合视域下休闲学科的发展 [J]. 中国旅游发展笔谈, 2019, 34 (12): 3.

[10] 宋子千. 从国家政策看文化和旅游的关系 [J]. 中国旅游发展笔谈, 2019, 34 (4): 3.

[11] 王丹阳. 我国县域旅游研究综述 [J]. 现代经济信息, 2016 (22): 3.

[12] 徐翠蓉, 赵玉宗, 高洁. 国内外文旅融合研究进展与启示: 一个文献综述 [J]. 旅游学刊, 2020, 35 (8): 11.

[13] 徐翠蓉, 赵玉宗. 文旅融合: 建构旅游者国家认同的新路径 [J]. 中国旅游发展笔谈, 2020, 35 (11): 2.

[14] 曾博伟, 安爽. "十四五"时期文化和旅游融合体制机制改革的思考 [J]. 旅游学刊, 2020, 35 (6): 4.

[15] 张朝枝, 朱敏敏. 文化和旅游融合: 多层次关系内涵、挑战与践行路径 [J]. 旅游学刊, 2020, 35 (3): 10.

[16] 张霞. 成都市蒲江县甘溪镇 "文旅融合" 推进乡村振兴案例研究 [D]. 成都: 电子科技大学, 2021.

[17] 张毅. 中国县域经济差异变化分析 [J]. 中国农村经济, 2010 (11): 15 – 25.

[18] 赵静. 基于耦合协调度模型的石家庄文旅融合评价与发展对策研究 [D]. 桂林: 广西师范大学, 2021.

[19] 郑炎成, 鲁德银. 县域经济发展不平衡对地区差距的解释力分析 [J]. 财经研究, 2004 (7): 121 – 129.

[20] 庄志民. 复合生态系统理论视角下的文化与旅游融合实践探索——以上海为例 [J]. 旅游科学, 2020, 34 (4): 15.